"Y llyfr gorau am fagu plant ar gyfer darpar dadau, o bell ffordd"

Dadsnet

"Canllaw ymarferol, gonest a chysurlon gan y tad hyfrytaf ar Instagram"

Sarah Turner, awdur *The Unmums- Mum*, un o werthwyr gorau'r *S...s*

"Hen dro nad oedd y llyf... an oeddwn i'n ddarpar dad! Mae G... llawlyfr magu plant i dadau s... mell ddigon!"

Matt Coyne, ... day Times

CW01622222

"Y llyfr y mae p... partner ei ddarllen! Llyfr hanfodol s... ud angenrheidiol i dadau newydd gefn... eriaid gyda chariad a gofal."

Cat Sims, a...ur, podlediwr a chrëwr cynnwys

"Mae Giles wedi creu'r canllaw gorau oll i fywyd tad. Mae'n llawn cyngor defnyddiol, a joch hollbwysig o hiwmor. Y llyfr perffaith ar gyfer taith droellog magu plant."

Emma Conway, crëwr cynnwys ac awdur arobryn (hi hefyd ydy @brummymummyof2)

"Mamau sy'n cario baich trymaf beichiogrwydd a geni, gan deimlo'n aml nad yw eu hanner arall yn eu deall o gwbl. Fe fydd llyfr ardderchog Giles yn help i fynd i'r afael â hynny – mae'n ddoniol, yn ddi-lol ac yn gyforiog o wybodaeth, ac efallai mai dyma'r canllaw gorau posib i dadau newydd."

Clio Wood, arbenigwraig ar iechyd menywod ac awdur *Get Your Mojo Back: Sex, Pleasure and Intimacy After Birth*

"Llyfr hanfodol i unrhyw un sy'n ymdopi â'r gwych, y gwachul a'r gwirion wrth fagu plant bach. Mae penodau Giles mor drefnus, ac mae'r holl bethau pwysig yn hawdd i'w deall a'u treulio mewn ffordd onest ac ymarferol. Adnodd gwerthfawr i rieni a rhoddwyr gofal!"

Jo Wimble-Groves, entrepreneur ac awdur *Rise of the Girl*

"Mae Giles wedi pwyso ar y gwersi gwerthfawr y mae o wedi'u dysgu fel tad i greu'r canllaw cynhwysfawr hwn ar fagu plant. Llawlyfr defnyddiol sy'n rhoi sylw i'r holl heriau dryslyd sy'n wynebu tadau. Llyfr gwerth ei ddarllen!"

Henry King a Gregg Stone, cyd-sylfaenwyr y platfform magu plant *Hank*

A DYMA TI'N DAD!
Cyhoeddwyd yng Nghymru yn 2026 gan Y Lolfa

Y Lolfa, Talybont, Ceredigion, Cymru SY24 5HE.
ylolfa.com

Cyhoeddwyd gyntaf yn 2024 gan Cwmni Hachette UK,
dan y teitl *YOU THE DADDY!*
Hawlfraint ® Giles Alexander, 2024

Adolygiad cymheiriad gan Lindsay Kerrigan, BSc Bydwreigiaeth, Diploma Ôl-raddedig Nyrsio Arbenigol Iechyd Cyhoeddus Cymunedol

Cedwir pob hawl.

Ni chaniateir atgynhyrchu unrhyw ran o'r llyfr hwn mewn unrhyw ffordd, na'i drosglwyddo, na'i gyfieithu i iaith beiriant, heb ganiatâd ysgrifenedig y cyhoeddwyr.

Mae hawl Giles Alexander i gael ei adnabod fel awdur y gwaith hwn wedi ei haeru ganddo yn unol ag Adrannau 77 a 78 Deddf Hawlfraint, Dyluniadau a Phatentau 1988.

Amod Gwerthu
Gwerthir y llyfr hwn ar yr amod na fydd, drwy fasnach neu fel arall, yn cael ei fenthyca, ei ailwerthu, ei logi neu ei ddosbarthu fel arall mewn unrhyw fath o rwymiad neu glawr heblaw yr un y mae'n cael ei gyhoeddi ynddo a heb amod tebyg, gan gynnwys yr amod hwn, yn cael ei orfodi ar brynwr dilynol.

ISBN: 978-1-80099-815-5

Nod y cyhoeddiad hwn yw darparu gwybodaeth gywir ac awdurdodol am y pwnc dan sylw. Fe'i gwerthir ar y ddealltwriaeth nad yw'r cyhoeddwr yn ymwneud â rhoi gwasanaethau seicolegol, ariannol, cyfreithiol, na gwasanaethau proffesiynol eraill. Os oes angen cymorth neu gwnsela arbenigol, dylid trefnu gwasanaethau gweithiwr proffesiynol cymwys.

Nid yw Y Lolfa yn gyfrifol, nac yn derbyn atebolrwydd, am argaeledd na chynnwys unrhyw wefan heblaw ei wefan ei hun, nac am unrhyw amlygiad i ddeunydd niweidiol, sarhaus neu anghywir a all ymddangos ar y We. Ni fydd gan Y Lolfa atebolrwydd am unrhyw ddifrod neu golled a achosir gan feirysau sy'n cael eu lawrlwytho o ganlyniad i bori'r safleoedd y mae'n eu hargymell.

Dymuna'r cyhoeddwyr gydnabod cymorth ariannol
Cyngor Llyfrau Cymru

I'm gwraig Rosie,
hebot fyddai hyn oll ddim yn bosib

CYNNWYS

Felly, rwyt ti'n mynd i fod yn dad ...

Os wyt ti wedi bod yn breuddwydio am ddechrau teulu ers blynyddoedd, wedi bod yn lwcus ar dy gynnig cyntaf neu wedi cael dy ryfeddu gan ddamwain, mae canfod dy fod ti'n mynd i fod yn dad yn ennyd tyngedfennol ym mywyd pob dyn, ac yn un mae angen ei gydnabod a'i ddathlu. Mae'n newyddion o bwys go iawn, felly dwi am ddechrau'r llyfr hwn drwy dy LONGYFARCH o waelod calon.

Fel pob tad newydd o dy flaen, rwyt ti'n cymryd llam i'r tywyllwch. Mae dy fywyd ar fin newid am byth, mewn pob math o ffyrdd gwych ac (wna i ddim esgus fel arall) mewn ffyrdd heb fod mor wych yn aml. Mae'n frawychus meddwl am y peth. Ond mae'r ffaith dy fod ti hyd yn oed yn darllen hwn, yn mentro ceisio deall a pharatoi ar gyfer yr hyn sydd i ddod, yn arwydd positif iawn o'r math o dad rwyt ti eisiau bod. Rwyt ti gam ar y blaen yn barod.

Os wyt ti'n teimlo'n gyffrous, ofnus, nerfus, wedi dy lethu neu gyfuniad o'r pedwar, mae'n bwysig i ti ddeall bod yr holl deimladau hyn yn hollol normal, cyfiawn a dilys.

Dwi'n dweud o hyd fod bod yn dad yn debyg i gael y swydd orau erioed. Ond rwyt ti'n cael dy daflu i'w chanol hi heb unrhyw gymwysterau, profiad a dim syniad go iawn be' 'di be' yn ystod y misoedd a'r blynyddoedd i ddod. Mae yna gymaint i geisio ei ddeall, ac mae'r cloc yn tician eisoes, gyda llai na naw mis i gael trefn ar bob dim cyn i'r gwaith caled ddechrau o ddifri.

Fydd o ddim yn hawdd. Ond mae hynny'n wir am bron iawn unrhyw beth sy'n werth ei wneud. Mae'r oriau'n hir, y cyflog yn ofnadwy, ac fe fyddi di'n gweithio gyda rhywun sydd ddim yn siarad dy iaith di, sydd angen ei fwydo 8–15 gwaith y dydd ac sy'n dibynnu arnat ti i sychu ei ben-ôl. Mae'n waith caled. Ond, fel pob swydd arall, po fwya' byddi di'n ymroi, mwya' cei di allan ohoni. A'r gwobrau? Wel, maen nhw'n enfawr, ac yn para oes.

Fel tad balch i dri fy hun, fe alla i ddweud gyda llaw ar fy nghalon ei bod hi'n un o'r swyddi gorau, mwyaf gwerth chweil yn y byd. Mae hefyd yn un o'r rhai pwysicaf. Cyfle i greu teulu a dylanwadu ar fywyd hollol newydd. I drosglwyddo dy werthoedd a phopeth rwyt ti wedi'i ddysgu i berson bach arall. I gywiro camsyniadau a dileu ystrydebau hen ffasiwn. A gobeithio, i adael marc cadarnhaol ar y byd.

Fe fyddi di'n chwerthin yn galetach nag wyt ti wedi chwerthin erioed, yn dysgu sgiliau na wnest di ddychmygu y byddet ti'n eu meistroli ac yn cwympo mewn cariad â pherson bach rwyt ti newydd ei gyfarfod. Yn sicr, fe fydd yna adegau pan wyt ti'n hel atgofion am y rhyddid oedd gen ti cyn cael plant. Ond, mewn dim o dro, fyddi dim ddim yn gallu dychmygu dy fywyd hebddyn nhw.

Fe wnes i ysgrifennu'r llyfr hwn fel canllaw ymarferol i bob tad a gofalwr newydd sydd eisiau chwarae rhan weithredol ym mywyd ei blentyn. Ar ôl ysgrifennu am y pwnc ers bron i ddegawd bellach, gan siarad â rhieni arbenigwyr magu plant di-ri ar hyd y daith, dwi'n gwybod o brofiad faint o wybodaeth anghyson sydd yna i rieni newydd a pha mor anodd yw dod o hyd i'r cyngor addas pan fydd arnat ei angen fwyaf. Ar ben hynny, fe fydd y rhan fwyaf o'r hyn ddarlleni di am feichiogrwydd a magu plant mewn llyfrau eraill ac ar-lein wedi'i anelu at famau a'u profiad, sy'n golygu bod rôl bwysig y tad yn cael ei hanwybyddu yn aml.

Rhwng y ddau glawr yma, fe gei di bopeth dwi wedi'i ddysgu am fod yn dad dros y blynyddoedd. Nid yn unig yn sgil fy mhrofiad ymarferol fy hun o fod yn dad, ond yn sgil pob gair gwych o gyngor am fagu plant, pob awgrym a thric gan fy ngwraig anhygoel a llu o rieni anhygoel ledled y byd sy'n ffrindiau, yn rhanwyr cyfrinachau ac yn gyd-gynllwynwyr.

Os wyt ti'n darllen y llyfr hwn o glawr i glawr neu'n ei godi am air o gyngor yn ôl yr angen, dwi wir yn gobeithio y bydd yn gefn i ti ar dy daith magu plant.

Un peth dwi'n ei addo – wna i ddim camliwio'r gwir. Fe fydda i bob amser yn onest wrth ddisgrifio sut beth yw magu plant ac fe wna' i ei dweud hi fel y mae. A dydw i ddim yma i ddweud wrth neb sut i fod yn dad perffaith. Does yna ddim y fath beth, a does yna ddim fformiwla hudol ar gyfer magu plentyn. Mae pob babi yn unigryw, a does dim llawlyfr unigol ar eu cyfer (er mor braf fyddai hynny). Fe fydd yn rhaid i ti fod yn hyblyg, rhoi cynnig ar bethau newydd ac addasu i beth bynnag ddaw.

Fe fyddi di'n gwneud camgymeriadau ar hyd y daith. Mae hynny'n wir am bawb. Felly paid â bod yn llawdrwm â ti dy hun os wyt ti'n cael diwrnod gwael neu os nad yw pethau'n mynd fel watsh. Mae yfory'n ddiwrnod newydd.

Y cyfan gallwn ni ei wneud yw dysgu sut i lywio'n ffordd ein hun drwy ddrysfa magu plant, yn y gobaith y gallwn ni roi'r dechrau gorau oll mewn bywyd i'n plant. Mae'r llyfr hwn yn cynnig yr adnoddau i ti wneud hynny. Ac os byddi di angen cymorth ychwanegol o gwbl, os bydd gen ti fwy o gwestiynau neu os byddi di eisiau cysylltu â thad arall sydd wedi gweld y cyfan o'r blaen, mae croeso i ti fynd draw i @youthedaddy ar Instagram a gadael neges DM, ddydd neu nos.

Fel y gwnes i sôn ar y dechrau, mae gwneud dim byd mwy nag agor y llyfr hwn yn golygu dy fod ti gam ar y blaen, a does gen i ddim amheuaeth y byddi di'n dad gwych, ac y byddi di hefyd wrth dy fodd gyda dy rôl newydd. Ydy, mae'n gallu bod yn heriol, ond dyma'r swydd orau yn y byd, ac mae unrhyw blentyn gei di mor lwcus i dy gael di.

Rhagair gan Lindsay Kerrigan,

Diploma Ôl-raddedig Nyrsio Arbenigol Iechyd Cyhoeddus Cymunedol

Mae dod yn dad yn mynd i newid dy fywyd di, gan ddod â chymaint o lawenydd a chariad yn ei sgil. Ond fe all hefyd fod yn amser llawn gofid a phryder.

Ar ôl gweithio ym maes Mamolaeth a Blynyddoedd Cynnar am y 15 mlynedd diwethaf, dwi'n deall yn llawn – ac yn llwyr werthfawrogi – y rôl bwysig mae tadau yn ei chwarae yn yr antur wallgof hon rwyt ti ar fin cychwyn arni.

Drwy gydol y profiad o fagu plant, mae yna bob amser lawer o ffocws ar les y fam a lles y babi, ac mae'n hawdd i dadau weithiau deimlo'n angof neu'n ddiymadferth. Mae *A Dyma Ti'n Dad* yn llyfr gwych llawn hiwmor sy'n canolbwyntio ar y dylanwad posib y gall tadau ei gael, gan ar yr un pryd gynnig sicrwydd ac arweiniad i ti drwy flynyddoedd cynnar bywyd dy blentyn.

Nod Giles Alexander gyda'r llyfr hwn yw bod yn gefn i ti ar dy daith magu plant, gyda'i eiriau gonest yn dy dywys, gam wrth gam, drwy bopeth mae wedi'i ddysgu am y gwaith dros y blynyddoedd. Mae'r penodau unigol yn dy arwain drwy feichiogrwydd, geni a magu plentyn, gan ateb dy gwestiynau a chynnig awgrymiadau a chyngor ymarferol a fydd yn amhrisiadwy wrth i ti wynebu'r hyn sydd i ddod.

A Dyma Ti'n Dad yn bendant yw'r llyfr bydd pob mam eisiau i'w phartner ei ddarllen!

PENNOD 1

TYFU BABI

Mae'n rhyfedd sut y gall canlyniad un prawf newid cwrs dy fywyd am byth. Ond o'r eiliad y bydd dy bartner yn gwneud pi-pi ar y ffon fach yna ac yn cael cadarnhad ei bod hi'n feichiog, bydd dy fywyd di fyth yr un fath eto.

Mae'r cloc yn tician yn swyddogol. Ac os yw popeth yn mynd yn iawn, ymhen rhyw naw mis fe fydd yna berson bach newydd sbon yn y byd, yn dibynnu arnat ti i'w fagu. Does dim munud i'w wastraffu – mae'r misoedd yn mynd i hedfan heibio, felly mae'n amser i ti baratoi.

Mae pob rhiant newydd yn dechrau yn yr un cwch. Mae yna lawer iawn i'w ddysgu, a hynny'n sydyn. Fe fydd yn rhaid gwneud cymaint o addasiadau i dy fywyd bob dydd, gan gynnwys y tŷ, dy waith, dy fywyd cymdeithasol a dy flaenoriaethau. Ond paid byth ag anghofio ... er cymaint o addasu sy'n dy wynebu di, am y naw mis nesaf a thu hwnt i hynny, dy bartner fydd yn gwneud y rhan fwyaf o'r gwaith.

Er yr holl sôn bod feichiogrwydd yn amser hudolus, ac mae hynny'n wir mewn cymaint o wahanol ffyrdd, yn fwy na dim mae'n fisoedd o waith caled. Marathon heb ei ail. Mae pob darpar fam nid yn unig yn tyfu babi y tu mewn iddi (sy'n gamp fiolegol anhygoel), ond mae pob rhan o'i bywyd hi hefyd ar fin cael ei droi wyneb i waered. Y cyfle cyntaf gei di i brofi dy werth fel darpar dad, er mwyn rhoi'r dechrau gorau mewn bywyd i dy fabi, yw gwneud unrhyw beth a phopeth o fewn dy allu i hwyluso pethau i dy bartner yn ystod ei beichiogrwydd.

Yn y bennod hon, fe fyddwn ni'n rhoi sylw i bopeth mae angen i ti ei wybod i oroesi a ffynnu yn ystod tri trimis nesaf ei beichiogrwydd. O ddeall sut mae dy fabi yn tyfu a beth mae dy bartner yn ei brofi, i sut y medri di fod yn gefn iddi hi, o ddechrau creu cwlwm gyda dy fabi i fod yn barod ar gyfer pob her ar hyd y daith.

Dyma dy gyfle i ddisgleirio. Dy gyfle i gamu i'r adwy a bod y partner beichiogrwydd gorau posib.

Twf babi yn ystod beichiogrwydd – canllaw i ddynion

Unwaith y byddi di'n darganfod dy fod ti'n mynd i fod yn dad, buan iawn y byddi di'n dysgu am fyd o wybodaeth hollol newydd, byd beichiogrwydd a magu plant, nad oeddet ti'n gwybod dim amdano. Nawr yw'r amser i ddysgu beth i'w ddisgwyl a sut olwg fydd ar dy fywyd newydd.

I ddechrau, lawrlwytha un o'r nifer o apiau olrhain beichiogrwydd rhagorol (rhad ac am ddim) sydd ar gael ar dy ffôn. Gwna nodyn o'r dyddiad bras pan gafodd eich babi ei "greu" – mae'r apiau yma'n olrhain y beichiogrwydd o ddydd i ddydd, gan ddarparu diweddariadau wythnosol defnyddiol ar sut mae'r babi yn tyfu a beth mae dy bartner yn ei brofi. Er bod y rhan fwyaf o'r apiau hyn wedi'u bwriadu ar gyfer mamau yn hytrach na thadau, rwyt ti'n siŵr o ddysgu llawer ac fe fyddi di'n gallu cynnig tawelwch meddwl i dy bartner drwy ddangos pa mor o ddifri wyt ti am fod yn gefn iddi drwy ei beichiogrwydd.

Yn ystod y cyfnod cynnar hwn o waith ymchwil i fyd bod yn dad, rhai o'r pethau cyntaf weli di yw'r siartiau twf babanod, sy'n esbonio maint babi o wythnos i wythnos drwy ei gymharu â gwahanol hadau, ffrwythau a llysiau. Er bod y siartiau yma'n dechrau yn ddigon syml, gan gymharu maint babi â llus, mefus ac afocado, mewn dim o dro maen nhw'n mentro i fyd cynnyrch egsotig mewn siopau ffrwythau a llysiau arbenigol. Os wyt ti'n cael trafferth dychmygu maint ffrwythau a llysiau dieithr fel ffrwythau draig neu bwmpen mesen, mae'n bosib nad dyma'r siartiau twf i ti.

Yn lle hynny, mae gen i siart twf babi ar gyfer dynion, sy'n cynnwys eitemau cyfarwydd. Fe fydd yn rhoi darlun llawer cliriach i ti o sut mae dy fabi yn tyfu yn ystod ei 40 wythnos yn y groth. Cyfeiria at y siart dros y naw mis nesaf wrth i dy bartner dyfu'n fwy. Fe fydd o leiaf yn dy helpu i werthfawrogi beth mae dy bartner yn ei gario o gwmpas gyda hi bob dydd, heb sôn am hoelio dy sylw ar y dasg enfawr sydd o'i blaen pan fydd y babi'n barod i gael ei eni.

Pa mor fawr yw'r babi fesul wythnos?

Wythnos 4: atalnod llawn
(1 mm/0.04 modfedd)

Wythnos 5: fflawen tsili
(2 mm/0.07 modfedd)

Wythnos 6: pin bawd
(6 mm/0.24 modfedd)

Wythnos 7: cneuen bistasio
(1.3 cm/0.5 modfedd)

Wythnos 8: wasier safonol
(1.6 cm/0.6 modfedd)

Wythnos 9: ewin bawd troed
(2.3 cm/0.9 modfedd)

Wythnos 10: caead potel
(3.1 cm/1.2 modfedd)

Wythnos 11: pêl golff
(4.1 cm/1.6 modfedd)

Wythnos 12: dy gaill dde
(yr un fwyaf (5.4 cm/2.1 modfedd)

Wythnos 13: wy mawr wedi'i ferwi
(7.4 cm/2.9 modfedd)

Wythnos 14: porc-pei
(8.7 cm/3.4 modfedd)

Wythnos 15: wy Sgotyn
(10.1 cm/4 modfedd)

Wythnos 16: bylb golau
(11.6 cm/4.6 modfedd)

Wythnos 17: pêl dennis
(13 cm/5.1 modfedd)

Wythnos 18: ffôn clyfar
(14.2 cm/5.6 modfedd)

Wythnos 19: pêl rygbi fach
(15.3 cm/6 modfedd)

Wythnos 20: gwydr peint tal
(25.6 cm/10 modfedd)

Wythnos 21: dril di-wifr
(26.7 cm/10.5 modfedd)

Wythnos 22–24: potel o win
(28–30 cm/11–11.8 modfedd)

Wythnos 25–28: esgid dyn maint 14 (34–37 cm/13.4–14.5 modfedd)

Wythnos 29–32: pwmpen Calan Gaeaf fach (38–42 cm/15–16.5 modfedd)

Wythnos 33–36: pêl droed
(43–47 cm/16.9–18.5 modfedd)

Wythnos 37–40: pêl rygbi fawr
(48–52 cm/18.9–20.5 modfedd)

Ffrwyno dy gyffro

Fe all wythnosau cynnar beichiogrwydd fod yn amser arbennig iawn i ti a dy bartner. Mae'r ddau ohonoch chi'n cadw cyfrinach fawr. Gan mai chi yw'r unig ddau berson yn y byd sy'n gwybod, chi sydd i ddewis pryd a sut rydych chi eisiau rhannu'r newyddion gyda'r byd.

Er ei bod yn demtasiwn cyhoeddi'r newyddion cyffrous ar dop eich llais ar y cyfle cynharaf, mae llawer o rieni beichiog yn dewis peidio â rhannu'r gyfrinach tan o leiaf diwedd y trimis cyntaf, ar ôl y sgan 12 wythnos.

Mae'r rheswm pennaf am hynny'n un trist, ond yn un mae angen i bob darpar riant fod yn ymwybodol ohono. Y gwir yw bod camesgor yn fwy cyffredin nag y mae'r rhan fwyaf ohonom yn ei feddwl, gyda tua un o bob pedwar beichiogrwydd ddim yn para y tu hwnt i'r cyfnod 12 wythnos.

Mae'n bwysig i chi wybod fod camesgor yn anochel yn y mwyafrif helaeth o achosion – dyma ffordd y corff o atal beichiogrwydd nad oes ganddo siawns o lwyddo. Ond dydy hynny ddim yn lliniaru'r ffaith fod pob profiad o golli babi, pryd bynnag y mae'n digwydd, yn hynod o boenus i bawb sy'n gysylltiedig â'r golled. Felly, os yw'r gwaetha'n digwydd, fe fydd gorfod dweud wrth gyn lleied o bobl â phosib yn lleihau sawl gwaith y byddwch chi'n gorfod ail-fyw'r profiad poenus.

Ond y newyddion da yw hyn: pella'n byd bydd dy bartner wedi mynd yn ei beichiogrwydd, isa'n byd fydd y risg o gamesgoriad. Ar ôl 12 wythnos o feichiogrwydd, mae'r risg o golli babi yn gostwng yn sylweddol i rhwng 3% a 4%. Unwaith y byddwch chi'n cyrraedd yr 20 wythnos, mae'r risg hyd yn oed yn is, tua 0.6%. Dyna pam y mae'r rhan fwyaf o rieni newydd yn penderfynu aros hyd nes y bydd un o'r cerrig milltir hyn wedi pasio cyn datgelu eu cyfrinach fawr i'r byd.

Fodd bynnag, gan amlaf, haws dweud na gwneud. O tua phedair wythnos, mae'n bosib y bydd dy bartner yn dechrau dangos rhai o'r arwyddion amlwg o feichiogrwydd. Fe all blinder eithafol a salwch bore ymddangos yn gynnar, ac mae'n bosib y bydd unrhyw un sy'n eich adnabod chi'n dda yn dechrau amau. Yn y cyfamser, mae'n bosib y bydd ffrindiau a pherthnasau hynod graff yn sylwi ar y newidiadau lleiaf hyd yn oed: deiet dy bartner, unrhyw bryd mae hi'n gwrthod diod alcoholaidd neu'n mwytho ei stumog yn gynnil mewn ffordd amddiffynnol naturiol a mamol.

Y rhesymeg dros rannu'r newyddion yn gynnar

Mwya'n byd yw'r gyfrinach, anodda'n byd fydd ei chadw. Ac er gwaethaf fy rhybuddion blaenorol, mae yna sawl rheswm da iawn dros ddweud wrth ambell un dethol, call am eich beichiogrwydd cyn eich sgan cyntaf.

Os mai dyma'ch beichiogrwydd cyntaf, mae'n bosib y byddi di a dy bartner yn teimlo'n bryderus am yr hyn sydd i ddod dros yr ychydig wythnosau nesaf. Fe allai rhannu eich cyfrinach gyda llond llaw o bobl gynnig rhywfaint o ryddhad. Nid yn unig o ran rhannu'r cyffro sydd i ddod gyda nhw ond fel y gallan nhw eich cefnogi, eich cynghori, rhoi tawelwch meddwl i chi ac yn y pen draw fel y gallan nhw fod yno ar eich cyfer chi, os na fydd pethau'n digwydd fel y dylai.

Wrth bwy i ddweud

Hen ffrind, brawd neu chwaer sydd wedi gweld y cyfan o'r blaen – os ydyn nhw wedi cael sawl profiad o feichiogrwydd, gorau oll. Ffynhonnell wych o gyngor doeth am fod yn rhiant, rhywun sy'n fwy na bodlon rhannu ei wybodaeth gyda ti.

Cydweithiwr agos – rhywun sy'n gweithio gyda ti neu dy bartner, sydd ddim yn hel clecs ac sy'n siŵr o gadw'r gyfrinach. Cymorth gwerthfawr yn ystod yr wythnos waith, fydd yn fodlon camau i'r adwy ar gyfer dy bartner os yw hi'n teimlo'n rhy sâl i fynychu cyfarfod neu'n fodlon gwneud yr un peth i ti os oes angen i ti adael yn gynnar i fynychu sgan.

Rhieni newydd – ffynhonnell wych o sicrwydd, a fydd yn llawn argymhellion defnyddiol, awgrymiadau amserol ac (os ydych chi'n lwcus) a fydd yn barod i fenthyg offer neu rannu dillad babi gyda chi pan fydd eich bwndel bach chi'n cyrraedd.

Ffrind beichiog – yn ddelfrydol, ffrind a fydd yn disgwyl rai misoedd yn gynt na dy bartner, ac a fydd yn gallu ei rhagrybuddio am yr hyn oll sydd i'w ddisgwyl yn ystod pob cam o'r beichiogrwydd gan gynnig y gefnogaeth emosiynol sydd ei hangen ar dy bartner os nad wyt ti yno.

Deall profiad dy bartner

Yn ystod wythnosau cyntaf beichiogrwydd, mae dy bartner yn annhebygol o sylwi ar unrhyw symptomau corfforol. Ond ar ôl tua phedair wythnos, fe fydd effaith yr hormon beichiogrwydd "gonadotroffin corionig dynol" yn dechrau dod i'r amlwg, a symptomau beichiogrwydd cynnar yn dechrau ymddangos.

Fel arfer, maen nhw'n dechrau'n fach, ac ar y cyfan, fe fydd hi'n ymdopi'n ddidrafferth. Ond wrth i'r wythnosau fynd heibio, a'r symptomau beichiogrwydd yn dechrau cynyddu, fe fydd y straen corfforol ac emosiynol arni yn enfawr.

Fe fydd lefelau oestrogen a phrogesteron yn ei gwaed yn cynyddu 30-50 gwaith i baratoi ei chorff ar gyfer beichiogrwydd, gan effeithio ar ei hwyliau, achosi salwch bore, creu angen cyson i wneud pi-pi a pheri i'w bronnau chwyddo a theimlo'n boenus. Fe fydd ei chalon yn gweithio 40% yn galetach na dy un di, gan gyfrannu eto at gyfog gwaeth, dŵr poeth poenus a lefelau egni isel.

Wrth gwrs, mae pob beichiogrwydd yn wahanol, ac mae profiad pob menyw yn wahanol hefyd. Fe fydd rhai yn profi pob symptom beichiogrwydd dan haul yn ystod y naw mis nesaf (gweler y rhestr wirio lawn isod). Dim ond ambell symptom y bydd menywod eraill yn ei brofi. Ac fe fydd pa mor gryf yw'r symptomau hynny hefyd yn amrywio un person i'r llall.

Dim ond un peth sy'n sicr: fel tad y babi, ti yw'r unig un sy'n gysylltiedig â'r beichiogrwydd yma fydd ddim yn profi unrhyw newidiadau corfforol dy hun. Yn y cyfamser, fe fydd hi'n mynd drwy'r felin ac yn gwneud y gwaith caletaf i gyd ei hun.

TADNODYN

Fel ei phartner, po orau wyt ti am adnabod gwahanol symptomau beichiogrwydd a gwybod sut i'w helpu i ymdopi â nhw yn eu tro, mwyaf fydd hi'n teimlo dy fod ti'n gefn iddi, ac fe fydd taith droellog beichiogrwydd yn haws iddi hi (gweler tudalen 24 am y manylion llawn).

Rhestr wirio symptomau beichiogrwydd

Teimladau posib mamau am symptomau beichiogrwydd	**Trimis cyntaf** 1–12 wythnos yn feichiog	**Ail drimis** 13–26 wythnos yn feichiog	**Trydydd trimis** 27–40 wythnos yn feichiog
Cadarnhaol	• Dim mislif	• Dim mislif • Gwallt sgleiniog, mwy trwchus • Salwch bore yn pylu • Teimlo'r babi yn symud am y tro cyntaf	• Dim mislif • Gwallt mwy trwchus • Salwch bore yn annhebygol • Teimlo symudiadau'r babi
Gallu eu goddef	• Blas metelaidd yn ei cheg • Blinder • Synnwyr arogli dwysach • Awchu bwydydd penodol	• Magu pwysau • Tethi efallai'n tywyllu • Lludded • Ymddangosiad linea nigra (llinell dywyll sy'n rhedeg o'r ardal biwbig i'r botwm bol) • Awchu pethau rhyfedd	• Magu pwysau • Diffyg egni • Rhechfeydd arbennig o ddrewllyd • Oglau drwg ar yr anadl • Awydd i nythu • Awchu pethau rhyfedd • Rhedlif ychwanegol o'r wain
Annifyr	• Rhai bwydydd yn troi arni • Angen gwneud pi-pi yn amlach	• Chwiwiau poeth • Gwneud pi-pi yn aml • Rhwymedd • Trafferth cysgu	• Hwyliau oriog • Gwneud pi-pi yn aml (dydd a nos) • Anymataliaeth • Rhwymedd • Trafferth cysgu

Teimladau posib mamau am symptomau beichiogrwydd	**Trimis cyntaf** 1–12 wythnos yn feichiog	**Ail drimis** 13–26 wythnos yn feichiog	**Trydydd trimis** 27–40 wythnos yn feichiog
Yn achosi pryder o bosib	• Mân-waedu (gwaedu o'r wain) • Croen yn tywyllu neu smotiau brown ar ei hwyneb	• Ymddangosiad cynnar olion ymestyn • Gwythiennau pry cop ar yr wyneb, breichiau a choesau • Teimlo'n chwil/ penysgafn • Trwyn yn gwaedu • Anaemia/diffyg haearn	• Olion ymestyn • Anaemia/diffyg haearn • Gorbryder geni • Diffyg anadl • Deintgig poenus neu waedlyd • Poen yn y bol • Cyfangiadau Braxton Hicks
Annymunol neu boenus	• Bronnau dolurus • Cyfog • Salwch bore (fel arfer o wythnos chwech) • Rhedlif gwyn llaethog o'r wain • Crampiau (tebyg i boenau mislif) • Abdomen chwyddedig	• Bronnau dolurus • Mwy o gyfog • Salwch bore • Poen yn y ligament crwn a chrampiau yn ardal y werddyr (*groin*) • Cymalau pelfig wedi cyffio • Poen o gwmpas y bol • Crampiau coesau • Poen cefn • Croen sych, coslyd • Haemoroidau • Dŵr poeth • Crychguriadau	• Bronnau poenus • Gwythiennau faricos • Traed a fferau chwyddedig • Gwain chwyddedig • Crampiau coesau • Poen cefn • Poen yn yr asennau • Anghydbwysedd hormonaidd • Croen sych, coslyd • Haemoroidau • Dŵr poeth • Crychguriadau

Pryd i ofyn am gymorth proffesiynol

Os mai dyma dy fabi cyntaf, fe allai pob symptom beichiogrwydd neu boen newydd wneud i ti fod eisiau gofyn am gymorth. Er nad oes unrhyw beth i boeni yn ei gylch fel arfer, paid ag oedi rhag gofyn am help os nad yw rhywbeth yn teimlo'n iawn. Mae angen i ti ymddiried yng ngreddf dy bartner ac yn dy reddf dithau hefyd.

Er y gall ffrindiau a pherthnasau fod yn ffynonellau gwych o sicrwydd yn ystod beichiogrwydd, dydyn nhw ddim (fel arfer) yn weithwyr meddygol proffesiynol, felly mae angen bod yn ofalus wrth dderbyn cyngor. Mae'r un peth yn wir o ran chwilio am symptomau brawychus ar-lein – mae cyngor anghyson ar gael yn aml, heb sôn am straeon arswydus a fydd yn dy arwain di ar gyfeiliorn.

Cysyllta â meddyg neu fydwraig os yw:

- Poen neu symptom yn arbennig o ddwys neu ddim yn lleddfu.
- Dy bartner yn profi ymdeimlad o losgi pan fydd hi'n gwneud pi-pi neu'n sylwi ar waed yn ei wrin – mae haint y llwybr wrinol (UTI) yn bosib.
- Yn gwaedu o'r wain ar unrhyw bwynt yn ystod y beichiogrwydd.
- Y babi fel arfer yn egnïol, ond bod dy bartner heb ei deimlo'n symud am ddiwrnod neu fwy (mae angen ceisio deffro'r babi yn gyntaf, fodd bynnag – fe fydd annog dy bartner i gerdded o gwmpas, ymlacio mewn bath, yfed dŵr oer iâ neu grenshian ar giwbiau iâ fel arfer yn gweithio).
- Wyneb, traed neu ddwylo dy bartner yn chwyddo'n sydyn – mae'r rhain i gyd yn symptomau o gyneclampsia (cyflwr pwysedd gwaed prin ond peryglus na ddylid ei anwybyddu).
- Yn cael problemau sydyn gyda'i golwg neu'n dechrau chwydu yn ystod y trydydd trimis.

Naw gwaith allan o ddeg, fydd o'n ddim byd i boeni yn ei gylch, ond mae'n well gwybod i sicrwydd na pheryglu iechyd dy fabi neu dy bartner.

Pwysau emosiynol ar ddarpar famau

Er na fydd dy bartner o reidrwydd yn profi symptomau corfforol beichiogrwydd yn syth, fe fydd pwysau emosiynol beichiogrwydd yn dechrau pwyso ar ei meddwl o'r eiliad y bydd hi'n darganfod ei bod yn disgwyl.

Dydy'r pwysau yma ddim yn mynd i leddfu wrth i'r beichiogrwydd fynd rhagddo. Fe fydd ei rhestr o bryderon yn tyfu fel pelen eira tan y bydd yn esgor, gyda straen emosiynol cwbl newydd yn eu disodli bryd hynny. Mae'n siŵr y byddi di'n teimlo llawer o'r rhain hefyd, ond paid byth ag anghofio faint o bwysau mae dy bartner yn ei deimlo'n bersonol ar unrhyw adeg.

Mae'n werth cadw hyn mewn cof drwy'r misoedd a'r blynyddoedd nesaf, a gwna'n siŵr dy fod ti'n rhannu'r baich sut bynnag fedri di (ac ar yr un pryd, dy fod yn gwneud dy orau glas i beidio ag ychwanegu at ei rhestr o bryderon).

- Trafodwch eich uchelgeisiau gyrfaol a'ch nodau personol a dewch o hyd i ffordd ymlaen gyda'ch gilydd.
- Gwranda pan fydd hi'n rhannu ei phryderon, ac ymateb iddyn nhw.
- Paid â dweud y byddi di'n gwneud rhywbeth ac yna'n anghofio amdano.
- Paid â gadael holl waith ymarferol cael babi tan y funud olaf, gan gymryd yn ganiataol y bydd hi'n delio ag e.

Fe wnaethoch chi'r babi yma gyda'ch gilydd a dydy hi ddim ond yn deg bod y cyfrifoldebau magu plant yn bartneriaeth hefyd.

Cipolwg ar ei rhestr o bryderon

Fydda i'n fam dda?

Sut galla i gadw'r babi yma'n fyw?

Beth os bydd rhywbeth yn mynd o'i le?

Yw'r symptomau beichiogrwydd yma'n normal?

Pam nad ydw i'n gallu teimlo'r babi yn symud?

Yw'r babi yn symud o gwmpas gormod?

Beth os na fedra i fwydo ar y fron?

Fydd pobl yn fy meirniadu am ddefnyddio llaeth potel?

Pryd mae'r sgan nesaf?

Beth os yw'r sgan yn dangos rhywbeth o'i le gyda'n babi?

Pa atchwanegion dylwn i fod yn eu cymryd?

Ydw i wedi cymryd fy atchwanegion?

Ydw i'n gwneud gormod/rhy ychydig o ymarfer corff?

Pam mae dillad mamolaeth mor ddrud?

Pa ddosbarthiadau cyn-geni mae angen i fi eu trefnu?

Ddylwn i ystyried hypnoenedigaeth?

Beth os yw'r babi yn cael ei eni yn gynnar?

Ydw i'n ddigon cryf i ymdopi â'r esgor?

Beth sydd angen i fi ei bacio yn fy mag ysbyty?

Ddylwn i gael epidwral?

Fydda i'n gwneud pw wrth eni?

Beth os bydd rhywbeth yn mynd o'i le a'n bod ni'n methu dilyn ein cynllun geni?

Beth os ydw i'n rhwygo yn ystod y geni?

Yw geni'n gallu arwain at anymataliaeth?

Beth os nad ydw i'n creu cwlwm gyda'r babi ar unwaith?

Beth os bydd angen toriad Cesaraidd arna i?

Pa gyfarpar babi mae angen i ni ei brynu?

Pa bram fydd ei angen arnom ni?

Ddylen ni ddefnyddio clytiau amldro neu rai tafladwy?

Sut ydyn ni'n mynd i addurno llofft y babi?

Sut byddwn ni'n fforddio popeth?

Sut byddwn ni'n ymdopi pan fydd y babi yn cyrraedd?

Beth os ydw i'n cael iselder ôl-enedigol?

Sut bydd y babi'n effeithio ar ein perthynas?

Fydd rhyw yr un peth wedyn?

Fydda i'n dal yn ddeniadol i fy mhartner?

Fydd geni yn difetha fy ngwain?

Pam nad ydw i'n gallu rheoli fy emosiynau?

Sut bydd y babi'n effeithio ar fy mherthynas â fy ffrindiau?

Fydd fy nghorff fyth yr un fath eto?

Fydd unrhyw un eisiau treulio amser yn fy nghwmni ar ôl i fi gael y babi?

Sut gallwn ni fforddio byw pan fydda i ar absenoldeb mamolaeth?

Fydd gen i swydd pan fydd hi'n amser mynd yn ôl i'r gwaith?

Fydd pobl yn fy marnu i os ydw i'n mynd yn ôl i'r gwaith?

Sut bydd mamolaeth yn effeithio ar fy ngyrfa?

Pwy fydd yn gofalu am y babi pan fydda i'n mynd yn ôl i'r gwaith?

TADNODYN

Fe ddaw'r atebion i lawer o'r cwestiynau hyn yn fwy clir wrth i'r beichiogrwydd fynd rhagddo, neu pan fydd dy fabi yn cael ei eni. Mae'n bosib dylanwadu ar rai, ond mater o ffawd yw'r lleill. Cofia nad yw hi'n bosib rhagweld cymaint â hynny o agweddau ar fagu plant. Rydyn ni i gyd yn dysgu wrth fynd, felly paid â phoeni am bethau sydd y tu hwnt i dy reolaeth. Mae'n rhaid derbyn beth a ddaw.

Cefnogi dy bartner yn ystod y beichiogrwydd

Gyda chymaint o symptomau beichiogrwydd i ymdopi â nhw, fe all fod yn anodd gwybod sut i fod yn gefn i dy bartner yn y ffordd sy'n gwneud y gwahaniaeth mwyaf. Y peth mwyaf defnyddiol y gelli di ei wneud yw dysgu pa symptomau i gadw llygad ar agor amdanyn nhw a sut i'w lliniaru (yn rhannol, o leiaf). Er na wnei di lwyddo i atal pob symptom rhag digwydd, fe fydd dy bartner o leia'n gallu gweld dy fod ti'n deall ei phrofiadau a'ch bod chi'n mynd drwy hyn gyda'ch gilydd. Gad i ni fwrw golwg arnyn nhw, un ar y tro ...

Salwch bore

- Paid â gadael i'r enw dy dwyllo di. Fe all salwch bore daro ar unrhyw adeg, ddydd a nos, gan amlaf pan fydd stumog dy bartner naill ai'n wag neu'n rhy llawn.
- Wrth goginio neu archebu bwyd parod, mae'n syniad da bwyta llai ac osgoi bwydydd cyfoethog.
- Atgoffa dy bartner i yfed digon, a gwna'n siŵr fod yna gyflenwad da o fyrbrydau plaen yn y cwpwrdd – mae bisgedi a chraceri plaen yn ddelfrydol – gan adael rhai wrth ochr ei gwely neu eu pacio yn ei bag cyn iddi fynd i'r gwaith, i roi hwb bach o faeth iddi yn ystod y dydd.
- Os yw pethau'n mynd yn anodd iawn a'i bod hi'n chwydu bob dydd, fe all hynny gael effaith sylweddol ar ei hwyliau. Ceisia fod yno pan fydd y cyfog ar ei waethaf, i gynnig cefnogaeth emosiynol iddi a chario mwy o'r baich pan fydd hi'n dioddef.

OEDDET TI'N GWYBOD?

Mae tua 3% o fenywod beichiog yn dioddef math dwys o salwch bore o'r enw hyperemesis gravidarum. Mae'n achosi chwydu difrifol sy'n gallu arwain at golli pwysau cyflym, diffyg hylif eithafol ac, os na chaiff ei drin, iselder a rhwygiadau i'r oesoffagws. Siarada gyda dy feddyg teulu os wyt ti'n poeni am hyn. Er bod cyffuriau ar gael i leddfu'r symptomau (sydd fel arfer yn cilio erbyn wythnos 20), bydd tua un o bob pump o fenywod beichiog sy'n profi hyperemesis difrifol yn diodde'r symptomau gwanychol hyn gydol eu beichiogrwydd.

Rhai bwydydd yn troi arni

- Cadwa restr agored o fwydydd mae hi'n eu mwynhau ac yn gallu'u cadw i lawr, a'r bwydydd sy'n gwneud iddi gyfogi. Mae'n debyg y bydd y rhestr hon yn newid o wythnos i wythnos, felly fe fydd angen i chi'ch dau ei diweddaru'n rheolaidd.
- Fe fydd rhai menywod beichiog yn datblygu atgasedd at fwydydd sy'n llawn protein fel cig, dofednod a physgod. Fe all hynny fod yn broblem gan fod protein yn hanfodol ar gyfer twf babi, ac mae angen mwy ohono ar famau beichiog (tua 60–100 gram bob dydd). Os bydd hyn yn digwydd, fe fyddai'n werth arbrofi gyda dewisiadau protein planhigion amgen neu beth am roi cynnig ar weini'r bwyd mae hi'n ei osgoi mewn ffordd wahanol, o ran ei ansawdd, tymheredd neu drwch.
- Ceisia osgoi coginio unrhyw beth gydag arogl cryf yn y cartref, oherwydd fe allai'r arogl aros yn yr awyr neu ar ddillad a dodrefn meddal, gan sbarduno cyfog ymhell ar ôl i chi fwyta'r pryd.

Diffyg egni

- Mae tyfu babi yn weithred gorfforol aruthrol a fydd yn disbyddu lefelau egni ac yn gwneud i dasgau bob dydd deimlo fel cryn ymdrech. Felly rho gyfle iddi roi ei thraed i fyny fin nos ac ar benwythnosau.
- Fe fydd angen i ti gyfyngu ar dy weithgareddau cymdeithasol hwyr y nos a rhoi'r flaenoriaeth ar fynd i'r gwely'n gynnar eich dau (erbyn 10p.m. fan bellaf). Fe fydd hyn yn rhoi amser gorffwys pwysig i chi, ac yn cael eich cylchoedd cysgu i drefn cyn i'r babi gyrraedd.
- Mae angen i famau sy'n disgwyl yfed llawer pan fyddan nhw'n feichiog, felly helpa hi i gynnal lefelau hylif da. Mae'n syniad osgoi gormod o ddiodydd pefriog neu de/coffi traddodiadol gan eu bod yn cynnwys caffîn, ac fe allai gormod o gaffîn fod yn niweidiol i'r babi. Te llysieuol, dŵr a diod ffrwythau yw'r dewisiadau gorau ar y cyfan.
- Os yw hi'n teimlo'n arbennig o ddiegni, mae'n bosib iawn bod ei lefelau haearn yn isel. Pryna atchwanegion haearn naturiol iddi eu cymryd a choginia fwydydd sy'n cynnwys lefelau uwch o haearn, fel cig coch, bresych deiliog a sbigoglys. Mae'n werth bod yn ymwybodol y gall cymryd atchwanegion haearn achosi rhwymedd.

Rhwymedd

- Dydy carthyddion ddim yn cael eu hargymell i fenywod beichiog, felly bydd angen iddi gadw at feddyginiaethau naturiol i'w helpu i deimlo'n fwy cyfforddus.
- Helpa hi i gynnal lefelau hylif da, i gynyddu'r bwydydd uchel mewn ffibr (fel ffa coch, corbys, ceirch, hadau chia, ffrwythau a llysiau) yn ei deiet, ac i wneud ymarfer corff gyda'ch gilydd i gael pethau i symud eto. Mae prŵns a sudd prŵns yn effeithiol iawn hefyd.

Trafferth cysgu

- Cynghorir darpar famau i gysgu ar eu hochr, oherwydd fe all gorwedd ar eu cefn neu ar eu boliau fod yn niweidiol i'r babi. Os nad dyma osgo cysgu arferol dy bartner, mae'n bosib iawn na fydd hi'n cysgu cystal ag arfer.
- Pryna obennydd beichiogrwydd. Mae'r rhain wedi'u cynllunio'n arbennig i fowldio'n berffaith i siâp corff menyw feichiog, sut bynnag mae hi'n gorwedd, gan roi'r gynhaliaeth orau posib i'w bwmp, ei choesau a'i chefn. Maen nhw hefyd yn ddefnyddiol ar gyfer cyfnodau hir yn y car, i fod yn gyfforddus ar soffa ac fel gobennydd bwydo ar y fron.
- Os wyt ti'n chwyrnu, pryna stribedi chwyrnu, newidia dy osgo cysgu dy hun fel nad wyt ti'n chwyrnu cymaint a phaid â gweld yn chwith os yw hi'n gofyn i ti gysgu ar y soffa bob yn hyn a hyn.

Poenau a gwynegon

- Dydy ibuprofen ddim yn cael ei argymell i fenywod beichiog, felly mae'n well cadw at barasetamol i leddfu poen.
- Rho dy ffydd yng ngrym tylino. Pryna olew tylino sy'n ddiogel i fenywod beichiog a chynnig ei thylino pryd bynnag y bydd hi'n cwyno ei bod hi'n ddolurus. Gan na ddylai menywod beichiog orwedd ar eu stumog nac ar eu cefn ar ôl wythnos 20, y ffordd orau o dylino cefn ydy gyda hi'n gorwedd ar ei hochr neu'n eistedd wysg ei chefn ar gadair.

- Yn ystod y misoedd oerach, mae'n syniad i ti ddarparu cyflenwad cyson o boteli dŵr poeth i'w chadw hi a'r babi yn gynnes a lleddfu ei chyhyrau poenus ar yr un pryd.
- Mae rhai darpar famau hefyd yn profi crampiau yn eu coesau, fel arfer yn ystod y nos, felly bydda di'n gyfrifol am dylino'r rhannau sy'n dioddef pan fydd y cramp yn taro. Fe all ymarfer corff ysgafn rheolaidd ac ymestyn cyn mynd i'r gwely helpu i'w cadw draw.

Traed a fferau chwyddedig

- Anoga hi i roi ei thraed i fyny mor aml ag sy'n bosib, hyd yn oed os yw hynny'n golygu bod angen i ti weithio'n galetach o gwmpas y tŷ.
- Mae'n syniad osgoi teithiau cerdded hir neu weithgareddau cymdeithasol lle nad oes digon o gyfle i eistedd a gorffwys.
- Ceisia sefydlu trefn reolaidd o gynnig dy fod yn rhwbio traed dy bartner ar ddiwedd bob dydd. Yn well fyth, paid aros iddi hi ofyn i ti wneud bob tro.

Croen coslyd ac olion ymestyn

- Pryna eli neu olew lleithio arbennig ar gyfer darpar famau, yn gynnar yn ystod ei beichiogrwydd, i rwbio ar ei bol a'i choesau. Fe all hynny leddfu'r cosi a phylu olion ymestyn.
- Rho sicrwydd iddi fod unrhyw olion ymestyn yn tueddu i ddiflannu'n araf ar ôl i'r babi gael ei eni, ond hyd yn oed os nad ydyn nhw, mai arwyddion ei bod hi'n fam ydyn nhw ac nad wyt ti'n ei gweld hi'n wahanol o gwbl.

Hwyliau isel

- Atgoffa hi i gymryd atchwanegion beichiogrwydd bob dydd. Mae diffygion mewn mwynau fel haearn a sinc ill dau wedi'u cysylltu ag iselder, felly mae'n well gwneud yn siŵr bod ei lefelau'n ddigonol.
- Mae hwyliau i fyny ac i lawr yn gyffredin ymhlith menywod beichiog, ond hyd yn oed os wyt ti'n eu disgwyl, mae'n gallu bod yn anodd ymdopi â nhw. Cofia mai hon yw'r fenyw rwyt ti'n ei charu, hon yw

darpar fam dy blentyn di, felly mae'n werth brathu dy dafod a derbyn unrhyw ffrwydradau annheg o dymer ddrwg dros y misoedd nesaf.

- Mae ymarfer corff yn ffordd wych o roi hwb i'r hwyliau (y cyngor yw i fenywod beichiog gael o leiaf 150 munud o weithgaredd aerobig cymedrol bob wythnos), er efallai na fydd ganddi'r egni bob amser. Anoga hi i gofrestru ar gyfer ymarferion llai heriol fel Pilates, nofio neu ioga beichiogrwydd a chynnig mynd am dro gyda hi.

Poen yn y bol

- Gan fod y babi'n tyfu'n anhygoel o gyflym, fe allai dy bartner deimlo poen yn ei bol, sy'n gallu bod yn bryderus iawn i'r ddau ohonoch chi. Mae'r rhain fel arfer yn hollol normal, gan amlaf oherwydd "poen y ligamentau crwn" wrth i'r gewynnau sy'n dal ei chroth yn ei lle ymestyn.
- Er mwyn helpu i leihau'r poenau hyn, rheda fath poeth iddi, llenwa boteli dŵr poeth iddi ddal ar ei bol neu pryna wregys beichiogrwydd iddi (offer arbenigol sy'n cynnig cynhaliaeth ychwanegol i'w bwmp).
- Er bod y symptom hwn yn gyffredin, mae'n werth iddi ei drafod â'i meddyg, bydwraig neu ffisiotherapydd mamolaeth os yw hi'n poeni. Gwell diogel nac edifar.

Chwiwiau poeth

- Fe all cynnydd yn y cyflenwad gwaed i'r croen a newidiadau hormonaidd wneud i dy bartner deimlo'n anghyfforddus o boeth a chwyslyd yn ystod rhai cyfnodau o'i beichiogrwydd.
- Mae'n syniad troi'r thermostat i lawr a buddsoddi mewn ffan neu uned aerdymheru ar gyfer eich llofft.
- Mae eisiau i ti gadw cyflenwad cyson o ddiodydd oer iddi a llenwi blychau ciwbiau iâ yn y rhewgell yn gyson.
- Ar nosweithiau cynnes, fe fydd gwlanen oer neu becyn iâ wrth ei gwely bob amser yn cael croeso.

Haemoroidau

- Cyffredin iawn yn ystod beichiogrwydd, yn enwedig os yw dy bartner yn dioddef o rwymedd rheolaidd. Pibellau gwaed chwyddedig y tu mewn i'r rectwm neu o amgylch yr anws ydy haemoroidau (neu beils, neu glwy'r marchogion), ac maen nhw'n gallu bod yn hynod o anghyfforddus a phoenus.
- Er y dylen nhw wella ar eu pennau eu hunain mewn ychydig ddyddiau, fe all eu trin wrth i'r arwydd cyntaf o anghysur ddod i'r amlwg helpu i'w cadw dan reolaeth.
- Er mwyn arbed embaras iddi hi yn y fferyllfa, beth am i ti brynu eli haemoroidau ar ei rhan?
- Anoga hi i eistedd i lawr yn amlach, gan mai sefyll am gyfnodau hir o amser yw un o'r achosion. Mae bath cynnes yn ffordd effeithiol o leddfu rhywfaint ar y boen hefyd

.Cyfangiadau Braxton Hicks

- Mae'r cyfangiadau "ffug" neu "ymarfer" hyn yn hollol normal, ac fel arfer maen nhw'n digwydd drwy gydol y trydydd trimis i helpu i baratoi cyhyrau darpar famau ar gyfer esgor. Er mor gyffredin ydyn nhw, maen nhw'n gallu sbarduno pryder i famau tro cyntaf, felly mae'n werth dysgu sut i adnabod y gwahaniaeth rhwng cyfangiadau Braxton Hicks a chyfangiadau esgor go iawn.
- Fel rheol gyffredinol, mae cyfangiadau Braxton Hicks yn digwydd yn afreolaidd ac yn aml yn lleddfu pan fydd dy bartner yn symud neu'n newid osgo. Ar y llaw arall, mae cyfangiadau esgor go iawn yn digwydd yn rheolaidd, gan gryfhau wrth iddyn nhw gyflymu.
- Pan fydd unrhyw gyfangiad yn dechrau – boed yn rhai go iawn neu'n rhai ffug – mae'n syniad eu hamseru i fesur pa mor hir maen nhw'n para a pha mor rheolaidd ydyn nhw. Os oes patrwm yn bodoli, fe wnei di sylwi arno'n sydyn iawn.

Teimlo bod popeth yn ormod

- Gyda chymaint o bethau i'w trefnu cyn i'r babi gyrraedd, paid â gadael yr holl waith i dy bartner. Gwna dy waith ymchwil dy hun fel dy fod ti'n gwybod beth i'w brynu a phryd (mae mwy o gyngor ar dudalennau 43-48), cama i'r adwy a gwna'r gwaith DIY rwyt ti wedi bod yn gohirio'i wneud, ac ymchwilia i ba ddosbarthiadau y dylech chi'ch dau eu mynychu i baratoi ar gyfer geni a magu plant.
- Mae cof gwael (sydd weithiau'n cael ei alw'n "ymennydd babi") yn gyffredin yn ystod beichiogrwydd ac yn y misoedd cyntaf ar ôl dod yn fam. Mae'n werth creu calendr cyffredin ar eich ffonau a rhoi un arall ar y wal yn eich cartref, er mwyn sicrhau nad ydych chi'n anghofio apwyntiadau bydwraig, sganiau, dosbarthiadau ac ymrwymiadau eraill.
- Mae'n syniad lliniaru unrhyw bryderon ariannol drwy ddechrau cynilo a chynllunio ymlaen llaw ar gyfer sut i reoli cyllid yr aelwyd yn ystod absenoldeb rhiant (ac wedi hynny os oes un ohonoch chi'n bwriadu aros gartref i ofalu am y babi).
- Hola pa fuddion tadolaeth sydd ar gael i ti drwy dy waith, ac ystyria sut i newid dy swydd neu oriau gwaith ar ôl i'r babi gael ei eni fel dy fod ti'n gallu bod ar gael yn amlach ar yr aelwyd.

GAIR I GALL

Helpa i leddfu straen trefn ddyddiol dy bartner drwy wneud pecyn goroesi beichiogrwydd iddi fynd i'r gwaith. Mae'n syniad cynnwys atchwanegion beichiogrwydd (fel nad yw hi byth yn anghofio eu cymryd), potel o ddŵr (i gynnal ei lefelau hylif), byrbrydau iach (i gynnal lefel y siwgr gwaed), gwadnau gel, plasteri a fflip-fflops (os yw gwisgo esgidiau'n rhy anghyfforddus), parasetamol (ar gyfer poenau beichiogrwydd annisgwyl) a phapur toiled argyfwng (ar gyfer ymweliadau brys ac annisgwyl â'r ystafell ymolchi agosaf).

Cyfyngiadau ar symud

- Wrth iddi fynd yn fwy, mae'n bosib y bydd hi'n dibynnu arnat ti yn fwy nag erioed i helpu gyda thasgau penodol, felly bydd ar gael bob amser ac yn barod i helpu.
- Dalia ddrysau ar agor iddi, caria ei bag a (yn fwy pwysig fyth) helpa hi i wisgo ei hesgidiau yn y bore (tasg anodd iawn ar ei phen ei hun pan mae yna fwmp babi enfawr yn y ffordd).

Teimlo'n ansicr

- Gyda'i chorff yn newid a'i hormonau ar chwâl, mae'n bosib na fydd hi'n teimlo mor hyderus ag y mae hi fel arfer, ac fe allai hynny beri iddi gwestiynu faint o gefn wyt ti iddi hi, neu amau cryfder eich perthynas.
- Helpa i leddfu unrhyw bryderon drwy ei hatgoffa bob dydd pa mor brydferth yw hi, pa mor anhygoel o gryf yw hi yn ystod ei beichiogrwydd, a faint wyt ti'n ei charu hi.
- Wrth i'w beichiogrwydd fynd rhagddo, a hithau'n teimlo'n gynyddol chwyddedig, yn llawn gwynt ac yn dioddef fwyfwy o ddiffyg cwsg, gyda bwmp sy'n tyfu, bronnau dolurus a gwain chwyddedig hyd yn oed, mae'n bosib mai rhyw yw'r peth olaf ar ei meddwl. Cofia hynny a phaid â rhoi pwysau arni. Mae yna sawl ffordd o ddangos agosatrwydd corfforol – fe fydd mynd â hi allan am swper, ei chofleidio, cynnig cusan neu chwarae rôl y 'llwy fawr' yn y gwely yn golygu llawer iddi.

Sganiau beichiogrwydd – beth i'w ddisgwyl

Fe fyddwch chi'n cael cynnig sganiau uwchsain neu sonogramau amrywiol ar gamau allweddol eich beichiogrwydd i wirio bod y babi yn datblygu fel y dylai. Gan amlaf, mae'r rhain yn cael eu cynnig rhwng wythnosau 10 a 14 o'r beichiogrwydd (y sgan dyddio) ac eto tua wythnosau 18 i 21 (y sgan anomaledd, pan mae'n bosib holi am ryw y babi, os ydych chi eisiau). Fodd bynnag, os ydych chi eisiau gweld mwy o'r babi ar y sgrin neu os oes gennych chi unrhyw bryderon, fe allwch chi dalu am sganiau ychwanegol ar unrhyw adeg.

Os yw dy bartner wedi camesgor neu golli babi o'r blaen, dros 35 oed (sydd weithiau'n cael ei alw'n 'fam geriatrig' gan feddygon) neu os oes ganddi unrhyw gyflyrau meddygol a allai beri risg iddi hi neu'r babi, fe allai eich meddyg awgrymu sgan cynharach tua 6-8 wythnos, a sganiau mwy rheolaidd drwy gydol y beichiogrwydd i sicrhau bod popeth yn digwydd fel y dylai.

Beth bynnag yw eich sefyllfa, mae cymysgedd enfawr o emosiynau ynghlwm wrth bob sgan: o gyffro a brwdfrydedd am gael gweld y babi o'r diwedd, clywed curiad ei galon a derbyn cadarnhad bod popeth yn iawn i ofn, gofid a phryder am yr hyn allai'r sgan ei ddatgelu.

Mae'n bwysig, fel tad y babi, dy fod ti'n ei gwneud hi'n flaenoriaeth i fynychu pob archwiliad a sgan gyda dy bartner, i fod wrth ei hochr a darparu'r gefnogaeth mae ei hangen arni ar hyn o bryd. Maen nhw hefyd yn gyfle gwych i feithrin cysylltiad â'r babi a gofyn unrhyw gwestiwn sydd gen ti i'r gweithwyr proffesiynol yn yr ystafell.

Mae pob sgan yn cynnwys dogn helaeth o jeli petroliwm a phrocio bol dy bartner, sy'n gallu bod yn bur anghyfforddus iddi hi. Maen nhw fel arfer yn cymryd rhyw awr, er bod angen caniatáu amser ychwanegol. Weithiau mae'r babi yn yr osgo anghywir neu'n symud o gwmpas gormod, sy'n gallu achosi oedi. A phaid â phoeni os yw'r sonograffydd ychydig yn dawel yn ystod y sgan ei hun. Mae'n brysur yn lleoli a mesur holl organau, esgyrn a chymalau hanfodol y babi i wneud yn siŵr bod popeth yn bresennol ac o'r maint cywir.

Sgan dyddio (10–14 wythnos)

- I gael y canlyniadau gorau, fe fydd angen i bledren dy bartner fod yn llawn.
- Mae'r technegydd uwchsain yn chwilio am guriad calon cryf, llif gwaed cywir a rhywfaint o symudiad, gydag arwyddion cynnar fod yr organau, yr asgwrn cefn a'r ymennydd yn datblygu.
- Os yw'r babi yn yr ystum anghywir, mae'n bosib y byddan nhw'n gofyn i dy bartner sefyll ar ei thraed a siglo ei chorff er mwyn ceisio cael ongl well.

Sgan canol beichiogrwydd (18–21 wythnos)

- Neu i roi'r enwau eraill, y sgan anomaledd neu'r sgan hyfywedd. Er bod y siawns o gamesgor ar ôl y cam hwn yn llawer llai, mae'r sgan yma'n rhoi darlun manylach i'r fydwraig o iechyd a datblygiad y babi, gan wirio popeth o ddatblygiad esgyrn ac organau i lif y gwaed yng nghalon y babi.
- Fe fydd y sgan hefyd yn edrych am wahanol gyflyrau prin, fel spina bifida (nam yn yr asgwrn cefn a madruddyn y cefn) a gwefus hollt.
- Er bod modd darganfod rhyw y babi yn ystod y sgan hwn (os ydych chi eisiau gwybod ymlaen llaw), peidiwch â mynd i'r apwyntiad yn disgwyl cael gwybod i sicrwydd, gan nad yw hi'n bosib cadarnhau hynny bob tro (yn dibynnu ar osgo'r babi ar y pryd). Os nad ydych chi eisiau cael gwybod y rhyw, atgoffwch y technegydd uwchsain i ofyn i chi edrych i ffwrdd ar y foment dyngedfennol i osgoi unrhyw gipolwg ddamweiniol ar yr organau cenhedlu.

Archwiliad beichiogrwydd hwyr (trydydd trimis)

- Wrth i chi agosáu at eich dyddiad disgwyliedig, mae sganiau uwchsain yn llai cyffredin, oni bai bod pryderon gan eich meddyg neu fydwraig.
- Gan amlaf, fe fydd apwyntiadau beichiogrwydd hwyr yn cynnwys gwiriadau symlach o gyfradd curiad calon y babi ac iechyd cyffredinol dy bartner (mesur ei phwysedd gwaed a chymryd samplau wrin).

Cysylltu â dy fabi (o'r tu allan)

Er bod y rhan fwyaf o famau newydd yn teimlo cysylltiad corfforol dwfn gyda'r person bach sy'n tyfu y tu mewn iddyn nhw, dydy'r un peth ddim bob amser yn wir am dadau newydd. Rydyn ni ar y tu allan. Dydy'n cyrff ni ddim yn addasu ar gyfer bywyd newydd. Dydyn ni ddim yn gallu'u teimlo yn symud o gwmpas yn ein boliau. Ac nid ni sy'n gorfod wynebu'r gwaith corfforol o eni'r babi pan ddaw'r amser.

Oherwydd hyn, fe all llawer o dadau deimlo braidd yn ddatgysylltiedig yn ystod y beichiogrwydd. Er y byddech chi'n tybio y byddai pob rhiant newydd yn teimlo cwlwm â'u babi yn syth bin, dydy hynny ddim bob amser yn wir. Mae'n cymryd amser i feithrin cysylltiad weithiau, yn enwedig pan nad wyt ti erioed wedi cyfarfod â gwrthrych y berthynas newydd sbon yma. Ond does dim rhaid i ti aros hyd nes y bydd dy fabi'n cael ei eni i ddechrau ar y gwaith o greu cwlwm ...

Y gic gyntaf

O ryw hanner ffordd drwy'r beichiogrwydd, fe ddylai dy bartner ddechrau teimlo'r babi yn symud o gwmpas. I ddechrau, dim ond hi fydd yn teimlo'r mân symudiadau yma. Ond cyn hir, fe fyddan nhw'n troi'n giciau mwy sylweddol sydd i'w teimlo o'r tu allan hefyd. Manteisia ar bob cyfle i roi llaw neu foch ar fwmp dy bartner pan fydd hi'n dweud bod y babi'n cicio. Fe alla i addo i ti na fyddi di byth yn edrych ymlaen yn fwy at gael cic yn dy wyneb.

Credu dy lygaid

Ceisia fynychu pob apwyntiad uwchsain i weld dy fabi ar y sgrin. Mae pob un yn arbennig, yn gyfle i weld sut mae'r babi yn tyfu o fod yn lwmp annelwig i fod yn berson bach go iawn. Cadwa'r lluniau o'r sgan yn dy waled a'u dangos yn falch i unrhyw un sy'n barod i edrych. Fe fyddi di'n teimlo fel tad go iawn cyn i ti droi.

Siarad babi

Tua diwedd yr ail drimis, fe ddylai'r babi allu clywed synau o'r byd mawr y tu allan, gan gynnwys dy lais di. Efallai y bydd yn teimlo'n wirion, ond ceisia siarad neu ganu i fwmp dy bartner bob cyfle gei di, gan y gallai hynny helpu i greu cysylltiad cynnar. Mae astudiaethau hefyd wedi dangos bod hyn yn helpu'r babi i adnabod dy lais yn gynt ar ôl iddo gael ei eni.

PENNOD 2

PARATOI AR GYFER EICH BABI NEWYDD

Ar ôl cyrraedd pwynt hanner ffordd y beichiogrwydd, mae'n bryd dechrau meddwl am gynllun geni a'r hyn fydd angen ei brynu ar gyfer dy fabi bach pan fydd wedi cyrraedd y byd. Fe allai fod yn demtasiwn dechrau'r broses hon unwaith y daw cadarnhad eich bod yn feichiog, ond fe fyddwn i'n argymell yn gryf eich bod yn oedi tan y sgan 20 wythnos o leiaf, pan fydd ychydig mwy o sicrwydd fod popeth yn symud ymlaen fel y dylai.

Unwaith eto, mae cymaint o bethau i'w hystyried a mwy fyth i'w ddysgu. Er dy fod ti eisoes wedi meistroli bod yn bartner beichiogrwydd cefnogol i dy bartner â'i bwmp cynyddol, mae'n bryd i ti ddarllen a deall am y geni a misoedd cyntaf magu plant.

O'r trydydd trimis, fe fydd cyfleoedd newydd yn codi i ti ymuno â grwpiau magu plant, cyfarfod â meddygon neu fydwragedd a mynychu clinigau bwydo ar y fron. Wrth i'r dyddiad disgwyliedig agosáu, dwi'n dy annog i fynychu cymaint o'r rhain ag y medri di gyda dy bartner (ie, hyd yn oed y clinigau bwydo ar y fron). Po fwyaf wyt ti'n ei wybod, mwyaf o help fyddi di yn ystod yr wythnosau a'r misoedd i ddod.

Ond fy nghyngor gorau un yw ceisio bod yn gwbl barod, gyda phopeth yn ei le ar gyfer y babi newydd, o leiaf mis cyn y dyddiad disgwyliedig.

Drwy gydol y beichiogrwydd, fe fyddi di'n clywed gan sawl un, sy'n llawn bwriadau da, ei bod yn gyffredin iawn i fabanod cyntaf gyrraedd yn hwyr, ond coel gwrach yw hynny. Fe roddodd ein babi cyntaf ni sioc a hanner i ni gan gyrraedd mis yn gynnar, a doedden ni ddim yn hanner mor barod ag yr oeddem yn dymuno. Paid â gwneud yr un camgymeriad â ni; fe arweiniodd hynny at lwyth o straen a phryder ychwanegol ar ddechrau ein bywyd fel rhieni, a does dim angen hynny ar unrhyw riant newydd.

Rwyt ti bron yno nawr. Felly, dalia ati gyda'r gwaith gwych, aros yn bositif a chadw dy lygad ar y nod. Un ymdrech arall, ac ymhen dim fe fyddi di'n gafael mewn babi bach newydd, dy fabi di.

Gwneud cynllun geni

Ar ôl eich sgan canol beichiogrwydd, eistedda i lawr gyda dy bartner i drafod ei chynllun geni. Cyfres o ddewisiadau yw'r cynllun geni fydd yn nodi pa fath o enedigaeth yr hoffai ei chael, o'r lleoliad a'r amgylchedd y mae hi eisiau ei greu yn ystod yr esgor i faint o ymyrraeth y mae hi'n fodlon ei derbyn gan y meddygon a'r nyrsys. Cofia mai dewisiadau ydyn nhw, nid penderfyniadau pendant ... mae geni'n broses anwadal, ac anaml iawn y bydd pethau'n dilyn trefn gaeth, felly mae angen rhywfaint o hyblygrwydd a pharodrwydd i gyfaddawdu pan ddaw'r amser (gweler tudalen 81 am fwy o fanylion).

Pethau i'w penderfynu ymlaen llaw

Ble – geni yn yr ysbyty neu gartref?

Pwy – pwy mae hi eisiau yn yr ystafell yn ystod y geni? Ti/partner geni arall/dŵla (cydymaith geni arbenigol)?

Amgylchedd – cerddoriaeth neu ofod tawel? Golau isel? Tryledwr gydag olewau hanfodol?

Math o enedigaeth – genedigaeth drwy'r wain neu doriad Cesaraidd wedi'i gynllunio ymlaen llaw (am resymau meddygol penodol yn unig, fel arfer)? Genedigaeth ddŵr/ar wely/oddi ar wely? Hypnoenedigaeth?

Ymyrraeth – yw hi'n fodlon i'r meddyg neu'r fydwraig ddefnyddio cyfarpar meddygol fel gefeiliau neu 'ventouse'/cwpan sugno i eni'r babi? Neu episiotomi (toriad i'r perinëwm yn ystod y geni) os oes angen cael y babi allan ar frys? Beth bynnag yw'r penderfyniad, mae'n rhaid cofio y gallai amgylchiadau bennu'r angen am ymyriadau fel hyn i achub bywyd y fam a/neu'r babi, felly mae'n rhaid peidio â'u diystyru'n llwyr.

Lleddfu poen – dim byd/parasetamol/peiriant TENS/nwy ac aer/diamorffin/epidwral?

Gwthio dan arweiniad – yw hi eisiau i'r fydwraig ei harwain drwy gamau olaf yr esgor a/neu ddal pen y babi drwy'r cam pan fydd y corun yn dod i'r golwg (sy'n gallu lleihau'r risg o rwygo'r wain)?

Oedi cyn clampio'r llinyn bogail – mae rhai rhieni yn dewis "aros am wyn", oedi cyn clampio a thorri'r llinyn bogail ar ôl geni nes ei fod yn stopio dirgrynu ac yn troi'n wyn. Dim ond ychydig funudau mae hyn yn ei gymryd fel arfer, ac mae'n golygu bod y babi yn cael yr holl waed sydd ei angen arno o'r brych. Mewn argyfwng, mae angen bod yn ymwybodol na fydd hyn bob amser yn bosib.

Datgelu rhyw – ydych chi eisiau i'r fydwraig ddatgelu rhyw y babi pan mae'n cael ei eni, neu fyddai'n well gennych chi ddarganfod hynny drosoch eich hun yn eich amser eich hun?

Pigiad fitamin K – ar ôl geni, fe gewch chi gynnig rhoi pigiad o fitamin K i'r babi, gan fod hyn yn helpu i atal anhwylder gwaedu prin o'r enw clefyd gwaedlifol y newydd-anedig. Er bod y pigiad hwn yn cael ei argymell yn gryf, mae rhai rhieni yn ei wrthod gan nad ydyn nhw'n hoffi meddwl am roi pigiad i'w babi mor fuan ar ôl iddo gael ei eni.

Geni'r brych – ar ôl i'r babi gael ei eni, fe fydd angen i dy bartner eni'r brych, sydd wedi bod yn cadw'r babi yn fyw am y naw mis diwethaf. I wneud hyn, fe all dy bartner ddewis un o'r opsiynau canlynol:

- Rheoli gweithredol – lle mae'n derbyn pigiad o ocsitosin i'w chlun ar ôl geni i beri i'w chroth gywasgu a geni'r brych yn gyflymach. Mae'n lleihau'r risg o waedu ôl-esgor (gwaedu trwm ar ôl geni) ond mae'n gallu achosi cyfog ychwanegol a gwaethygu ôl-boenau dy bartner (poenau tebyg i gyfangiadau ar ôl geni).
- Rheoli ffisiolegol – dim ymyrraeth a gadael i bopeth ddigwydd yn naturiol (sy'n gallu cymryd hyd at awr ond llawer llai na hynny'n aml).

OEDDET TI'N GWYBOD?

Mae llawer o famau heddiw yn dewis bwyta'r brych ar ôl geni, naill ai ar ffurf smwddi (blendio darnau bach â ffrwythau a sudd) neu drwy fewngapsiwleiddio (lle mae'r brych yn cael ei sychu a'i droi'n bowdwr i greu tabledi i'w llyncu). Er nad oes prawf gwyddonol o'r manteision, mae selogion yn credu bod bwyta'r brych yn helpu i gynyddu'r cyflenwad llaeth, cydbwyso hormonau a lleihau'r siawns o iselder ôl-enedigol. Os yw dy bartner eisiau rhoi cynnig arni, mae angen ymchwilio i baratoi'r brych yn broffesiynol, a gwnewch yn siŵr bod eich bydwraig yn ymwybodol o'ch bwriad er mwyn storio'r brych yn gywir ar ôl y geni.

Unwaith y bydd popeth ar bapur, cadwa'r cynllun geni ar dy ffôn neu argraffa gopi i'w roi yn y bag ysbyty.

Cyflwyniad i hypnoenedigaeth

Os yw dy bartner yn teimlo'n bryderus am roi genedigaeth, neu'n ansicr ynglŷn â'i gallu i ymdopi â'r broses neu ddelio â phoen esgor, efallai mai hypnoenedigaeth yw'r ateb.

I ddechrau, mae'n rhaid pwysleisio nad oes unrhyw gysylltiad rhwng hypnoenedigaeth a chael dy hypnoteiddio. Mae'n rhaglen gyn-geni hirsefydlog sydd wedi'i chynllunio i leddfu ofn, meithrin hyder yn ystod esgor a darparu gwybodaeth a thechnegau angenrheidiol i ti a dy bartner er mwyn cael profiad geni mwy cyfforddus, tawel a chadarnhaol.

Os yw hyn yn swnio'n rhy dda i fod yn wir, dwyt ti mo'r cyntaf i feddwl hynny. Mae'r rhan fwyaf o dadau newydd yn amheus iawn pan maen nhw'n clywed am hypnoenedigaeth am y tro cyntaf. Ond os wyt ti'n ymchwilio i'r broses, buan iawn y byddi di'n gwerthfawrogi bod hypnoenedigaeth yn gwneud cymaint o synnwyr.

Mynd i'r afael â'r diwylliant o ofn sy'n ymwneud â geni

Mae hypnoenedigaeth yn ymwneud â hyfforddi'r meddwl i ystyried geni a "phoen" mewn ffordd wahanol. Mae yna gymaint o ofn yn mynd law yn llaw â geni, sy'n cael ei waethygu gan bortreadau dros ben llestri o eni ar y teledu a straeon arswyd sydd wedi eu trosglwyddo o genhedlaeth i genhedlaeth. Mae ieithwedd fel "esgor" a "cyfangiadau" hefyd yn creu delweddau o boen a dioddefaint. Does fawr o syndod felly fod meddyliau'r rhan fwyaf o famau newydd yn llawn ofnau a rhagfarnau negyddol wrth i'r dyddiad disgwyliedig agosáu.

O ran y geni, ofn yw gelyn pennaf unrhyw fam, gan fod ofn yn gwneud i'w chorff ryddhau adrenalin, sy'n arafu ac yn y pen draw yn gallu atal geni rhag datblygu'n esmwyth. Ond wrth gael gwared ar yr ofn, mae corff y ddarpar fam yn cynhyrchu endorffinau – yr hormonau teimlo'n dda – sy'n atal adrenalin a hormonau straen eraill rhag cael eu cynhyrchu, ac fe ddylai hynny yn ei dro helpu'r fenyw i gael profiad geni byrrach a mwy cyfforddus.

Un agwedd ar hyfforddiant hypnoenedigaeth yw newid y naratif o amgylch geni a defnyddio iaith wahanol – er enghraifft, sôn am "ymchwyddiadau pwerus" yn hytrach na "chyfangiadau poenus". Elfen allweddol arall yw cael gwared ar ofn o'r broses drwy amgylchynu eich hunain â straeon geni cadarnhaol ac osgoi darllen, gwylio neu wrando ar agweddau negyddol.

Datganiadau cadarnhaol a rôl bwysig tadau

Mae datganiadau cadarnhaol am eni yn rhan fawr o hypnoenedigaeth, ac maen nhw'n gallu bod yn hynod bwerus o ran rhoi hwb i hyder geni dy bartner. Mae'r datganiadau cadarnhaol hyn – sydd fel arfer yn cael eu darparu ar ffurf sgriptiau i ti eu darllen i dy bartner – yn ei helpu i ddelweddu'r gwahanol gamau geni a'r hyn mae ei chorff yn ei brofi gan roi rôl glir i ti wrth ei helpu i sicrhau'r enedigaeth gadarnhaol mae arni hi ei eisiau.

Drwy ddysgu am hypnoenedigaeth gyda'ch gilydd, fe fyddi di'n chwarae rhan annatod wrth baratoi dy bartner ar gyfer geni, drwy ymarfer y technegau a gweithio ar sgriptiau'r datganiadau cadarnhaol gyda'ch gilydd. Fe fyddi di'n ymgyfarwyddo â'i chynllun geni a'i dewisiadau, gan ddysgu yn union beth i'w ddweud i'w chysuro a'i helpu i gadw'n dawel a hamddenol ac i gynnal ei ffocws pan ddaw'r amser.

Bod yn barod ar gyfer unrhyw beth

Un o brif fanteision hypnoenedigaeth yw ei bod hi'n bosib ei ddefnyddio mewn unrhyw senario geni, gan dy helpu di a dy bartner i ymlacio a chynnal eich ffocws hyd yn oed os ydy'r cynllun geni yn newid yn annisgwyl. Mae pob genedigaeth yn wahanol, ac mae'n bosib weithiau y bydd angen newid eich cynllun geni er diogelwch dy bartner neu'r babi. Mae hypnoenedigaeth yn rhoi'r technegau i chi aros yn ddigynnwrf ac osgoi ofn mewn unrhyw sefyllfa.

TADNODYN

Dydy hi byth yn rhy hwyr i ddysgu am hypnoenedigaeth, ond yr argymhelliad yw dechrau tua hanner ffordd drwy'r beichiogrwydd (gorau po hiraf rwyt ti'n ymarfer y technegau). I ddechrau arni, archeba *The Hypnobirthing Book* gan Katharine Graves, a fydd yn dysgu popeth mae angen i ti ei wybod. Os yw amser yn brin, mae'n bosib mynychu dosbarthiadau hypnoenedigaeth ar-lein neu wyneb yn wyneb os yw dy gyllideb yn caniatáu hynny.

Dosbarthiadau cyn-geni a grwpiau rhieni newydd

Mae yna sesiynau tiwtora, dosbarthiadau a grwpiau di-ri ar gael i rieni sy'n disgwyl ac sydd eisiau rhywfaint o help i baratoi ar gyfer geni a dyddiau cynnar magu plant. Maen nhw'n gallu rhoi sylw i bob math o bynciau, o sut i gael beichiogrwydd iach i'r geni a gofalu am fabi newydd-anedig. Mae eraill yn fwy manwl, ac yn canolbwyntio ar sgiliau penodol fel ymarferion beichiogrwydd, tylino beichiogrwydd, dulliau ymlacio, technegau geni a bwydo ar y fron.

Os ydych chi'ch dau'n byw mewn dinas neu ardal boblog iawn ac eisiau elwa ar agwedd gymdeithasol dosbarthiadau a grwpiau, mae'n debygol y bydd llawer o opsiynau ar garreg eich drws. Os ydych chi'n byw yn rhywle mwy gwledig, fe allai hynny fod yn anoddach, felly fe fydd angen i chi dderbyn y bydd yn rhaid i chi deithio i gymryd rhan mewn dosbarth neu'ch bod yn dewis un sy'n caniatáu i chi gymryd rhan yn rhithiol. Yn gyffredinol, mae pris i'w dalu am y dosbarthiadau hyn, ond holwch yn eich ysbyty lleol a oes unrhyw ddosbarthiadau am ddim yn eich ardal chi.

Mae'r rhan fwyaf o ddosbarthiadau cyn-geni a grwpiau rhieni newydd yn dechrau tua 8-10 wythnos cyn dyddiad disgwyliedig y babi, sy'n golygu y bydd pawb byddwch chi'n eu cyfarfod yn disgwyl tua'r un amser â chi. Os ydych chi'n disgwyl gefeilliaid, yr awgrym yw dechrau'r dosbarthiadau hyn ychydig yn gynharach – fel arfer ar ôl tua 24 wythnos yn feichiog – gan fod gefeilliaid yn fwy tebygol o gael eu geni'n gynnar.

Cyngor ar fanteisio i'r eithaf ar y dosbarthiadau hyn

- Gwna bob ymdrech i fynychu – fe fydd rhai dosbarthiadau yn amlwg wedi'u targedu at famau, ond rwyt ti'n mynd i ddysgu llawer iawn hefyd.
- Cadwa nodiadau helaeth a'u hail-ddarllen wedyn.
- Gwna dy waith ymchwil dy hun cyn pob dosbarth, gan baratoi rhestr o gwestiynau i'w holi yn ystod pob sesiwn.
- Paid â bod ofn gofyn cwestiynau gwirion. Os oes gen ti gywilydd gofyn o flaen pawb, aros ar ôl ar y diwedd i holi'r arweinydd.
- Ceisiwch wneud ffrindiau gyda'r cyplau eraill yn y grŵp. Maen nhw'n gwybod yn union beth rydych chi'n mynd drwyddo, ac mae modd

iddyn nhw fod yn rhan o'ch rhwydwaith cymorth ar ôl i'ch babanod gael eu geni.

Beth i'w brynu cyn i'r babi gyrraedd

Os wyt ti'n chwilio ar-lein, fe weli di restrau di-ri o eitemau hanfodol y mae'n "rhaid" eu prynu cyn i'r babi gyrraedd. Ond mae angen pwyll wrth ddarllen unrhyw beth ar-lein – mae llawer o'r rhestrau hyn wedi'u llunio gan gwmnïau sydd ar eu hennill wrth dy annog i brynu'r hyn maen nhw'n ei werthu.

Yn lle hynny, cadwa at y rhestrau canlynol, sydd wedi'u cynllunio ar gyfer ystod o gyllidebau a ffyrdd o fyw. Er y byddwch chi efallai eisiau prynu'r rhan fwyaf o bethau yn newydd os mai dyma'ch babi cyntaf, peidiwch â bod ag ofn dewis nwyddau ail-law (unrhyw beth heblaw seddi car a matresi cot, sydd angen eu prynu'n newydd bob amser). Gydag ychydig o ymdrech, mae'n aml yn bosib dod o hyd i fargeinion ail-law sydd fel newydd.

Hanfodion beichiogrwydd, geni a'r cyfnod ôl-esgor

- Gobennydd beichiogrwydd – i gynnal bwmp dy bartner yn ystod camau olaf beichiogrwydd
- Dillad mamolaeth – i sicrhau ei bod yn teimlo mor gyfforddus â phosib
- Padiau gwely anymataliaeth – i orwedd arnyn nhw yn ystod camau olaf beichiogrwydd ac ar ôl i'r babi gael ei eni
- Ibuprofen a pharasetamol – i helpu i leddfu poen yn ystod ei chyfnod adfer
- Trowsusau mamolaeth a phadiau amsugnol iawn – i ymdopi â cholli gwaed trwm yn yr wythnosau ar ôl geni
- Lleithydd neu olew croen arbenigol – i leihau creithiau olion ymestyn, rhwygiadau neu olion toriad Cesaraidd
- Padiau bronnau amldro, clytiau gwasgu ac eli tethi – hanfodol os yw hi'n bwriadu bwydo ar y fron
- Bra a thopiau bwydo – hygyrch (a chyfforddus) wrth fwydo ar y fron a phwmpio llaeth

Rhestr cyfarpar babi newydd

	Hanfodol (y lleiafswm fydd ei angen)	**Dymunol** (yn dibynnu ar eich cyllideb a'r lle sydd gennych chi gartref)
Dillad	• 6 dilledyn isaf/festiau llewys byr cotwm (prynwch feintiau babi newydd a 0-3 mis rhag ofn i chi gael babi mwy) • 6 gwisg babi/siwtiau cysgu cotwm gyda thraed caeedig a stydiau cau neu sip • 2 het gotwm i gadw pen y babi'n gynnes • 3 cardigan (cotwm neu wlân gwau, yn ddelfrydol) • 6 bib cotwm	• Gwisgoedd ychwanegol (yn dibynnu ar steil bersonol) • 2 het wlân • 2 bâr o esgidiau gwau • 2 faneg atal crafu (os nad oes menig yn rhan o'r gwisgoedd babi)
Newid	• Digon o glytiau (babi newydd a'r maint nesaf) – os ydych yn defnyddio clytiau tafladwy, o leiaf 30; gyda chlytiau amldro, o leiaf 15 i ddechrau (gweler tudalen 106) • Gwlân cotwm (ar gyfer glanhau pen-ôl a llinyn bogail y babi) • Eli brech clwt • Mat newid • Bagiau clytiau (ar gyfer clytiau tafladwy yn unig)	• Bwrdd newid (o uchder cyfforddus i arbed poen cefn) • Tywelion neu orchudd ar gyfer mat newid

Bwydo	• 6 lliain mwslin/lliain codi gwynt • Cadair gyfforddus ar gyfer bwydo • Gobennydd bwydo Os yw dy bartner yn bwriadu bwydo o botel (i'w prynu'n ddiweddarach os nad yn siŵr): • 6 photel (gwydr neu blastig) gyda thethi babi newydd-anedig • Diheintydd (un addas i ficrodon yw'r gorau os ydych yn brin o le) • Brwsh potel babi	• Pwmp y fron
Cysgu	• 4 cadach rhwymo/lliain mwslin mawr • 2 flanced gellog • Basged Moses (gyda matres newydd) • 3 cynfas gotwm ffitiedig • Thermomedr ystafell	• Monitor babi (sain neu fideo, yn dibynnu ar y gyllideb) • Peiriant sŵn gwyn
Offer arall	• Bag newid (mae unrhyw fag o faint da yn gwneud y tro) • Pram (gyda basined neu opsiwn gorwedd yn wastad) • Sedd car babi newydd-anedig (heb fod yn ail-law) • Sedd bath • Sbwng/gwlanen babi • 2 dywel babi • Diferion halwynog (ar gyfer clirio trwynau llawn)	• Bownsiwr babi • Bath babi • Thermomedr bath • Thermomedr clust digidol • Cludwr babi neu sling

Pethau na fydd eu hangen arnoch ar unwaith

- Tedis/teganau meddal – mae angen dal yn ôl rhag prynu pethau o'r fath, gan na ddylai babanod newydd-anedig gysgu gydag unrhyw eitemau diangen yn eu gwely.
- Cysurwyr – cymorth cysgu i fabanod ychydig yn hŷn, a fydd yn aml yn troi'n degan neu flanced gysur am flynyddoedd i ddod. Pan fydd y babi wedi dewis ffefryn amlwg, mae'n werth prynu un sbâr rhag ofn i chi golli un neu pan fydd angen ei olchi.
- Teganau a ratlau – diangen nes mae babanod yn ymateb ychydig yn fwy.
- *Mobile* babi – i'w hongian uwchben mat newid neu got pan fydd y babi wedi mynd i'w lofft ei hun.
- Mat chwarae/campfa babi – lle diogel i roi babi i lawr ac annog chwarae annibynnol, ond ddim tan ei fod ychydig yn hŷn.
- Cot teithio – hanfodol ar gyfer gwyliau neu aros yn rhywle dros nos, ond mae basged Moses yn opsiwn mwy diogel am y ddau fis cyntaf.

TADNODYN

Ceisia fod yn barod ar gyfer y babi newydd o leiaf mis cyn y dyddiad disgwyliedig. Er y byddi di a dy bartner yn canolbwyntio ar y dyddiad penodol a roddwyd i chi, mae'n werth cofio mai amcan ar sail ystadegol yw hwn. Mewn gwirionedd, mae'r ystod arferol ar gyfer geni babi rywle rhwng wythnosau 37 a 42 y beichiogrwydd; ond dydy hi ddim yn anghyffredin i fabanod gael eu geni cyn amser (rhwng wythnosau 24 a 37 y beichiogrwydd).

Dewis y pram perffaith

Mae prynu pram cyntaf eich babi yn gam mawr. Fe fydd y cyfarpar hanfodol hwn yn dod yn rhan o gelfi'r cartref, yn cael ei ddefnyddio gen ti a dy bartner bron bob dydd, ac am y flwyddyn neu ddwy nesaf, fe fydd yn mynd i bob man gyda chi. Mae'n dipyn o fuddsoddiad hefyd, felly fe fydd angen gwneud yn siŵr ei fod yn cyd-fynd â'ch ffordd o fyw a'ch cyllideb, a'i fod yn un a fydd yn para (yn enwedig os ydych chi'n bwriadu cael mwy nag un babi).

Mae cant a mil o wahanol wneuthurwyr a modelau ar gael, felly peidiwch â rhuthro i brynu a difaru yn nes ymlaen. Gwnewch eich gwaith ymchwil. Meddyliwch sut bydd y pram yn ffitio yn eich tŷ, yn eich car ac yn eich bywyd bob dydd. Holwch i ffrindiau am eu dewis nhw o bram, a'u barn amdanyn nhw. A rhowch eich hoff opsiynau ar brawf yn y siop i wneud yn siŵr eu bod nhw'n bodloni'ch disgwyliadau (hyd yn oed os ydych chi'n prynu ar-lein). Dyma'r pethau pwysig i'w hystyried:

Pa mor amlbwrpas yw'r pram?

Ni ddylai babanod newydd-anedig fyth orwedd ar oledd neu eistedd i fyny mewn pram neu fygi, felly mae angen i'r pram o'ch dewis gael opsiwn gorwedd yn fflat. Yn ddelfrydol, mae'n syniad prynu pram y gellir ei addasu yn ôl oedran y babi, gydag atodiad basined neu opsiwn gorwedd yn fflat ar gyfer babanod bach ac atodiad neu ddewis sedd ar ogwydd ar wahân ar gyfer babanod mwy. Mae'n braf cael yr opsiwn i atodi'ch sedd car i ffrâm y pram, ond dim ond os yw'r babi yn cysgu yn ei sedd car (ond dydy hynny ddim yn cael ei argymell am gyfnod o fwy na dwy awr, beth bynnag). Hefyd, os ydych chi'n bwriadu cael mwy nag un babi yn y blynyddoedd nesaf, mae'n bosib y gallai opsiwn sedd ddwbl (plentyn bach a babi) fod yn ddewis da.

Pa mor fawr yw'r pram?

Mae yna bramiau o bob lliw a llun ar gael, felly gofalwch eich bod chi'n gwybod mesuriadau eich hoff opsiynau, pan fyddan nhw ar waith a phan fyddan nhw wedi eu plygu. Mae angen iddo allu ffitio drwy ddrws ffrynt a choridorau eich cartref, ac yn hawdd i'w blygu a'i roi gadw yn y tŷ ac yn y car. Os wyt ti'n dal, gwna'n siŵr bod modd addasu uchder y bar gwthio fel ei fod yn gyfforddus ac er mwyn osgoi poen cefn.

Pa mor drwm yw'r pram?

Mae'n debygol y bydd angen cario'r pram i fyny ac i lawr grisiau, ac i mewn ac allan o'r tŷ/car/trafnidiaeth gyhoeddus yn aml dros y blynyddoedd i ddod, felly mae'n bwysig ystyried ei bwysau. Er bod rhai ysgafn yn dda i'r cefn, mae angen rhywfaint o sylwedd i'r pram i wneud yn siŵr nad yw'n troi drosodd yn hawdd (yn enwedig wrth hongian bag newid neu fag siopa trwm ar y bar gwthio).

Sut mae'n edrych?

Fe all lliwiau golau fod yn ddeniadol, ond fe fyddan nhw'n mynd i edrych yn ddi-raen yn gyflym ac yn baeddu'n hawdd, felly mae lliwiau tywyllach yn aml yn ddewis callach. Os nad yw'r pram yn cynnwys gorchudd atal glaw, mae'n werth prynu un. Mae'n hanfodol gwneud yn siŵr nad yw dy fabi yn gwlychu at ei groen os ydych chi'n cael eich dal mewn cawod.

Faint o le storio sydd ganddo?

Bob tro y byddwch chi'n gadael y tŷ gyda'ch babi, fe fydd angen mynd â phentwr o bethau gyda chi (o glytiau a dillad glân i boteli, teganau a bibiau). Ar y cyfan, gorau po fwyaf o le storio sydd mewn pram, felly mae'n werth cael basged o faint da o dan y sedd.

Sut mae'n gweddu i'ch ffordd o fyw?

Fe fydd ble a sut rydych chi'n byw, o ddydd i ddydd, yn penderfynu pa fath o bram mae ei angen arnoch. Os ydych chi'n byw yng nghefn gwlad neu'n bobl awyr agored ac egnïol, ystyriwch bram dair olwyn gyda theiars mawr llawn aer sy'n gallu ymdopi ag unrhyw dirwedd. Os ydych chi'n byw yn y ddinas, mae'n bosib y byddwch chi'n ffafrio pram llai, mwy hyblyg, sy'n addas i gorneli cyfyng, palmentydd prysur a thrafnidiaeth gyhoeddus.

Nythu a chael trefn ar lofft eich babi

Dydy nythu ddim yn rhywbeth greddfol i'r rhan fwyaf o ddynion, felly fe all y cysyniad dy daro yn un reit ryfedd – ond mae'n hollol naturiol i famau beichiog gael awydd sydyn i lanhau, trefnu a chreu "nyth" gyfforddus wrth i'r dyddiad disgwyliedig agosáu. Felly, os wyt ti'n sylwi ar dy bartner yn llunio rhestrau, paentio wal, clirio cypyrddau neu ofyn i ti osod silffoedd yng nghanol y nos, paid â phoeni – ei greddf nythu naturiol sydd ar waith.

Ffordd dda o sianelu'r egni hwn yw canolbwyntio ar drefnu llofft y babi. Er nad ydyn ni'n argymell bod y babi'n cysgu dros nos mewn llofft ar ei ben ei hun tan ei fod yn chwe mis oed o leiaf, fe all yr ystafell fod yn ofod defnyddiol a thawel i fwydo, newid a chwarae gyda'r babi yn ystod y misoedd cyntaf. O ganlyniad, mae'n syniad da cael y lle'n barod cyn i'r babi gyrraedd, a thra bod gen ti'r amser a'r egni i addurno.

Pethau i'w hystyried

- Y cam cyntaf yw glanhau'r ystafell yn drylwyr – hwfro dwys a sychu'r holl arwynebau gyda chwistrellydd gwrthfacterol.
- Os yw'r ystafell yn cael ei phaentio, gwna hynny hyn ymhell cyn i'r babi gyrraedd, gan nad yw mygdarth paent yn dda i'w ysgyfaint bach.
- Fe fyddwch chi'n treulio llawer o amser yn yr ystafell hon dros y blynyddoedd nesaf, felly mae cyfforddusrwydd yn bwysicach na steil. Os oes digon o le, mae'n syniad cael cadair gyfforddus ar gyfer bwydo yn ystod y nos a bwrdd bach wrth ei hymyl, fel bod rhywle i roi diod, byrbryd neu ffôn wrth fwydo'r babi.
- Meddylia am y goleuo – fe fydd angen opsiynau goleuo meddal (fel golau nos) ar gyfer newid clwt neu fwydo yn ystod oriau mân y bore.
- Mae angen iddo fod yn ofod ymarferol, gyda digon o le i storio dillad ac offer babi, i gyd o fewn cyrraedd i'r ardal newid clwt (gweler tudalen 105) gyda chyflenwad da o'r holl glytiau, weipiau, eli a gwlân cotwm fydd eu hangen.

- Mae rheoli tymheredd yn hollbwysig. Mae angen cadw ystafell babi rhwng 16 a 20°C (60 a 68°F), felly hwyrach y bydd angen buddsoddi mewn ffan neu wresogydd i helpu yn hynny o beth.
- Paid â phoeni'n ormodol os nad wyt ti wedi prynu cot erbyn i'r babi gyrraedd. Am y chwe mis cyntaf, fe fydd y babi'n cysgu mewn basged Moses neu mewn basined yn eich llofft chi, felly fe all gwario ar got aros.
- Os wyt ti eisiau gosod cot a *mobile* babi nawr, rho fachyn ychwanegol yn y nenfwd uwchben y bwrdd newid a hongian y *mobile* yno am y tro. Fe fydd yn ffordd dda o ddiddanu'r babi pan wyt ti'n newid ei glwt.
- Mae'n syniad trefnu'r dillad babi yn ôl grwpiau oedran (meintiau newydd-anedig gyda'i gilydd a meintiau 0-3 mis mewn pentwr gwahanol) a chael bocs storio gwag neu fasged i gadw dillad sydd wedi mynd yn rhy fach. Maen nhw'n tyfu allan o ddillad yn gyflym iawn yn eu blwyddyn gyntaf, ac mae'n anodd cadw trefn.
- Yn olaf, paid â gadael unrhyw dasgau DIY tan y funud olaf – unwaith y bydd y babi wedi cyrraedd, fydd gen ti ddim amser nac egni i'w gwneud nhw, felly gorau po gyntaf maen nhw'n cael eu gwneud.

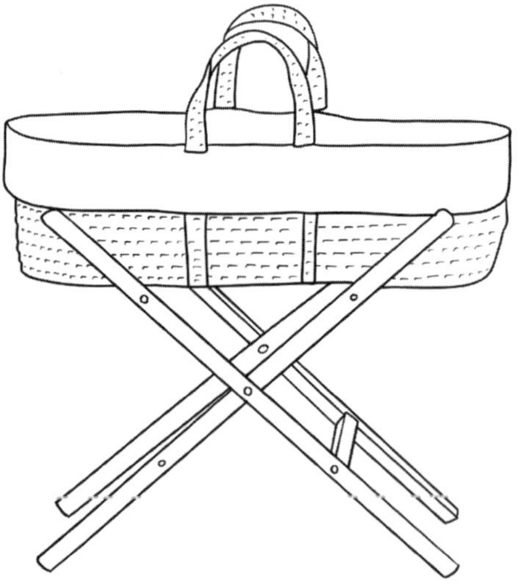

Pacio i fynd i'r ysbyty

Waeth a ydych chi'n bwriadu geni eich babi yn yr ysbyty ai peidio, y cyngor yw sicrhau bod eich bagiau ysbyty wedi'u pacio erbyn y pwynt 36 wythnos yn feichiog, fel eu bod wrth law yn hawdd i osgoi rhuthr gwyllt pan fydd dy bartner yn dechrau esgor.

Dylai'r bagiau hyn gynnwys popeth sydd ei angen ar gyfer y geni, arhosiad byr yn yr ysbyty a dyddiau cyntaf dy fabi newydd yn y byd. Er mai bagiau ysbyty dy bartner a'ch babi yw'r rhai pwysicaf, cofia hefyd bacio bag i ti dy hun.

Pan ddaw'r amser, fe fydd dy bartner dy angen di wrth ei hochr, felly mae'n annhebygol y byddi di'n cael cyfle i daro adref am gwsg sydyn, cawod, i eillio a newid dillad. Ar ben hynny, os mai ti yw'r partner geni, fe fyddi di angen offer hanfodol ar gyfer y digwyddiad pwysig.

Ei bag hi	Dy fag di	Bag y babi
Dillad ar gyfer esgor	Bag golchi gyda diaroglydd, brwsh dannedd, past dannedd, rasel ac ati	4 fest babi
2 goban/pyjamas cyfforddus	Dillad glân	4 gwisg babi/siwtiau cysgu
1 gardigan	3 trôns	2 het gotwm
2 fra bwydo	2 bâr o sanau	1 gardigan
6 phâr o nicers mawr	Pâr o *sliders*/ fflip-fflops	2 liain mwslin
2 bâr o sanau	Gobennydd o'r cartref	2 gadach rhwymo
Pâr o sliperi/fflip-fflops	Potel ddŵr	1 flanced
Gŵn llofft	Gwefrydd ffôn	12 clwt babi
Mwgwd llygaid	**Hanfodion partner geni**	Gwlân cotwm
Bag ymolchi gyda'r taclau hanfodol a dymunol	Copi wedi'i argraffu o'r cynllun geni	Gwisg arbennig i fynd adref
Gobennydd o gartref gyda 2 orchudd gobennydd	Nodiadau mamolaeth y partner	
Gobennydd bwydo	Olew tylino	
Potel ddŵr	Tryledwr gydag olewau hanfodol	
Gwefrydd ffôn	Melysion a byrbrydau	
Dillad cyfforddus i'w gwisgo i fynd adref	Diodydd egni neu gydau gel isotonig	
Padiau mislif	Camera a gwefrydd	
Eli tethi		
Padiau bronnau amldro		

Hei, Mr DJ
- creu'r rhestr chwarae berffaith ar gyfer geni

Fe all cerddoriaeth chwarae rôl bwysig iawn yn ystod yr esgor gan gadw dy bartner yn hapus ac yn dawel pan mae angen iddi fod, a rhoi hwb iddi pan fydd hi'n teimlo nad yw hi'n gallu dal ati. Yn ystod y trydydd trimis, treuliwch ychydig o amser gyda'ch gilydd yn trafod ei hoff diwns ac yn llunio ei rhestr chwarae berffaith ar gyfer geni, ac fe elli di fod yn DJ a'u chwarae yn ystod pob cam o'r esgor.

Os ydych chi'n bwriadu geni yn yr ysbyty, mae gan rai canolfannau geni modern seinyddion i gysylltu â nhw, felly gwna'n siŵr dy fod ti'n holi am hyn yn ystod yr apwyntiad ysbyty nesaf. Serch hynny, er mwyn osgoi siom, cofia bacio dull arall o chwarae eich cerddoriaeth yn ystod y geni, boed o ffôn gyda chlustffonau cyfforddus, seinydd Bluetooth neu chwaraewr cerddoriaeth bach wedi'i bacio yn eich bag ysbyty.

Mae angen i ti fod yn hyblyg hefyd, a chreu rhestr chwarae wahanol ar gyfer pob cam o'r esgor, oherwydd bydd dy bartner yn debygol o fod angen cymhelliant cerddorol gwahanol ar wahanol adegau.

Esgor cynnar

Er mwyn rhoi hwb i'r esgor, fe fydd angen i dy bartner osgoi ofn a straen gymaint â phosib, felly cadwa'r rhestr chwarae gyntaf yn optimistaidd, hapus a hamddenol. Y nod yma yw sbarduno ocsitosin, yr hormon sy'n gysylltiedig â theimladau cadarnhaol, hapus, a fydd yn helpu'r esgor i ddatblygu'n gynt. Mae prawf fod cerddoriaeth gorawl yn arbennig o effeithiol, ynghyd ag unrhyw ganeuon sy'n ennyn ymateb hiraethus ac emosiynol.

Esgor gweithredol

Unwaith y bydd dy bartner wedi cyrraedd cam gweithredol yr esgor (wedi ymledu tua 6cm a chyfangiadau rheolaidd, cryfach a hirach), mae'n rhaid i'r gerddoriaeth weithio'n galetach i hoelio'i ffocws ac ymlacio'i meddwl. Mae angen osgoi unrhyw ganeuon tempo cyflym a allai roi hwb i'r adrenalin (sy'n gallu arafu a hyd yn oed atal datblygiad esgor). Mae cerddoriaeth piano, rhestrau chwarae ioga a myfyrio neu synau'r goedwig law yn ddewis da.

Y cam terfynol

Os ydych chi'n arfer hypnoenedigaeth neu'n mynd i'r theatr am doriad Cesaraidd, mae'n well cael tiwns tawel yng ngham gweithredol yr esgor, er mwyn cynnal ei ffocws a chadw amgylchedd geni heddychlon.

Ond rhag ofn, mae'n werth cael rhestr o hoff ganeuon egnïol dy bartner, neu ganeuon sy'n cyfleu neges gadarnhaol. Mae'n bosib iawn y bydd hi wedi ymlâdd erbyn y cam yma o'r esgor, yn dioddef o ddiffyg cwsg ac yn teimlo nad yw hi'n gallu dal ati, felly mae angen i'r dewisiadau yma roi hwb amserol iddi.

Caneuon geni – y 10 uchaf

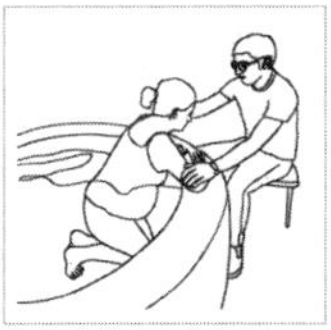

Caneuon llawn bywyd i ddathlu bywyd newydd

10. Circle of Life – Elton John
9. Let It Go – Idina Menzel
8. I Want to Break Free – Queen
7. Roar – Katy Perry
6. Don't Stop Believin' – Journey
5. Born This Way – Lady Gaga
4. Don't Stop Me Now – Queen
3. Push It – Salt-N-Pepa
2. The Final Countdown – Europe
1. I'm Coming Out – Diana Ross

Ystyried pa fath o dad wyt ti eisiau bod

Mae dod yn dad yn dipyn o newid. Un funud rwyt ti'n ddyn cymharol annibynnol a dedwydd dy fyd ... heb blant, yn gallu gwneud beth bynnag a fynni di, a dy brif flaenoriaeth yw dy hapusrwydd dy hun (ac efallai hapusrwydd dy bartner).

Ond wrth i'r diwrnod mawr agosáu, mae rhywbeth yn newid yn dy ben. Rwyt ti bellach yn gyfrifol am fwy na dim ond ti dy hun a dy weithredoedd. Cyn bo hir, fe fydd yna berson bach diniwed yn dy freichiau sy'n hollol ddibynnol ar ei rieni. I ofalu amdano, ei wisgo, ei fwydo, i roi to uwch ei ben a'i gadw'n ddiogel, a llawer mwy. Ystod o gyfrifoldebau newydd nad wyt ti erioed wedi gorfod meddwl amdanyn nhw o'r blaen.

Mae'r atebolrwydd newydd yma'n gwneud i ti edrych ar bethau'n wahanol ac ystyried pa fath o newidiadau rwyt ti am eu gwneud i'r dyfodol, nid dim ond yn dy fywyd di ond yn y byd o dy gwmpas di hefyd. Fe fydd yn gwneud i ti ailystyried dy flaenoriaethau a'r hyn sy'n wirioneddol bwysig. Fe fyddi di'n dechrau edrych ar berthnasoedd, gyrfa, cyllid, arferion a dewisiadau bywyd mewn goleuni hollol newydd.

Mae'n newid meddylfryd mawr, ac yn un y bydd pob tad newydd yn ei brofi. Ond cynhara'n byd y byddi di'n dechrau meddwl am y peth, hawsa'n byd fydd hi.

Felly, yn yr wythnosau olaf hyn o aros am eich babi newydd, dwi'n dy annog yn gryf i dreulio ychydig o amser yn cnoi cil am y math o dad wyt ti eisiau bod a pha fath o blentyndod wyt ti eisiau i dy blentyn ei gael. Fe fydd dy atebion i'r ddau gwestiwn sylfaenol hyn yn dangos yn glir i ti pa addasiadau sydd angen i ti eu gwneud wrth gyflawni'r newid meddyliol o fod yn ddyn i fod yn dad.

"Pan mae gen ti blant, rwyt ti'n gweld bywyd drwy lygaid gwahanol."

Dave Grohl

Gwahanol fathau o dad

Tad ymarferol

Mae'n bosib i unrhyw un ddewis bod yn dad ymarferol. Mae hyn yn golygu gwybod dy stwff, tynnu dy bwysau a gwneud dy siâr o gwmpas y tŷ a pheidio byth â throi cefn ar dy ddyletswyddau tadol. Os wyt ti'n gweithio amser llawn, dim ond o gwmpas yn y bore neu'n hwyr y nos, neu ddim ond yn gweld dy blentyn ar y penwythnosau, mae tad ymarferol yn gwerthfawrogi bod magu plant yn bartneriaeth. Pan fydd ar dy bartner neu blentyn angen dy gefnogaeth, rwyt ti'n ei rhoi yn barod ac yn ddirwgnach, waeth pa mor flinedig wyt ti, gan mai dyma'r math o dad wyt ti eisiau bod. (Gweler tudalen 135 am fwy o fanteision bod yn dad ymarferol.)

Tad sy'n gweithio

Yn draddodiadol, rôl y tad oedd gofalu am anghenion ei deulu. Ac er bod dynameg teuluoedd wedi newid cryn dipyn dros y blynyddoedd, mae'r pwysau hwnnw ar dadau i ofalu'n ariannol am eu teuluoedd yn dal yno. Ond er bod cadw to uwch eich pennau a bwyd ar y bwrdd yn hanfodol, mae angen i ti benderfynu beth sydd bwysicaf i ti. Ai gweithio'n galed i ennill cymaint o arian ag y gelli di i gynnal dy deulu? Neu a elli di arafu rhyw fymryn a rhoi dy ddyheadau gyrfaol o'r neilltu am ychydig flynyddoedd, a gwneud amser i'w dreulio gyda dy deulu? (Gweler tudalen 134 am awgrymiadau ar sut i rannu dyletswyddau tad gydag anghenion gyrfa.)

Tad hiraethus neu tad sy'n gwneud pethau'n wahanol

Os oes gen ti atgofion melys am fod yn blentyn dy hun, mae'n naturiol y byddi di eisiau rhoi'r un profiadau cadarnhaol hynny i dy blentyn dy hun. Yn yr oes fodern a chyflym sydd ohoni, mae plant yn tyfu i fyny mor sydyn. Dydyn nhw ddim yn aros yn llygadrwth a diniwed am hir. O ganlyniad, mae tad hiraethus yn gwneud popeth o fewn ei allu i arafu pethau, creu atgofion a gadael i blant fod yn blant cyhyd â phosib. Wrth gwrs, fe all y gwrthwyneb fod yn berthnasol os nad oedd dy blentyndod di'n fêl i gyd – efallai y byddi di'n dewis gwneud pethau'n wahanol, yn cywiro camgymeriadau'r gorffennol, yn osgoi ystrydebau ac yn mabwysiadu agwedd fwy modern at fagu plant.

Tad sy'n bresennol

Un o'r pethau mwyaf gwerthfawr y gelli di ei roi i dy blentyn yw dy amser. Os oes gen ti swydd brysur a biliau i'w talu, haws dweud na gwneud. Ond oes yna ffyrdd i addasu dy drefn ddyddiol i dreulio mwy o amser gartref, cefnogi dy bartner a bod yno i weld dy blentyn yn tyfu i fyny? Mae ansawdd yr amser rwyt ti'n ei roi yn bwysig hefyd, ac fe fydd dy blant yn sylwi ar hyn, felly fe fydd y tad sy'n bresennol yn rhoi ei ffôn heibio ac yn gadael ei bryderon wrth y drws.

Tad gwyrdd

Pan fyddi di'n dod yn dad, fe fyddi di'n naturiol am greu byd gwell i dy blant. Ond gyda newid yn yr hinsawdd yn gwneud y dyfodol yn fwy ansicr, mae angen i ni i gyd gymryd rhywfaint o gyfrifoldeb am sut rydyn ni'n byw. Mae tad gwyrdd yn gwybod bod y newidiadau hyn yn dechrau ar yr aelwyd, ac mae'n gwneud yr addasiadau angenrheidiol i leihau ôl troed carbon ei deulu. Boed drwy fwyta llai o gig, gyrru neu hedfan llai, prynu'n lleol neu'n ail-law, neu ffafrio clytiau a chadachau amldro yn lle rhai tafladwy, mae tad gwyrdd yn deall bod pob newid bach gyda'i gilydd yn gwneud gwahaniaeth mawr. (Gweler tudalen 108 am bopeth mae angen i ti ei wybod am glytiau ac weipiau amldro.)

Tad sy'n aros gartref

Mae mwy o ddynion heddiw yn ymgymryd â rôl tad sy'n aros gartref. Yn aml fe fydd hwn yn benderfyniad ariannol – pan fydd dy bartner yn ennill mwy na ti, ac mewn swydd sy'n cynnig gwell buddion i'r teulu neu swydd â thelerau absenoldeb rhiant llai hael – ac mae'n gwneud synnwyr i ti ysgwyddo baich trymaf gofal plant. Yn yr un modd, mae'n bosib y gwnei di ddewis cymryd seibiant gyrfa neu deimlo'r awydd i roi cynnig ar fod yn dad llawn amser. Nid dyma'r opsiwn hawdd ... mae unrhyw un sy'n penderfynu gwneud hyn – dyn neu fenyw – yn haeddu llond trol o barch a gwerthfawrogiad. (Gweler tudalen 130 am ragor o wybodaeth am fywyd fel tad sy'n aros gartref.)

Llywio'r broses fabwysiadu (Stori Tom)

Pan oedden ni'n meddwl am ddechrau teulu, roedden ni'n gwybod mai mabwysiadu fyddai'r dewis i ni. Wnaethon ni ddim ystyried unrhyw ffordd arall. Roedd e'n teimlo'n iawn. Roedd fy ngŵr, Daniel, yn 35 oed ac wedi bod yn barod ers tro. Fe wnes i gymryd mwy o amser i gyrraedd y pwynt hwnnw, ond ychydig cyn fy mhen-blwydd yn 30 oed, fe wnaethon ni ddechrau'r broses fabwysiadu.

Fe ddechreuodd y cyfan gyda sesiwn wybodaeth am fabwysiadu lle mae darpar fabwysiadwyr yn troi at eu hawdurdod lleol neu asiantaeth breifat. Rydych chi'n cwrdd â rhieni eraill sydd wedi mabwysiadu ac yn clywed profiadau personol gweithwyr cymdeithasol a phobl sy'n gweithio yn y sector. Mae llawer o'r hyn rydych chi'n ei glywed yn dipyn o sioc, y math o blant sy'n cael eu rhoi mewn gofal a'r hyn maen nhw wedi ei brofi. Wrth edrych yn ôl, rwy'n credu mai'r rheswm ei fod mor ddi-flewyn ar dafod yw eu bod nhw eisiau gwneud yn siŵr eich bod chi o ddifri ac y byddwch chi'n dal ati hyd ddiwedd y daith. A dyna wnaethon ni.

Ar ôl naw mis o gyfarfodydd gyda gweithwyr cymdeithasol, sesiynau hyfforddi, gweithdai a phaneli – sy'n cloddio'n ddwfn i'ch bywydau personol ac yn aml yn teimlo fel therapi – fe wnaethon ni ddod o hyd i'n babi bach. Wel, rwy'n dweud babi. Roedd e'n ddeg mis oed ar y pryd. Ac fe fyddai'n bedwar mis hir arall cyn iddo fe ddod i fyw gyda ni.

Wrth feddwl yn ôl nawr (wyth mlynedd yn ddiweddarach), mae'n anodd credu ein bod ni wedi llwyddo. Fe wnaethon ni weld ei broffil ychydig cyn y Nadolig a mynegi diddordeb ar unwaith. Ond mae mabwysiadu yn gymhleth. Roedd gan lawer o ddarpar fabwysiadwyr eraill ddiddordeb mewn bod yn rhieni iddo hefyd. Mae siom yn anochel, a does dim gwarantau, felly mae'n bwysig peidio â chodi'ch gobeithion.

O fewn mis, fe wnaethon ni gwrdd â'i weithiwr cymdeithasol. Cyn iddi gyrraedd y tŷ, fe fues i'n glanhau fel dwi erioed wedi glanhau o'r blaen, yn pobi llwyth o frownis a bisgedi, a'r cyfan er mwyn i'r fenyw hyfryd ddweud nad oedd angen i ni wneud dim o hynny. Roedd hi'n gwybod o fewn pum munud i gwrdd â ni y bydden ni'n gweddu'n berffaith i'r crwt.

Ar ôl iddi adael, dyma ni'n edrych ni ar ein gilydd gan feddwl "Wnaeth hynna ddigwydd go iawn? Ydyn ni'n ei gael e?"

Ond doedd pethau ddim ar ben eto. Roedd angen i ni gael ein cymeradwyo gan banel mabwysiadu yn gyntaf a mynd drwy'r broses "cyflwyniadau" (lle rydych chi'n cwrdd â'r gofalwr maeth ac yn ymweld â chartref y babi, a gwneud ychydig mwy bob dydd i ddechrau datblygu cwlwm). Ond doedd dim yn mynd i deimlo'n real nes ei fod e gartre gyda ni.

Ym mis Ebrill, daeth ein crwt bach hyfryd, Kai, adre. Ar y pwynt hwn, roedden ni'n dau wedi'n llethu'n emosiynol. Yn hapus, ond wedi'n llethu serch hynny. Wna i fyth anghofio'r diwrnod pan gnocion ni ar ddrws ei ofalwr maeth, gan wybod – yr eiliad honno – na fyddai ein bywydau ni fyth yr un fath eto. Cofio ei wyneb bach e'n pipo o gwmpas cornel y gegin. Ei gofio fe'n cropian draw aton ni. Mae'r gweddill yn hanes.

Mae'n well rhoi rhywfaint o amser i bawb ddechrau dygymod â'r sefyllfa gartref cyn cyflwyno ffrindiau a pherthnasau. Fe wnaeth Kai ddygymod â phob dim yn ddidrafferth iawn. Ar ôl ychydig wythnosau, fe ddechreuodd ein perthnasau alw heibio, a ninnau'n teimlo balchder heb ei ail. Dyna lle'r oedd e. Ein crwt bach ni. Ein mab.

Wrth i'r blynyddoedd basio, rydyn ni'n ymwybodol iawn o'r cyfrifoldeb i wneud Kai yn ymwybodol o'i wreiddiau a'r bobl anhygoel sy'n gyfrifol am ei fywyd newydd gyda ni. Fe wnaethon ni gwrdd â'i rieni biolegol cyn i ni gael ein cymeradwyo, a dwi mor falch ein bod ni wedi gwneud hynny. Ein bod ni wedi cael dweud "diolch" iddyn nhw. Fe allwn ni ddweud wrth Kai ein bod ni wedi cwrdd â nhw, ac mae hynny'n golygu cymaint.

Erbyn hyn, mae gennym ni gyswllt blwch llythyrau blynyddol (cyfnewid newyddion unwaith y flwyddyn gyda rhieni biolegol Kai drwy'r gwasanaeth mabwysiadu) a llyfr o hanes bywyd Kai (wedi'i lunio gan yr awdurdod lleol) gyda gwybodaeth sy'n briodol i'w oedran, lluniau o'i deulu maeth a'i deulu biolegol, gan orffen gyda hanes sut daethon ni'n deulu.

Yn aml, dwi'n gorfod atgoffa fy hun ein bod ni wedi mynd drwy'r broses fabwysiadu. Gyda'r cwlwm cadarn a'r cariad rydyn ni'n ei deimlo, mae'n hawdd iawn anghofio. Ond fyddwn i ddim wedi bod eisiau gwneud unrhyw beth yn wahanol.

Mae Tom yn eiriolwr dros fabwysiadu a magu plant niwrowahanol, ac mae'n byw yn y Deyrnas Unedig gyda'i ŵr Daniel a'u mab Kai. Dilyna Tom ar Instagram @unlikelydad a gad neges iddo os wyt ti eisiau unrhyw gyngor.

Y paratoadau terfynol

Er bod y bennod hon wedi canolbwyntio ar yr holl baratoadau mawr mae angen eu gwneud, mae yna lawer o bethau llai (ond yr un mor bwysig) fydd yn gwneud bywyd yn haws maes o law.

Rhestr wirio derfynol cyn i dy fabi gyrraedd

- Os nad wyt ti wedi gwneud hynny eisoes, edrycha i weld pa fath o absenoldeb rhiant a thâl y mae gen ti hawl iddo, os o gwbl, gan gynnwys unrhyw absenoldeb ychwanegol os yw'r babi yn cael ei eni yn gynamserol. Os wyt ti'n teimlo nad yw'n ddigon neu'n deg, coda'r mater gyda dy fòs neu'r adran adnoddau dynol, gan esbonio pam rwyt ti eisiau, angen ac yn haeddu mwy.
    - I gryfhau dy achos ac i gynyddu dy ymdeimlad o ddiogelwch, ymuna gyda rhieni newydd neu ddarpar rieni eraill yn y gwaith a chyflwynwch achos ar y cyd.
    - Gwna'n siŵr dy fod ti'n rhoi gwybod i dy gyflogwr am y beichiogrwydd yn gynnar – tua 20 wythnos – er mwyn gallu trefnu gweithwyr cyflenwi priodol ar gyfer unrhyw absenoldeb rhiant rwyt ti'n bwriadu ei gymryd.
- Mae angen cwblhau dy gynllun geni a phacio'ch bagiau'n barod i fynd i'r ysbyty.
- Os mai geni mewn ysbyty yw'r bwriad, mae angen trefnu sut byddwch chi'n cyrraedd yno (gyrru eich hun/tacsi/trafnidiaeth gyhoeddus), ac ymarfer y daith fwy nag unwaith er mwyn gwybod pa mor hir fydd y daith a pha ffyrdd eraill sydd ar gael os bydd brys.
- Trefna ddau gyswllt dibynadwy i'w ffonio pan fydd dy bartner ar fin esgor, i ofalu am eich cartref/anifeiliaid anwes/planhigion tŷ/plant eraill pe bai angen mynd i'r ysbyty ar ras yng nghanol y nos. Gwna'n siŵr eu bod nhw'n gwybod pa gefnogaeth fydd ei hangen arnoch, a rho allwedd dy dŷ iddyn nhw er mwyn iddyn nhw wneud popeth sydd ei angen. Fe allan nhw hefyd gasglu a danfon unrhyw beth rydych chi wedi anghofio ei bacio.

- Meddylia pa feddyginiaethau lleddfu poen y bydd dy bartner am eu cymryd yn ystod y cyfnod esgor cynnar a chadw cyflenwad da wrth law (fel arfer, parasetamol yn unig sy'n cael ei argymell, er ei bod yn werth ystyried prynu neu logi peiriant TENS, sydd hefyd yn boblogaidd).
- Lawrlwytha ap olrhain cyfangiadau i dy ffôn er mwyn gallu monitro patrymau poen dy bartner a gwybod pryd i fynd â hi i'r ysbyty.
- Cadwa'r sŵn ymlaen ar dy ffôn, a gwna'n siŵr fod modd cysylltu â ti os yw dy bartner yn dechrau esgor.
- Rho wybod iddi pan fyddi di'n gadael y gwaith bob dydd neu pan fyddi di mewn sefyllfa lle nad oes gen ti signal ffôn (os byddi di ar drên tanddaearol).
- Mae'n syniad osgoi unrhyw deithio tramor, nosweithiau i ffwrdd neu deithiau gwaith a fydd yn mynd â ti fwy nag awr i ffwrdd oddi wrth dy bartner (rhag ofn i ti golli'r enedigaeth!).
- Cadwa rifau ffôn eich meddyg, bydwraig a ward mamolaeth yr ysbyty lleol ar dy ffôn.
- Os oes gen ti gar, gosoda'r sedd babi newydd yn ei lle ac ymarfer ei thynnu a'i gosod. Os wyt ti'n bwriadu dal tacsi i'r ysbyty ac oddi yno, mae'n werth ymarfer gosod y sedd yng nghar ffrind.
- Yn yr un modd, mae angen i ti ymgyfarwyddo â'r pram newydd ac ymarfer ei gau a'i agor cyn gorfod ei ddefnyddio go iawn.
- Mae'n syniad paratoi a rhewi swp o brydau iachus ar gyfer eich dyddiau cyntaf fel rhieni fel nad oes angen gorfod coginio neu fynd i siopa.
- Mae'n werth creu cyfrif ar-lein gydag archfarchnad gyfleus ac arbed eich hoff eitemau hanfodol fel bod eich siopa wythnosol yn cael ei gludo i'r tŷ.
- Yn olaf, mae'n syniad cadw stoc o fatris a phrynu sgriwdreifar bach – mae angen y ddau beth hynny ar beth wmbreth o gyfarpar babi, ac fe fydd paratoi ymlaen llaw yn gwneud bywyd yn haws.

“DRWY FETHU PARATOI, RYDYCH CHI’N PARATOI I FETHU.”

Benjamin Franklin

PENNOD 3

Y PARTNER GENI GORAU POSIB

Wrth i'r dyddiad disgwyliedig agosáu, fe fydd dy bartner angen i ti fod yn fwy o gefn iddi nag erioed. Fe fydd ei bwmp yn ymestyn ei chorff hyd yr eithaf, gyda babi maint pêl rygbi yn symud ei horganau mewnol ac yn ei chicio yn ei hasennau a'i phledren bob dwy funud. Mae'n amheus iawn y bydd hi'n cysgu'n dda. Fe fydd ei lefelau egni a'i symudedd ar eu gwaethaf. Mae'n bosib y bydd ei hwyliau hi ar eu hisaf hefyd. Fe fydd byw bywyd bob dydd yn frwydr boenus; pob tasg fechan yn fynydd i'w ddringo.

Nid dyma'r amser i drefnu penwythnos i ffwrdd gyda dy ffrindiau, aros yn hwyr yn y gwaith neu fynd allan am noson hwyr o yfed. Yn y dyddiau a'r wythnosau olaf hyn, gorau po fwyaf y byddi di ar gael ac yn hoelio dy sylw'n llwyr ar dy bartner.

Mae hefyd yn debygol y bydd hi (a thithau) yn mynd yn fwyfwy pryderus am yr enedigaeth, yn enwedig os mai dyma'r tro cyntaf i chi'ch dau. Fe allai'r babi gyrraedd unrhyw ddiwrnod, a dyma fydd penllanw'r misoedd o ddisgwyl. Pan ddaw'r amser, fe fyddi di wrth ei hochr hi drwy'r esgor a'r geni, ac fe fydd hi'n dibynnu arnat ti i'w chefnogi, i gadw dy ben ac ymddwyn fel y partner geni gorau posib.

Hi fydd yn gwneud y gwaith anoddaf, ond mae angen i ti ystyried dy hun fel y cynorthwyydd hanfodol. Rhan fach ond hollbwysig a fydd yn cael ei chofio am flynyddoedd i ddod. Mwya'n byd byddi di'n gwybod beth i'w ddisgwyl, mwya' defnyddiol fyddi di. Fe fydd y bennod hon yn helpu yn hyn o beth.

Yn olaf, mae'n bwysig i ti aros yn bositif. Yn ystod camau olaf beichiogrwydd a'r esgor ei hun, fe fydd pawb yn flinedig ac yn emosiynol. Gall pethau ferwi drosodd. Ond unwaith y bydd y babi wedi cyrraedd ac yn syllu i fyw dy lygaid am y tro cyntaf, fe fydd popeth a gafodd ei ddweud a'i wneud yng ngwres y funud yn mynd yn angof mewn dim o dro.

Arwyddion bod dy bartner ar esgor

Yn y cyfnod sy'n arwain at y dyddiad disgwyliedig, fe ddylai dy bartner gael apwyntiadau rheolaidd gyda'i bydwraig, a fydd fel arfer yn rhoi gwybod i ti pan fydd pen y babi wedi symud i lawr i belfis dy bartner. Weithiau, fydd hyn ddim yn digwydd nes bod dy bartner wrthi'n esgor, ond gall fod yn arwydd cynnar fod y babi yn paratoi i gael ei eni.

Fel arall, fe allai dy fabi fod yn "ffolennol" neu "*breech*" (pen-ôl neu draed gyntaf yn y groth); dydy gorwedd fel yma ddim yn ddiogel ar gyfer geni. Felly, bydd y rhan fwyaf o fydwragedd fel arfer yn aros ychydig ddyddiau (i weld a fydd y babi yn symud i'r safle cywir ar ei ben ei hun) neu'n gwneud apwyntiad yn yr ysbyty i geisio troi'r babi o gwmpas yn gorfforol (drwy wthio bol dy bartner).

Unwaith y bydd pen y babi yn ei le'n ddiogel, fe allai fod yn fater o oriau, dyddiau neu hyd yn oed wythnosau cyn i dy bartner ddechrau esgor, felly mae angen cadw llygad barcud am yr arwyddion bod y broses ar fin dechrau go iawn:

- Bydd ei dŵr yn torri (paid â disgwyl llif dramatig fel yn y ffilmiau – fel arfer bydd yn rhywbeth rhwng ffrwd ysgafn a llifeiriant. Mae hefyd yn werth cofio na fydd hyn o reidrwydd yn digwydd tan gryn dipyn ar ôl i'r esgor ddechrau).
- Bydd hi'n sylwi ar waed/olion gwaed o'i gwain.
- Bydd y plwg mwcws sy'n selio agoriad gwddf y groth yn dod allan o'i gwain.
- Bydd y cyfangiadau neu'r tynhau yn dechrau (cofia fod cyfangiadau go iawn yn mynd yn fwy rheolaidd ac yn gryfach wrth i'r amser fynd yn ei flaen – gweler tudalen 76).
- Bydd ganddi awydd sydyn i wneud pw (am fod pen y babi yn pwyso i lawr ar ei choluddyn).

Os yw dy bartner yn profi unrhyw un o'r uchod, yn sylwi bod y babi yn symud llai nag arfer, neu'n poeni am unrhyw beth, mae angen ffonio'r fydwraig ar unwaith.

Yn gyffredinol, y cyngor gei di fydd aros gartref nes bod yr esgor wedi datblygu ymhellach, a dim ond mynd i'r ysbyty neu anfon am gymorth geni gartref pan fydd cyfangiadau dy bartner yn fwy rheolaidd (yn dod yn gyson bob rhyw dri munud).

Beth sy'n digwydd os yw'r babi'n hwyr

Er bod y rhan fwyaf o fabanod yn cael eu geni cyn wythnos 40 y beichiogrwydd, dydy hi ddim yn anghyffredin i ambell feichiogrwydd fynd ymlaen ychydig yn hirach, gyda 42 wythnos yn derfyn arferol (gan fod risg uwch o farw-enedigaeth ar ôl y pwynt hwn).

Unwaith y bydd dy ddyddiad disgwyliedig wedi pasio, fe fydd y fydwraig fel arfer yn awgrymu ychydig o "feddyginiaethau cartref" yn y lle cyntaf i helpu i brysuro'r esgor. Er nad oes prawf gwyddonol fod y rhan fwyaf o'r dulliau hyn yn gweithio, fe fydd dy bartner yn barod i roi cynnig ar unrhyw beth i gael y babi allan erbyn y cam hwn o'i beichiogrwydd:

Mynd am dro hir – i gadw dy bartner yn actif a gadael i ddisgyrchiant wneud ei waith, gan helpu'r babi i symud i lawr i'w le a rhoi pwysau ar wddf y groth.

Bwyd sbeislyd – i gyffroi coluddyn a chroth dy bartner.

Rhyw heb ddiogelwch – profiad pleserus, gobeithio, a fydd yn helpu dy bartner i ryddhau ocsitosin, hormon sy'n annog esgor. Yn ogystal, mae semen yn cynnwys prostaglandinau, lipidau sydd yn ôl pob tebyg yn gallu meddalu gwddf y groth.

Cyffroi ei thethi – mae eu rhwbio neu eu tylino'n dyner yn twyllo ei chorff i feddwl bod babi yn bwydo ar y fron, sy'n gallu helpu i annog cyfangiadau.

Tylino beichiogrwydd neu adweitheg – ennyd bleserus ar ddiwedd beichiogrwydd i'w chadw'n hapus, yn dawel ac wedi ymlacio, gan annog ei chorff i ryddhau ocsitosin yn hytrach nag adrenalin, a fydd yn oedi'r esgor.

Arogli saets clari – olew hanfodol wedi'i wanhau ar hances a'i arogli neu ei ddefnyddio mewn tryledwr i annog esgor (felly peidiwch â'i ddefnyddio yn gynt yn y beichiogrwydd).

Os na fydd yr un o'r dulliau hyn wedi gwneud gwahaniaeth, fe allai dy bartner gael cynnig ymyrraeth feddygol wedi 41 wythnos i gychwyn y broses esgor.

Ymyriadau meddygol i sbarduno esgor

Opsiwn cyntaf dy bartner fel arfer yw ysgubo'r pilenni, lle mae bydwraig neu feddyg yn rhoi bys ar wddf ei chroth ac yn gwneud symudiad ysgubo i geisio gwahanu pilenni'r sach amniotig sy'n amgylchynu'r babi, gan sbarduno esgor. Gall fod yn eithaf anghyfforddus ac achosi rhywfaint o waedu ysgafn, felly mae'n well gan rai mamau ddal eu tir a gadael i natur wneud ei waith.

Yr opsiwn nesaf yw prysuro'r geni. Mae yna ddau brif ddull o wneud hyn:

- **prysuro cemegol (y dull mwyaf cyffredin** – mewnosod hormonau artiffisial yn y wain ar ffurf gel neu dabled (o'r enw pesari, sy'n rhyddhau prostaglandinau yn araf dros 24 awr) neu roi Syntocinon i wythïen drwy ddiferiad mewnwythiennol (IV);
- **prysuro mecanyddol (anaml mae hwn yn cael ei ddefnyddio bellach)** – sy'n cael e roi drwy gathetr neu wiail bychan drwy wddf ei chroth, sy'n ehangu'n araf, gan ei hymestyn ar agor.

Does yr un o'r ddau opsiwn yn ddymunol, a gall prysuro'r geni achosi cyfangiadau esgor cryfach nag sy'n digwydd wrth eni'n naturiol, felly mae llawer o famau yn gwrthod y cynnig.

Dy bartner, a neb arall, sydd i benderfynu a yw hi am dderbyn yr ymyriadau hyn ai peidio. Gwna'n siŵr dy fod ti'n gofyn i fydwraig neu feddyg am risgiau a manteision pob un er mwyn gallu gwneud penderfyniad gwybodus.

Os bydd hi'n bwrw ymlaen ag ymyriadau meddygol ond nad oes arwydd o hyd fod y babi ar ei ffordd, mae dy bartner yn debygol o gael cynnig toriad Cesaraidd. Mae'n bosib bod y fabi yn eithaf mawr erbyn y pwynt hwn, gan greu cymhlethdodau ychwanegol ar gyfer genedigaeth drwy'r wain, felly mae gweithwyr meddygol proffesiynol fel arfer eisiau cael y babi allan mor sydyn ac mor ddiogel â phosib. Unwaith eto, dewis personol yw gwneud hyn, ond mae'n cael ei argymell fel arfer erbyn y pwynt hwn, er diogelwch y fam a'r babi.

Geni babi yn yr ysbyty – beth i'w ddisgwyl

Mae uned famolaeth pob ysbyty yn wahanol. Er bod ward esgor gan bob un, yn llawn gwelyau ar gyfer menywod beichiog yng nghamau cynnar esgor, mae'r opsiynau ar gyfer yr enedigaeth ei hun yn amrywio'n sylweddol.

Dim ond o dan amgylchiadau eithafol y byddech yn geni'ch babi ar ward. Mae'r rhan fwyaf o ysbytai yn darparu ystafelloedd preifat ar gyfer geni, i'w llenwi ar sail y cyntaf i'r felin. Bydd a fyddwch chi'n aros yn yr ystafell breifat hon ar ôl i'ch babi gael ei eni yn dibynnu ar y galw, ac mae'n bosib y bydd pris drud i'w dalu am hynny.

Fel arall, mae gan rai unedau mamolaeth ganolfannau geni arbennig o dan arweiniad bydwragedd, sy'n cynnig profiad geni mwy holistaidd, gan gynnwys pwll geni, system sain safonol ar gyfer rhestr chwarae wrth eni, ac weithiau, gwely ychwanegol i'r partner hyd yn oed. Ond os yw dy bartner yn profi unrhyw gymhlethdodau, yn penderfynu bod arni eisiau epidwral neu fod angen toriad Cesaraidd arni, mae'n annhebygol mai yn y ganolfan eni y daw dy fabi i'r byd.

Os wyt ti'n cael cynnig ymweld â'r ward famolaeth cyn yr enedigaeth, bacha ar y cyfle. Mae'n werth chweil gweld yr opsiynau ac, yn bwysicach fyth, i wybod ble i fynd pan ddaw'r amser.

Pethau eraill i fod yn ymwybodol ohonyn nhw

- Mae unedau mamolaeth fel arfer yn cael eu cadw'n gynnes iawn ar gyfer mamau a babanod newydd, felly paid â gwisgo gormod o ddillad ar gyfer y geni.
- Gyda llawer o famau newydd yn esgor, maen nhw'n gallu bod yn llefydd swnllyd iawn hefyd. Efallai y byddai'n werth i ti ystyried gwisgo clustffonau mygu sŵn i foddi'r synau o ddrws nesaf a helpu dy bartner i aros yn ddigynnwrf a chynnal ei ffocws.
- Fe fydd y fydwraig yn monitro cyfradd curiad calon dy fabi'n ysbeidiol i roi sicrwydd, ond paid â disgwyl monitro cyson. Yn dibynnu ar sawl genedigaeth arall sydd ar y gweill, fe allech chi gael eich gadael ar eich pennau eich hunain am gyfnodau sylweddol. Paid â phoeni ... fe fydd y fydwraig yn rhuthro'n ôl os bydd ei hangen hi (er y bydd angen eu hannog ambell waith).

- Mae'n annhebygol y bydd yna gyflenwad dŵr yfed yn yr ystafell, felly cofia ddod â diodydd gyda ti fel nad wyt ti'n gorfod gadael dy bartner ar adegau allweddol i ruthro at y cyflenwad dŵr agosaf.

Toriad Cesaraidd – beth i'w ddisgwyl

Llawdriniaeth yw toriad Cesaraidd i eni'r babi drwy doriad ym mol a chroth dy bartner. Os yw meddyg yn argymell y driniaeth yn ystod beichiogrwydd am resymau meddygol, mae'n cael ei alw'n doriad Cesaraidd wedi'i gynllunio neu ddewisol. Fel arfer, mae'n cael ei drefnu ar gyfer dyddiad penodol pan fydd dy bartner tua 39 wythnos yn feichiog (yn gynharach ar gyfer gefeilliaid).

Mae'n bosib ei argymell mewn argyfwng hefyd, os yw genedigaeth drwy'r wain yn cael ei hystyried yn rhy beryglus. Mae'n bosib gwneud y penderfyniad hwn ar unrhyw adeg, gan gynnwys yng nghanol esgor:

- os yw'r babi'n sownd yn yr ystum ffolennol (*breech*).
- os nad yw esgor dy bartner yn datblygu.
- os yw hi'n gwaedu'n ormodol o'r wain.
- os nad yw'r babi yn cael digon o ocsigen a bod angen ei eni ar unwaith.

Y llawdriniaeth

- Mae angen i ti fod yn ymwybodol y gallai fod yn brofiad llethol iawn, yn enwedig os yw'n digwydd mewn argyfwng. Fe fydd llawer o weithwyr meddygol proffesiynol yn yr ystafell, pob un â rôl bwysig.
- Mae'r llawdriniaeth gyfan fel arfer yn cymryd llai nag awr i'w chwblhau.
- Yn y rhan fwyaf o achosion, fe fydd dy bartner yn cael anaesthetig asgwrn cefn neu epidwral i wneud hanner isaf ei chorff yn gwbl ddiffrwyth ar gyfer y llawdriniaeth. Fe fydd hi'n dal i fod yn effro ond ddim yn teimlo unrhyw boen.
- Prin iawn yw'r amgylchiadau lle na fyddi'n cael mynd i'r theatr gyda hi (yn gwisgo sgrybs ysbyty, het a gorchuddion esgidiau).
- Fe fydd sgrin yn cael ei gosod ar draws ei bwmp fel nad wyt ti'n gallu gweld y llawdriniaeth, er y bydd y meddygon a'r nyrsys yn rhoi gwybod

i ti beth sy'n digwydd.

- Fe fydd y meddyg yn gwneud toriad yn ei abdomen – fel arfer tua 10–20cm o hyd – gan dorri drwy'r croen, braster, gweinwe, cyhyrau'r abdomen, y peritonewm a'r groth, er mwyn geni'r babi yn ddiogel.
- Fe ddylech chi'ch dau allu gweld a gafael yn eich babi unwaith mae'n cael ei eni, er, mewn argyfwng, mae'n bosib y bydd yn cael ei drosglwyddo'n syth i ofal paediatregydd ar gyfer dadebru neu archwiliad mwy trylwyr. Os bydd hyn yn digwydd, peidiwch â mynd i banig – mae'ch babi yn y dwylo mwyaf diogel posib.

Cefnogi dy bartner ar ôl toriad Cesaraidd

- Cofia fod toriad Cesaraidd yn cael ei ystyried yn ffordd gyflym, ddiogel a chymharol ddi-boen o esgor. Ond mae'n llawdriniaeth fawr, felly mae'n amhosib gorbwysleisio pwysigrwydd adferiad dy bartner ar ôl geni, a'r lefel ychwanegol o gefnogaeth fydd angen i ti ei rhoi iddi hi.
- Mae gwella o doriad Cesaraidd fel arfer yn cymryd mwy o amser na genedigaeth drwy'r wain, gyda mamau fel arfer yn cael eu cadw yn yr ysbyty am gyfnod hirach ar ôl geni. Cofia hyn, ac ystyria ofyn am gyfnod ychwanegol o absenoldeb rhiant o'r gwaith er mwyn i ti fod o gwmpas i helpu.
- Am hyd at 12 awr ar ôl y llawdriniaeth, fe fydd dy bartner yn dal yn ddiffrwyth o'i chanol i lawr, felly fe fydd angen i ti fod wrth law i basio'r babi iddi a nôl beth bynnag sydd ei angen arni. Hyd yn oed pan fydd yr anaesthetig wedi pylu, fe fydd angen i ti ei helpu i wisgo a mynd i'r toiled, felly paid â gadael ei hochr.
- Fe fydd gan dy bartner bwythau lu a rhwymynnau sydd angen eu newid, a fydd yn achosi anghysur iddi, yn effeithio ar ei symudedd, ac yn gwneud codi neu afael yn y babi yn anoddach. Am rai dyddiau ac wythnosau, mae'n bosib y bydd hi angen i ti godi'r babi, ei gario draw ati a'i roi i orwedd er mwyn hwyluso ei hadferiad.
- Fe fydd yn anodd i dy bartner weld y clwyf ei hun, felly mae'n bosib y bydd angen i ti gadw llygad arno a chadw llygad am unrhyw arwyddion o haint.
- Fe fydd dy bartner yn cael ei chynghori i osgoi gweithgareddau penodol – fel gyrru, cario bagiau trwm neu unrhyw beth rhy gorfforol – felly fe fydd hi'n dibynnu arnat ti i wneud mwy o waith o gwmpas

y tŷ nes iddi gael clywed bod popeth yn iawn yn yr archwiliad ôl-enedigol (fel arfer ar ôl chwe wythnos).

- Fe fydd y clwyf ar ei bol yn y pen draw yn ffurfio craith, a allai wneud iddi deimlo'n chwithig. Ystyria'i theimladau gan ei sicrhau dy fod ti'n meddwl am y graith fel atgof prydferth o'i chryfder a'i bod hi'n fam anhygoel. Mae yna olewau arbenigol ar gael i helpu'r graith i bylu, os mai dyna'i dymuniad, unwaith y bydd y clwyf wedi gwella.

Geni gartref

Er bod y rhan fwyaf o rieni newydd yn dewis cael eu babi yn yr ysbyty, mae nifer cynyddol o rieni yn troi'n ôl at yr hen drefn ac yn penderfynu geni yng nghysur eu cartref eu hunain.

Dydy'r dull hwn ddim yn cael ei argymell ar gyfer unrhyw un sydd â phroblemau iechyd eisoes, neu sydd wedi profi unrhyw gymhlethdodau yn ystod eu beichiogrwydd neu sydd wedi colli babi yn y gorffennol. Ond ar y cyfan, mae'n cael ei ystyried yn ddewis diogel amgen i eni mewn ysbyty, gan dybio eich bod chi yng ngofal bydwraig sydd wedi'i hyfforddi'n arbennig ar gyfer genedigaethau cartref, bod gennych le diogel a glân i eni'r babi a'ch bod chi o fewn cyrraedd i ysbyty (rhag ofn y bydd angen hynny).

Manteision geni gartref

- Mae apwyntiadau cyn-geni fel arfer yn digwydd yn eich cartref gyda'r fydwraig, yn hytrach nag yn yr ysbyty, sy'n golygu llai o deithio ac amgylchedd mwy hamddenol.
- Fe fyddwch chi'n cyfarfod â'ch tîm o fydwragedd cyn yr enedigaeth, a bydd hynny'n rhoi sicrwydd a ffydd i chi yn y person a fydd yn geni eich babi, ond mae llai o agosatrwydd wrth eni yn yr ysbyty.
- Mae'n haws i ti greu amgylchedd geni perffaith ar gyfer dy bartner, a chael unrhyw bethau cyfarwydd mae arni hi eisiau o'i chwmpas.
- Gan wybod nad oes rhaid teithio i'r ysbyty ac amharu ar ddatblygiad yr esgor, mae mamau sy'n geni gartref yn gallu ymlacio a chanolbwyntio'n llwyr ar y dasg o'u blaenau.

- Os hoffai dy bartner enedigaeth ddŵr, mae'n hawdd llogi pwll geni, i ti ei lenwi â gwynt a dŵr dy hun. Nifer cyfyngedig o byllau geni sydd ar gael mewn ysbytai, felly does dim sicrwydd y byddwch chi'n gallu cael un.
- Hyd yn oed os ydych chi'n ymrwymo i eni gartref, fe allwch newid eich meddwl ar y funud olaf a mynd i'r ysbyty yn lle hynny.
- Ar ôl geni, gan dybio bod popeth wedi mynd yn ôl y drefn, fe fydd dy bartner yn gallu cymryd cawod neu fath a mynd i'w gwely ei hun, yn hytrach na phrofi synau, arogleuon ac amgylchedd anghyfarwydd y ward esgor.

Anfanteision geni gartref

- Fe fydd yn rhaid buddsoddi amser, ymdrech ac arian i baratoi eich cartref ar gyfer yr enedigaeth.
- Os yw dy bartner yn mynd i eni cyn 37 wythnos, fydd hi ddim yn cael geni gartref. Yn yr un modd, po hiraf mae dy bartner yn mynd heibio i'w dyddiad disgwyliedig, fe allai'r fydwraig argymell ei bod hi'n fwy diogel geni'r babi yn yr ysbyty wedi'r cyfan.
- Mae opsiynau lleddfu poen gartref fel arfer yn gyfyngedig i barasetamol a nwy ac aer. Os yw dy bartner yn meddwl bod arni eisiau epidwral, fe fydd angen iddi eni'r babi yn yr ysbyty.
- Os yw dy bartner yn profi cymhlethdodau wrth eni, mae'n bosib y bydd angen ei rhuthro i'r ysbyty. Fe allai hynny greu straen ychwanegol ar adeg sydd eisoes yn llawn straen, a rhoi'r fam a'r babi mewn mwy o berygl.
- Yn yr un modd, os oes gan eich bydwraig unrhyw bryderon am iechyd dy bartner neu'r babi ar ôl geni, fe allai arwain at arhosiad annisgwyl yn yr ysbyty.

Paratoi ar gyfer geni gartref

- Mae angen glanhau'r ardal eni'n drylwyr ac ymarfer cael pethau i drefn fel bod modd gwneud hynny'n gyflym pan ddaw'r amser.
- Casgla ddigonedd o hen gynfasau, tywelion a leinin gwrth-ddŵr i

amddiffyn y carped, y gwely neu'r soffa yn yr ardal eni.

- Bydd angen gosod seinydd ar gyfer y rhestr chwarae, goleuadau isel a thryledwr gydag olewau hanfodol – unrhyw beth i greu amgylchedd sy'n tawelu ac yn ymlacio dy bartner.
- Os wyt ti wedi llogi pwll geni, gwiria gynnwys y bocs yn ofalus pan mae'n cyrraedd, darllena'r cyfarwyddiadau'n ofalus ac ymarfer ei lenwi â gwynt o leiaf unwaith. Gwna'n siŵr hefyd fod yr atodiadau pibell yn gweithio gyda'r tapiau yn y tŷ (ond paid â rhoi dŵr yn y pwll hyd nes y bydd dy bartner yn esgor).
- Yn ystod camau diweddarach yr esgor, rho ambell dywel a gŵn tŷ dy bartner yn y sychwr dillad (os oes gennych un) er mwyn iddyn nhw fod yn gynnes braf ar gyfer dy bartner, ac i lapio'r babi, ar ôl y geni.

Ystum geni

Os wyt ti'n bwriadu chwarae rôl y partner geni ar gyfer yr achlysur arbennig hwn, mae'n bwysig i ti a dy bartner wybod pa ystum sydd fwyaf effeithiol ar gyfer gwahanol gamau o'r esgor, a beth i'w osgoi.

Yng ngwres y funud, mae'n bosib y bydd hi'n rhy flinedig neu y bydd gormod ar ei meddwl i gofio'r gwahanol opsiynau neu ddewis ystum gwahanol, felly dy gyfrifoldeb di neu'r fydwraig fydd ei hannog a'i chefnogi (yn emosiynol ac yn gorfforol) i newid ystum drwy gydol yr esgor.

Os wyt ti'n credu popeth wyt ti'n ei weld mewn ffilmiau ac ar deledu, fe fyddi di dan yr argraff mai'r ystum mwyaf cyffredin yw gorwedd ar dy gefn ar wely. Ond y gwir yw, dyna un o'r dulliau lleiaf effeithiol. Yn ystod cam gweithredol yr esgor, disgyrchiant yw ffrind gorau mam, gan ei fod yn helpu i wthio'r babi i lawr drwy'r llwybr geni tuag at ei gyrchfan derfynol. Po fwyaf egnïol a chefnsyth yw hi, mwyaf effeithlon fydd y geni.

Yn hytrach na gorwedd, mae'r dulliau gorau yn cynnwys cyfuniad o sefyll, pwyso yn erbyn rhywbeth neu benlinio i helpu disgyrchiant i wneud ei waith ac i ysgogi cyfangiadau. Os yw eistedd yn gefnsyth yn gyfforddus, y ffordd orau yw eistedd ar bêl eni yn hytrach nag ar wely neu gadair lonydd. Fe fydd symudiad naturiol y bêl yn helpu i ryddhau tensiwn yn ei chluniau ac yn cadw ei phelfis yn hyblyg ar gyfer y camau olaf.

Wrth esgor, mae mamau newydd hefyd yn fwy tebygol o brofi poen cefn, gwingiadau cyhyrol a chrampiau, ac felly maen nhw'n cael eu hannog i beidio ag aros yn yr ystum drwy'r amser. Drwy newid ystum, fe elli di gefnogi dy bartner i ddod o hyd i ystum cyfforddus sy'n helpu i reoli unrhyw boen.

Os gwnaethoch chi'ch dau fynychu dosbarthiadau cyn-geni, mae'n debygol y byddwch chi wedi derbyn taflen gyda lluniau o bob math o ystumiau i roi cynnig arnyn nhw. Yn bersonol, mae deall ystumiau dienw braidd yn ddryslyd i fi, yn enwedig heb unrhyw gyfarwyddiadau go iawn i'w dilyn. Felly dwi am wneud yn iawn am hynny yn y darn sy'n dilyn ...

Pelen ddryllio

Ystum gwych i gynnal hyblygrwydd cluniau dy bartner, cadw ei phelfis ar agor ac ymlacio ei pherinëwm, gan helpu i leihau'r risg o rwygo. Helpa dy bartner i eistedd ar bêl eni gyda'i thraed yn fflat ar y llawr wrth iddi bwyso ymlaen fel bod ei bol yn hongian rhwng ei phengliniau. Mae'n gamp cadw cydbwysedd, ond mae gan y rhan fwyaf o ganolfannau geni raffau yn hongian o'r nenfwd iddi afael ynddyn nhw. Arhosa'n agos ati i gadw'i chefn yn syth a thylino ei chefn rhwng cyfangiadau.

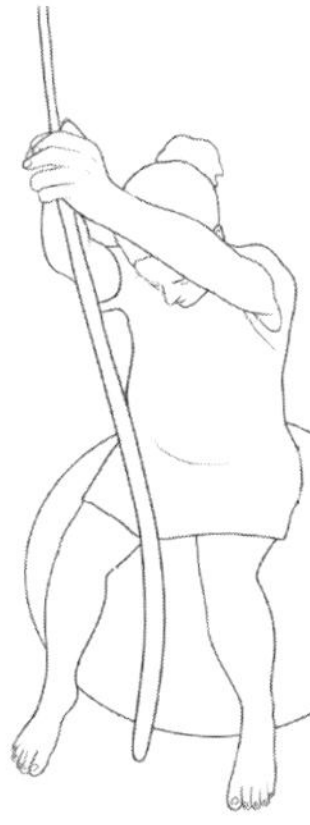

Oergell dan glo

Mae'r ystum hwn yn effeithiol iawn o ran agor pelfis dy bartner yn lletach, gan gyflymu taith y babi i lawr y llwybr geni. Helpa dy bartner i gyrcydu wrth iddi afael mewn drws agored i'w chynnal. Rhwng cyfangiadau, anoga hi i siglo ei chluniau o un ochr i'r llall i hybu hyblygrwydd a lleihau'r risg o grampiau coesau.

Y drindod

Gweithia gyda'r fydwraig i helpu dy bartner i benlinio'n gefnsyth yn gyfforddus, gan adael iddi bwyso yn dy erbyn i liniaru'r pwysau ar ei phengliniau. Fe ddylai rhannu cyswllt corfforol agos, gan ei hannog yn eiriol a chynnal cyswllt llygaid helpu dy bartner i ymlacio a chadw'r lefelau ocsitosin yn uchel.

Ystum arestio

Yn ystod camau cynnar yr esgor, mae'n well i dy bartner ddal ati i symud a chadw'i chefn yn syth, er mwyn i ddisgyrchiant dynnu'r babi i lawr a'i helpu hi i ymdopi'n haws â phob cyfangiad. Pan fydd hi'n teimlo cyfangiad ar ddod, helpa hi i bwyso yn erbyn wal gyda'i thraed yn gadarn ar y ddaear, led clun ar wahân.

Y babi dŵr

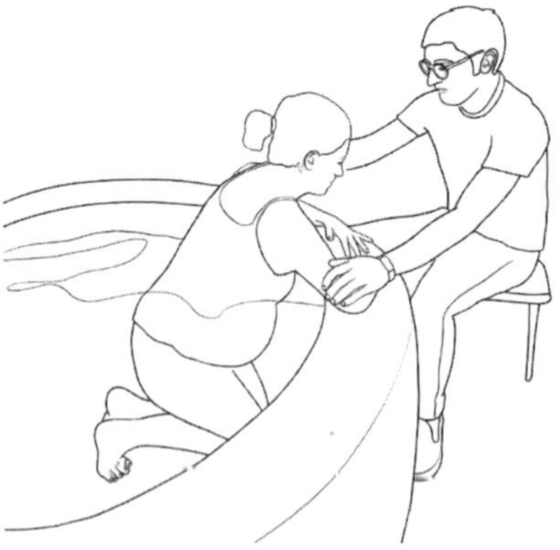

Os oes pwll geni ar gael, bydd modd ei ddefnyddio gydol yr esgor, i leddfu poen yn ogystal ag ar gyfer y geni ei hun. Fe fydd rhai ysbytai hyd yn oed yn gadael i bartneriaid geni fynd i mewn i'r pwll ar yr un pryd (os mai dyna ddymuniad dy bartner). Ond ar y cyfan, fe fyddi di'n fwy o help allan o'r pwll, yn gafael yn ei llaw, yn ei hannog yn eiriol ac yn nôl diodydd i'w hydradu.

Dymbel mamol

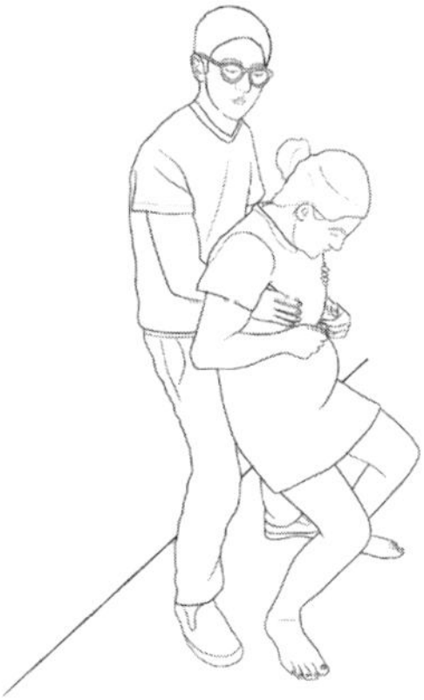

Anaml y bydd sgwatiau ar frig rhestr hoff ymarferion neb, ond wrth eni, mae cyrcydu'n opsiwn gwych i gyflymu'r esgor. Helpa i gynnal pwysau dy bartner, gan sicrhau bod ei phengliniau yn is na'i chluniau, er mwyn helpu'r babi i weithio ei ffordd i lawr yn naturiol.

Ar dy bedwar

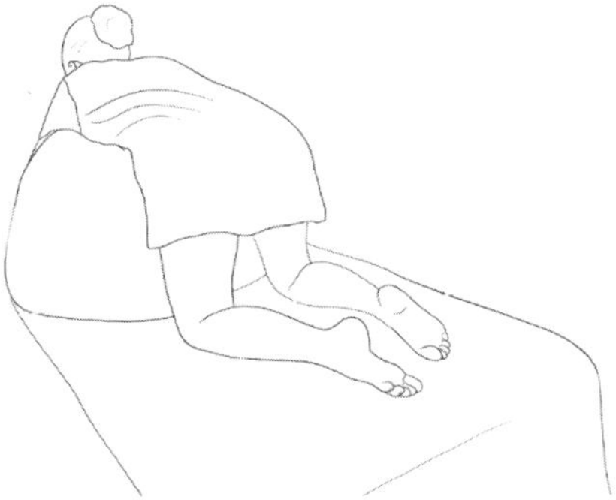

Mae'r ystum hwn yn wych ar gyfer y fam a'r babi; mae'n helpu i agor ei phelfis, mae'n tynnu pwysau oddi ar ei hasgwrn cefn i leddfu poen cefn, ac mae'n rhoi hwb i lefelau ocsigen dy fabi yn ystod yr esgor. Helpa dy bartner i benlinio ymlaen dros bentwr o obenyddion ar y gwely (neu sach ffa, neu bêl eni ar y llawr), gyda'i phengliniau ar wahân a'i phen-ôl yn is na'i bol.

Zoolander

Os yw dy bartner yn dioddef poen cefn yn ystod yr esgor, bydd sgwatio neu gyrcydu ychydig wrth bwyso gyda'i chefn yn erbyn wal yn helpu i leddfu'r boen, ac yn ei helpu i ymdopi â'r cyfangiadau rhyw fymryn. Dydy pob darpar fam ddim yn hoffi cyffyrddiad corfforol yn ystod yr esgor, felly mae'r ystum hwn yn ddewis da i gadw'r cefn yn syth, gan ddefnyddio'r wal i ddal y pwysau (yn hytrach na dy ddefnyddio di).

Beth i'w ddisgwyl yn ystod y geni

Y cam cyntaf

Cam cyntaf geni yw'r hiraf o bell ffordd, ac fel arfer mae'n para am oriau (weithiau hyd yn oed dyddiau). Mae'n dechrau gydag arwyddion cynnar esgor (manylion ar dudalen 64) ac yn gorffen pan fydd gwddf y groth wedi ymledu i tua 10cm a'ch babi yn barod i gael ei eni.

Yn ystod y cam cyntaf hwn, fe fydd dy bartner yn profi cyfangiadau neu ymchwyddiadau, canlyniad gwddf y groth yn tynhau er mwyn gwthio'r babi tuag at a thrwy'r llwybr geni. Mae'r rhain yn dod mewn tonnau, fel arfer yn para tua munud, gan ddechrau'n fach, ac adeiladu i uchafbwynt cyn pylu eto. Yn ystod cam cynnar yr esgor, fe fydd yr ymchwyddiadau hyn yn afreolaidd ac anghyfforddus ond, ar y cyfan, bydd modd eu goddef. Gydag amser, fe fyddan nhw'n dwysáu, yn dod yn fwy rheolaidd ac yn mynd yn fwyfwy poenus i dy bartner, felly fe fydd hi angen i ti fod yn fwy o gefn iddi nag erioed wrth i'r esgor ddatblygu.

Lleddfu poen

Fe all dy bartner gael parasetamol, ac fe fydd nwy ac aer yn cael ei gynnig i helpu i leddfu'r boen (fe fydd yn cael ei roi drwy declyn ceg arbennig y bydd dy bartner yn ei ddal, gan ei anadlu yn ôl yr angen). Mae rhai mamau yn gweld bod hynny'n help mawr, ond mae'n gallu achosi cyfog i eraill, felly dydy o ddim i bawb.

Os yw dy bartner eisiau rhywbeth cryfach, fe allai gael pigiad pethedin neu diamorffin yn ei chlun neu ben-ôl. Mae pigiadau o'r fath yn gallu cymryd hyd at 20 munud i weithio, felly dydyn nhw ddim yn cael eu hargymell yng nghamau diweddarach yr esgor gan eu bod yn gallu gwneud y babi'n gysglyd.

Y dull lleddfu poen naturiol mwyaf effeithiol yw mynd i mewn i bwll geni. Mae'r dŵr (sy'n cael ei gadw ar dymheredd y corff) yn help i dy bartner ymlacio a rheoli poen wrth roi teimlad o ddiffyg pwysau. Os oes pwll ar gael, bydd cyfle i dy bartner eistedd neu benlinio ynddo ar unrhyw adeg ac, os nad oes cymhlethdodau a'i bod hi'n awyddus i wneud hynny, mae hyd yn oed yn bosib iddi eni yn y pwll (genedigaeth ddŵr).

Yn olaf, fe allai dy bartner ofyn am epidwral – pigiad anaesthetig i'w hasgwrn cefn – a fydd yn gwneud ei chorff yn ddiffrwyth o'i chanol i lawr, gan wneud y geni'n gymharol ddi-boen o hynny ymlaen.

Ond mae angen bod yn ymwybodol o'r canlynol ...

- mae yna sgileffeithiau a rhai risgiau posib sy'n gysylltiedig â hyn (fe fydd eich meddyg yn esbonio hyn i chi).
- dydy hi ddim bob amser yn bosib cael un (er enghraifft, os yw'r esgor wedi mynd yn rhy bell).
- fydd dy bartner ddim yn gallu defnyddio'r pwll geni ar ôl cael epidwral.
- fe fydd curiad calon y babi yn cael ei fonitro'n barhaus gan ddefnyddio cardiotocograff (CTG) drwy wregys elastig wedi'i chau o amgylch abdomen dy bartner.
- mae epidwral yn cynyddu'r tebygolrwydd y bydd angen gefeiliau geni ar dy bartner.
- mae'n gallu arafu'r broses eni yn sylweddol, sy'n golygu y gallai dy bartner fod yn esgor am lawer mwy o oriau na phe bai hi heb ei gael.

Beth gelli di ei wneud i helpu

- Bod wrth ei hymyl drwy bob cyfangiad, bod yn gefn iddi, ei hannog neu gynnig dy law iddi ei gwasgu.
- Tylino gwaelod ei chefn rhwng ac yn ystod pob cyfangiad, gan fod poenau cefn yn debygol.
- Bod yn barod gyda phadell chwydu, gan ei bod yn gyffredin i famau chwydu yn ystod y cam hwn o esgor.
- Ei hannog i orffwys cymaint â phosib rhwng ymchwyddiadau, gan nad oes modd gwybod pa mor hir y bydd y cam hwn yn para.
- Cynnig byrbrydau a diodydd iddi i roi hwb i'w chronfeydd egni.
- Rhedeg bath cynnes i'w helpu i ymlacio cymaint â phosib.
- Ei hannog i fynd i'r toiled yn rheolaidd ac i wneud pw os oes modd – bydd hynny'n creu mwy o le ac yn lleddfu'r pwysau ar ei horganau mewnol.
- Ei helpu i symud o gwmpas rhwng cyfangiadau ac awgrymu ystum geni amgen os yw'n teimlo'n anhyblyg, yn anghyfforddus neu wedi cadw at yr un ystum ers tro.

Yr ail gam

Mae'r cam hwn yn dechrau pan fydd dy bartner wedi ymledu'n llawn a'ch babi yn barod i gael ei eni. Does dim amheuaeth mai dyma ran fwyaf llethol y geni. Mae'n debygol y byddwch chi'ch dau wedi blino'n lân, a phryderon dy bartner am eni wedi cyrraedd eu penllanw.

Ar y pwynt hwn, bydd cyfangiadau dy bartner yn rheolaidd a chyflym – yn para'n hirach ac yn teimlo'n gryfach nag ar unrhyw adeg yn ystod y cam cyntaf, gyda dim ond seibiant o funud neu ddau rhwng un a'r llall.

Os nad yw hi wedi cael epidwral, mae'n bosib y bydd hi'n dechrau crynu neu'n gweiddi'n uwch. Bydd rhai mamau'n ochneidio neu'n gwneud synau chwythu, sy'n arwydd posib ei bod hi'n barod i ddechrau gwthio. Mae'n debygol o deimlo'n arbennig o gyfoglyd, ac o chwydu os nad yw hi wedi gwneud hynny eisoes. Yr arwydd mwyaf un yw dy bartner yn dweud ei bod hi'n gallu teimlo mwy o bwysau yn ei phen-ôl ac awydd llethol i wthio. Ychydig cyn i ben y babi ddod allan, fe fydd hi hefyd yn teimlo llosgi dwys o amgylch agoriad ei gwain ("y cylch o dân" yw'r enw sydd weithiau'n cael ei ddefnyddio am hyn).

Beth gelli di ei wneud i helpu

- Aros wrth ymyl dy bartner, ond ceisia beidio â bod yn y ffordd – mae angen i ti adael i'r meddyg neu'r fydwraig wneud eu gwaith a'i thywys drwy'r cam gwthio.
- Gwna'n siŵr bod gen ti'r badell chwydu a photel o ddŵr neu ddiod isotonig yn barod rhag ofn y bydd eu hangen.
- Os yw dy bartner yn teimlo'n boeth, sycha'i thalcen, ei bochau a'i gwddf gyda gwlanen oer.
- Cofia ei chanmol hi am fod yn anhygoel, am wneud mor dda a dwed wrthi dy fod ti'n ei charu hi.
- Yn anad dim, bydda'n bositif a hoelia dy sylw ar dy bartner drwy'r amser.

Y trydydd cam

Mae hi wedi llwyddo! Mae'ch babi wedi cael ei eni a chithau bellach yn rhieni balch. Ond dydy'r gwaith ddim drosodd eto.

Yn gyntaf, mae angen torri'r llinyn bogail, tasg mae tadau fel arfer yn cael yr anrhydedd o'i chyflawni. Os yw'r cynllun geni yn cynnwys penderfyniad i ohirio'r clampio llinyn bogail ac "aros am wyn", bydd fel arfer yn cymryd rhwng munud a phum munud i'r gwaed lifo drwodd cyn i'r fydwraig ei glampio a phasio'r siswrn i ti. Ond mae angen i ti fod yn ymwybodol – os oes unrhyw bryderon am y fam neu'r babi, er enghraifft, os yw'r babi yn cael trafferth anadlu neu os yw'r llinyn bogail wedi lapio o amgylch ei wddf, yna fe fydd y fydwraig fel arfer yn clampio ac yn torri'r llinyn bogail yn gyflym er mwyn rhoi sylw i'r babi.

O fewn eiliadau, fe fydd y babi ym mreichiau dy bartner, wedi'i lanhau a'i lapio mewn tywel cynnes yn barod i roi cynnig ar fwydo ar y fron am y tro cyntaf. Ond mae mwy eto i ddod. Mae gan dy bartner un dasg bwysig arall i'w gwneud o hyd ... geni'r brych a'r pilenni.

Er mai dyma'r peth olaf fydd hi eisiau ei wneud ar yr adeg yma, mae'n bwysig cael y brych allan yn ddiogel ac mewn un darn. Os yw'r brych yn torri neu os oes unrhyw un o'r pilenni yn cael eu gadael y tu mewn, fe all olygu llawdriniaeth neu boenau difrifol i dy bartner.

Fe fydd cyfangiadau dy bartner yn parhau ar ôl geni wrth i'w chroth weithio i wthio'r brych allan, er eu bod nhw fel arfer yn llai poenus nag yn ystod cam gweithredol yr esgor. Os yw hi'n dewis "geni'r brych" yn naturiol (rheoli ffisiolegol – gweler tudalen 39 i dy atgoffa), fe allai'r broses hon gymryd hyd at awr. Ond os yw dy bartner yn dewis rheoli gweithredol, fe fydd hi'n cael pigiad yn ei chlun a dylai'r brych ddod allan mewn llai na hanner awr. Fel arfer, fe fydd y fydwraig yn tynnu'r llinyn bogail yn ysgafn i'w gael allan, gan ofyn i dy bartner helpu drwy wthio'n ysgafn.

Mae siawns y gallai dy bartner brofi rhwyg yn ystod ail gam yr esgor – rhwyg llythrennol i'w pherinëwm, rhwng y wain a'r anws – yn ystod geni. Fe allai hynny fod yn fwriadol pe bai'n rhaid i'r meddyg wneud toriad bach (episiotomi) i helpu'r babi i ddod allan, neu fe allai ddigwydd fel sgil effaith naturiol i'r geni.

Mae yna wahanol raddau o rwygo i fod yn ymwybodol ohonyn nhw:

- Gradd gyntaf – bychan, dyfnder croen, sydd fel arfer yn cael ei adael i wella ar ei ben ei hun
- Ail radd – rhwygiadau dyfnach i gyhyrau'r perinëwm sydd fel arfer angen pwythau (a hynny fel arfer yn digwydd yn y fan a'r lle)
- Trydedd radd – rhwyg sy'n torri i mewn i'r cyhyr sy'n rheoli'r anws, sydd angen llawdriniaeth i'w gywiro
- Pedwaredd radd – rhwyg sy'n ymestyn hyd yn oed ymhellach i leinin yr anws, sydd eto angen llawdriniaeth

Mae angen cofio hyn ar ôl y geni, oherwydd bydd natur rhwyg dy bartner yn effeithio ar ei hadferiad a'r math o gefnogaeth ychwanegol a sicrwydd y bydd arni hi eu hangen gen ti.

Beth gelli di ei wneud i helpu

- Er cymaint y demtasiwn i ganolbwyntio ar eich babi, cofia fod dy bartner mewn poen ac mewn sefyllfa fregus, felly fe fydd hi angen dy sylw a'th gefnogaeth barhaus.
- Gwna'n siŵr mai dy bartner sy'n cael gafael yn y babi gyntaf, ac aros dy dro. Ar ôl holl ymdrechion dy bartner, mae'n deg mai hi sy'n cael ei gofleidio gyntaf.
- Cofia dynnu digon o luniau o'r fam a'r babi wrth iddyn nhw gyfarfod go iawn – fe fyddan nhw'n lluniau i'w trysori am flynyddoedd i ddod.
- Gwna dy orau i gofio popeth y mae'r meddygon a'r nyrsys yn ei ddweud ar ôl i'r babi gael ei eni – yn ystod y dyddiau i ddod, mae'n debygol y bydd dy bartner eisiau ail-fyw pob manylyn o'r enedigaeth, ac fe fydd hi'n disgwyl i ti gofio.
- Os oes gan dy bartner rwyg trydedd neu bedwaredd radd, fe fydd hi'n cael ei chludo i'r theatr i gael llawdriniaeth (ar ei phen ei hun) a thithau'n cael dy adael yn dal y babi. Rho gusan a gair o gysur iddi cyn iddi fynd, gan y bydd hi'n torri'i chalon o orfod gadael ei babi mor fuan.

Cwestiynau i'w gofyn os nad yw pethau'n dilyn y drefn

Mae pob profiad geni yn unigryw, ac anaml y bydd pethau'n dilyn y drefn yn llwyr. Mae'n ffordd droellog, ac fe fydd yna ddigwyddiadau annisgwyl a phenderfyniadau i'w gwneud, yn enwedig os mai dyma fabi cyntaf dy bartner. Felly, ewch ati'n llawn bwriadau da i ddilyn eich cynllun geni i lythyren y ddeddf, ond cofiwch hyn: mae'n dra phosib y bydd angen newid cwrs neu gyfaddawdu ar ryw bwynt neu'i gilydd.

Os yw hyn yn digwydd, fel arfer oherwydd pryder nad yw'r geni'n mynd fel y dylai, fe fydd y meddyg neu'r fydwraig yn argymell ffordd amgen o wneud rhywbeth neu'i gilydd er lles y fam a'r babi. Chi, a neb arall, sydd i benderfynu a ydych chi am ddilyn yr argymhelliad ai peidio, felly peidiwch â theimlo dan bwysau i wneud penderfyniad ar unwaith heb yr holl ffeithiau.

Er bod y cyngor meddygol yn debygol iawn o fod yn gadarn, dydy hynny ddim yn golygu ei fod yn orfodol neu nad oes rhyw ateb arall yn bosib. Efallai y bydd yna ddewis arall sy'n fwy tebyg i ddymuniad dy bartner, un sydd ddim yn golygu ymyrraeth feddygol neu sy'n osgoi poen neu risgiau diangen.

Ond yr unig ffordd o wybod hynny yw drwy ofyn. Felly, cyn cyfaddawdu ar y cynllun geni, meddylia am dy rôl fel partner geni a chofia holi cwestiynau penodol i'r gweithwyr proffesiynol yn yr ystafell:

Manteision – beth yw manteision gweithredu mewn ffordd benodol?

Risgiau – o wneud hyn, beth yw'r risgiau i'r fam a'r babi? Gofynna am awgrym o ganran er mwyn gallu asesu'r risgiau yn iawn.

Dulliau amgen – beth yw'r dulliau amgen? Oes yna ffordd arall?

Greddf – gofynna i dy bartner, "Beth mae dy reddf di yn ei ddweud?"

Dim byd – beth pe baen ni'n gwneud dim byd? Am bum munud, am hanner awr neu fwy? Allwn ni aros a gweld beth sy'n digwydd cyn ymrwymo i hyn?

Drwy ofyn y cwestiynau hyn, rwyt ti a dy bartner yn deall cymaint â phosib cyn gwneud unrhyw benderfyniad, ac yn gwybod eich bod chi'n deall risgiau a rhesymeg yr hyn sy'n cael ei awgrymu.

Cyfarfod dy fabi am y tro cyntaf

Does dim i guro'r profiad o gyfarfod â dy fabi newydd am y tro cyntaf. Rwyt ti wedi bod yn aros am y foment hon cyhyd, ac mae'n deimlad cwbl wefreiddiol.

Pan fyddi di'n gweld dy fabi am y tro cyntaf, paid â synnu os yw braidd yn borffor. Bod heb ocsigen am gyfnod byr iawn yn eiliadau olaf y geni sy'n achosi hyn, a bydd ei liw yn newid i fod yn fwy naturiol ar ôl iddo anadlu ychydig o weithiau.

Mae'n debygol y caiff y babi ei eni gyda sylwedd gwyn, hufennog drosto – o'r enw 'vernix caseosa' – sydd hefyd yn hollol normal. Mae'r haen yma'n gorchuddio'r ffetws yn ystod y trydydd trimis ac yn helpu'r croen i addasu i fywyd y tu allan i'r groth, gan weithredu fel lleithydd naturiol ac amddiffyniad rhag haint. Cynhara'n byd fydd y fabi'n cael ei eni, mwya'n byd o'r sylwedd hwn fydd drosto fo.

Er y gall fod yn demtasiwn i sychu'r sylwedd hwn i ffwrdd, y cyngor yw ei adael ar groen y babi am rhwng chwech a 24 awr, ac fe ddylai gael ei amsugno'n raddol ac yn naturiol.

Pan ddaw dy dro di i afael yn y babi, gwna'n siŵr dy fod ti'n golchi dy ddwylo'n drylwyr yn gyntaf a chofia gynnal y pen. Y ffordd orau o wneud hyn yw rhoi un llaw o dan gefn y pen a'r llall o dan gefn a phen-ôl y bychan.

Er mwyn helpu i greu cwlwm uniongyrchol gyda'i babi, bydd y fam newydd yn cael ei hannog i greu cyswllt croen-wrth-groen, lle mae'r babi noeth yn cael ei osod yn uniongyrchol ar ei brest noeth (gyda thywel neu flanced drosto i'w gadw'n gynnes). Bydd hyn nid yn unig yn meithrin cysylltiad ond hefyd yn helpu i reoleiddio tymheredd a churiad calon y babi ar ôl y geni.

Mae'r un cysyniad yn cael ei argymell ar gyfer tadau hefyd. Pan ddaw dy dro di i ddal y babi, paid â bod ofn tynnu dy grys a rhoi cynnig arni. Os wyt ti'n rhy swil i wneud hynny gyda chymaint o nyrsys yn yr ystafell, mae'n werth gwisgo crys gyda botymau ar gyfer y geni er mwyn ei gwneud hi'n haws i ti gael ennyd croen-wrth-groen gyda'r babi hefyd. Wnei di ddim difaru.

“DYN AR EI ORAU YW DYN SYDD NEWYDD DDOD YN DAD.”

Matthew McConaughey

PENNOD 4

BYWYD GYDA BABI NEWYDD

Dyma ni. Mae'r foment fawr wedi cyrraedd. Mae dy fabi bach hardd wedi cyrraedd y byd, ac mae'n swyddogol – rwyt ti'n dad. Mae pethau'n real iawn mwya' sydyn. Felly beth nesaf?

Os cafodd y babi ei eni yn yr ysbyty, fel sy'n digwydd gyda'r rhan fwyaf o fabanod cyntaf, rwyt ti mewn lle diogel. Mae meddygon a nyrsys sydd wedi gweld y cyfan gant a mil o weithiau o'r blaen ym mhobman, yn cadw llygad yn rheolaidd i wneud yn siŵr bod y fam a'r babi yn iach ac yn hapus. Mae angen trysori'r eiliad fyrhoedlog hon mewn amser.

Chei di byth mo'r amser yn ôl, felly ceisia fanteisio ar bob un eiliad. Gofynna ddigon o gwestiynau, cofia bob gair o gyngor gan yr arbenigwyr yn yr ystafell, tynna lwyth o luniau a chofia ddal i fyny ar gwsg, os medri di. Ond yn bennaf, ceisia fwynhau'r adeg arbennig hon gyda'ch babi newydd, gyda chymaint o gymorth wrth law. Mewn dim o dro, fe fyddwch chi'n cael eich rhyddhau ac yn mynd adref, gan wynebu'r byd mawr y tu allan fel uned deuluol newydd, ac yn gorfod gofalu am y cyfan eich hun.

Yn y bennod hon, dwi am rannu popeth mae angen i ti ei wybod am yr wythnosau a'r misoedd nesaf fel tad newydd, o hanfodion gafael yn dy fabi, newid clwt a'i roi i lawr i gysgu i bynciau mwy cymhleth fel cefnogi adferiad dy bartner, creu cwlwm â dy fabi, manteisio i'r eithaf ar absenoldeb rhiant a rheoli'r haid o berthnasau a ffrindiau sy'n torri'u boliau eisiau cyfarfod â'r bychan yn y cnawd.

Fe fydd yn amser bythgofiadwy, yn llawn hwyl, hynt a helynt. Fe fydd yna eiliadau o lawenydd pur a dychryn pur, gyda dogn da o ddiffyg cwsg, gorbryder a dryswch hefyd. Ond coelia di fi, dros y misoedd sydd i ddod, bob tro y byddi di'n arogli pen dy fabi, bob tro y bydd ei law fach yn gafael yn dy fys, a phob tro y bydd yn stopio crio ac yn mynd i gysgu yn niogelwch dy freichiau, fe fyddi di'n teimlo cariad y hwnt i bob cariad arall, a byddi di byth eisiau i'r amser hwn ddod i ben.

Aros yn yr ysbyty a geni cynamserol

Os yw'r fam a'r babi yn iach ac nad oes gan y fydwraig bryderon, fe fyddwch chi fel arfer yn cael caniatâd i fynd adref rhwng chwech a 24 awr ar ôl y geni.

Serch hynny, mae yna sawl rheswm gwahanol dros eich annog i aros yn yr ysbyty ychydig yn hirach, gan gynnwys:

- bod dy bartner wedi cael toriad Cesaraidd brys, neu wedi profi cymhlethdodau yn ystod y geni.
- bod dy bartner wedi cael llawdriniaeth ar gyfer rhwyg trydedd neu bedwaredd radd.
- bod yna bryderon am iechyd y babi.
- bod y babi ddim yn bwydo.
- bod y babi wedi ei eni'n gynnar ac angen monitro neu gymorth ychwanegol.

Dydy'r rhain ddim o reidrwydd yn bethau i boeni yn eu cylch. Os oes gan y gweithwyr proffesiynol unrhyw bryderon, mae'n well ganddyn nhw ymateb iddyn nhw na'u hanwybyddu, ac maen haws iddyn nhw eich cael chi wrth law i dderbyn eu cymorth wrth iddyn nhw wneud hynny.

I'r rhan fwyaf o rieni newydd, mae hynny'n golygu ychydig ddyddiau ychwanegol yn yr ysbyty, ond os oes unrhyw broblemau iechyd sylfaenol gan fabi, neu os cafodd ei eni yn gynnar, fe allai olygu arhosiad hirach (gweler tudalen 89).

Archwiliadau rheolaidd

Yn ystod diwrnod cyntaf bywyd dy fabi, fe fydd eich bydwraig yn monitro'r fam a'r babi yn agos. Ymhlith pethau eraill, fe fydd yn gwneud yn siŵr eich bod chi'n hapus wrth fwydo, newid a glanhau'r babi (gan fod yn arbennig o ofalus o fonyn sensitif y llinyn bogail) ond ar yr un pryd yn cadw llygad am:

- unrhyw bryderon iechyd uniongyrchol (gan gynnwys olion clefyd melyn, unrhyw haint ar y llinyn bogail neu'r llygaid, neu lindag (*thrush*) y geg);

- pa mor dda y mae'ch babi yn bwydo ac yn cydio ar y fron (yn cynnwys cadw llygad am gwlwm tafod – gweler tudalen 149);
- yw'r babi yn magu pwysau; a
- sut mae dy bartner yn ymdopi, yn gorfforol ac yn feddyliol.

Beth yw clefyd melyn?

Mae clefyd melyn (*jaundice*) yn gyflwr cyffredin iawn mewn babanod newydd-anedig. Mae'n cael ei achosi gan sylwedd melyn o'r enw bilirwbin yn cronni'n naturiol yn eu gwaed, sy'n rhoi gwawr felen amlwg i'w croen. Mae tua chwech o bob deg babi yn datblygu clefyd melyn, ac mae hyd yn oed yn fwy cyffredin ymhlith babanod sy'n cael eu geni yn gynnar.

Fel arfer, does dim angen unrhyw driniaeth ar y rhan fwyaf o fabanod â chlefyd melyn gan fod y symptomau fel arfer yn diflannu o fewn pythefnos. Mae awyr iach ac amlygu'r babi i olau dydd yn helpu i gyflymu'r broses hon, ac mae babanod sy'n bwydo'n dda yn gwaredu bilirwbin o'u system wrth wneud pi-pi.

Ond os yw profion yn dangos lefelau uchel iawn o bilirwbin yng ngwaed y babi, mae'n bosib y bydd angen aros yn yr ysbyty am gyfnod hirach, naill ai ar gyfer monitro neu driniaeth ragweithiol.

Dechrau bwydo

Os yw dy bartner wedi dewis bwydo ar y fron, un o'r pethau cyntaf fydd yn digwydd ar ôl i'ch babi gael ei eni yw ei roi ar frest dy bartner i roi cynnig ar fwydo. Er nad yw'r ymgais gyntaf hon bob amser yn llwyddiannus, fe fydd dy bartner yn troi'n rhyw fath o beiriant bwydo o'r eiliad honno ymlaen.

Yn ystod y 24 awr gyntaf (ac am wythnosau lawer i ddod), y cyngor yw bwydo'r babi ar alw, neu fwydo ymatebol. I ddechrau, fe allai hynny olygu bwydo mor aml ag unwaith bob awr, er y dylai'r amserlen gaeth hon lacio cyn hir.

Ar gyfer y bwydo cynnar hyn, fe fydd y fydwraig yn hyfforddi dy bartner, gan ddangos iddi beth i'w wneud a'r ffordd orau i ddal y babi wrth iddo gydio'n dda ar y fron.

I fam newydd sydd erioed wedi bwydo ar y fron o'r blaen, fe all fod yn ymarfer poenus, rhwystredig ac emosiynol lethol, gan nad yw hi'n dasg hawdd i'w gwneud yn iawn. Gwna'n siŵr dy fod ti'n gwrando'n astud ar gyngor y fydwraig yma, er mwyn i ti allu helpu dy bartner i gofio'r holl fanylion technegol ac awgrymu gwahanol bethau i roi cynnig arnyn nhw os nad yw pethau'n gweithio pan fyddwch chi'n cyrraedd adref.

Yn y dyddiau cyntaf ar ôl geni, wrth i'r babi fwydo ar y fron, ni fydd y llaeth mae'n ei yfed fel rwyt ti'n ei ddychmygu o bosib. Ar y dechrau, fe fydd bronnau dy bartner yn cynhyrchu rhywbeth o'r enw colostrwm, hylif trwchus melyn euraidd sy'n llawn o'r union bethau mae eu hangen ar dy fabi i ddechrau tyfu.

Er y bydd dy fabi'n bwydo'n rheolaidd, ychydig iawn o golostrwm fydd ei angen arno ar y tro – tua llond llwy de ohono – sy'n ddigon, o ystyried nad yw stumog dy fabi yn fwy na marblen ar y pwynt hwn.

Os nad yw dy fabi yn llwyddo i fwydo ar y fron, mae'n bosib y bydd dy bartner yn cael ei chynghori i dylino ei bronnau i ryddhau colostrwm. Yna bydd y colostrwm yn cael ei gasglu mewn chwistrell fach a'i fwydo i'r babi fel hynny, naill ai gen ti neu dy bartner.

Mwya'n byd y bydd dy fabi yn bwydo ar y fron, mwya'n byd y bydd y weithred yna o sugno yn ysgogi cyflenwad llaeth dy bartner, sy'n golygu y bydd yn cynhyrchu mwy. O fewn ychydig ddyddiau, fe fydd hi'n dechrau cynhyrchu llaeth, gyda'i bronnau chwyddo wrth iddyn nhw ddechrau cynhyrchu llaeth y fron go iawn.

TADNODYN

Er bod y rhan fwyaf o dadau yn mwynhau'r datblygiad hwn, mae'n well edmygu o bell – edrych, heb gyffwrdd – oherwydd fe fydd y drefn fwydo ddi-ball yn gwneud ei bronnau yn boenus a'i thethi'n hynod sensitif (yn doredig a gwaedlyd, hyd yn oed). Yn hytrach, canolbwyntia di ar gynnal lefelau hylif dy bartner a gwneud yn siŵr bod ei basged fyrbrydau wrth fwydo ar y fron yn llawn (gweler tudalen 140).

Mae bwydo'r babi yn mynd i lyncu rhan mor enfawr o'ch bywyd newydd fel rhieni fel ei fod yn cyfiawnhau ei bennod ei hun. Am bob math o wybodaeth ar fwydo ar y fron a bwydo â photel, ynghyd â'r ffyrdd gorau y medri di helpu, neidia ymlaen i Bennod 5.

Beth i'w ddisgwyl os yw dy fabi'n cael ei eni yn gynnar

Os yw dy fabi yn cael ei eni cyn wythnos 37 y beichiogrwydd, mae'n cael ei ystyried yn 'gynamserol'. Os ydyn ni'n sôn am ychydig ddyddiau neu wythnos cyn y garreg filltir hon, ychydig iawn o ymyrraeth fydd ei angen os yw ei bwysau'n ddigon da a'r bydwragedd yn hapus. Ond cynhara'n byd y bydd dy fabi'n cael ei eni, mwyaf dwys fydd y driniaeth fydd ei angen arno a'r hiraf ei arhosiad yn yr ysbyty.

Mae babanod cynamserol fel arfer yn cael eu geni yn llai, gyda llai o fraster y corff, yn aml gyda blew mân yn gorchuddio'r rhan fwyaf o'u corff (mae'r blew yma fel arfer yn cwympo allan yng nghamau olaf beichiogrwydd). Gan nad ydyn nhw eto wedi eu "coginio'n drwyadl" eto, mae'n bosib y bydd angen mwy o amser ar eu horganau i ddatblygu, ac fe fydd angen help ychwanegol gyda'u hanadlu, bwydo neu i reoli tymheredd eu corff.

Os felly, fe fyddwch chi naill ai'n cael eich rhoi mewn uned feithrin bwrpasol gyda nyrsys arbenigol wedi'u hyfforddi i helpu babanod cynamserol, neu (os oes angen mwy o ofal dwys) mae'n bosib y bydd angen i'r babi dreulio peth amser mewn uned gofal dwys i'r newydd-anedig (NICU) lle bydd modd monitro'ch babi ddydd a nos.

Mewn uned NICU, mae babanod cynamserol fel arfer yn cael eu cadw mewn crud cynnal, math o fasined plastig caeedig sy'n eu cadw'n ddiogel ac yn gynnes. Mae'n debygol y bydd synwyryddion amrywiol yn cael eu tapio i'w corff i fonitro arwyddion bywyd, ac y bydd tiwbiau anadlu a bwydo wedi'u cysylltu iddyn nhw. Er y gall hyn edrych yn frawychus, cofiwch fod eich babi yn y lle gorau, ac yn derbyn y gofal gorau posib.

Fe fydd hyd arhosiad eich babi mewn uned NICU yn dibynnu ar sut mae'n ymateb i'r driniaeth. Ond yn gyffredinol, maen nhw'n aros yn yr ysbyty tan eu dyddiad geni disgwyliedig, neu hyd nes y byddan nhw'n gallu anadlu heb unrhyw gymorth, eu bod yn bwydo'n dda ac yn magu pwysau, gyda'u tymheredd yn sefydlog heb unrhyw bryderon iechyd mawr.

OEDDET TI'N GWYBOD?

Fydd cael ei eni'n gynnar ddim o reidrwydd yn amharu ar ddyfodol dy fabi. Mae sawl person enwog drwy'r oesoedd wedi cael eu geni'n gyynnar, gan gynnwys Albert Einstein, Syr Isaac Newton, y prif falerina Anna Pavlova, Stevie Wonder a Syr Winston Churchill!

Creu cwlwm gyda dy fabi mewn crud cynnal

Fe all hyn fod yn artaith i rieni newydd ... rydych chi'n torri'ch boliau eisiau gafael yn eich babi newydd, ond yr unig gyswllt sy'n bosib yw rhoi eich llaw i mewn drwy dwll yn ochr y crud cynnal. Er mor anodd yw'r sefyllfa hon, peidiwch â digalonni. Mae yna bethau y gallwch chi eu gwneud yr un fath i greu cwlwm gyda'ch babi a bod yn rhan o'i ofal:

- Arhoswch gyda'ch babi gymaint ag y gallwch chi, gan fanteisio ar bob cyfle i gael cyswllt corfforol, gyda chaniatâd nyrsys yr uned. Mae gorffwys llaw yn ysgafn ar ei ben neu fwytho ei law yn gwneud lles i chi a'r babi, hyd yn oed os nad ydych chi'n cael gafael ynddo. Pan fydd y babi'n ddigon cryf, fe ddylai'r nyrsys roi cyfle i chi afael ynddo a chael ychydig o amser croen-wrth-groen.
- Er y bydd yn anodd tynnu'ch hunain oddi yno, bydd angen i ti a dy bartner gysgu, felly awgryma eich bod yn rhannu'r dyletswyddau goruchwylio yn ystod y nos.
- Bydd eich babi'n dal i allu'ch clywed chi, felly gwnewch bob ymdrech i siarad, darllen neu ganu iddo fel ei fod yn dysgu adnabod eich lleisiau.
- Gofynnwch a gewch chi helpu'r nyrsys gyda gofal dyddiol eich babi, y gwaith glanhau a newid clytiau a helpu i'w fwydo, hyd yn oed os mai drwy diwb bwydo y bydd hynny'n digwydd. Wrth ymwneud fwy a mwy â'i ofal, fe fyddwch chi'n creu cwlwm agosach.

- Peidiwch â dioddef yn dawel. Os oes gennych chi unrhyw gwestiynau, neu unrhyw beth nad ydych chi'n ei ddeall, gofynnwch i'r meddygon a'r nyrsys esbonio beth sy'n digwydd.
- Er cymaint y demtasiwn i "aros yn gryf", paid â bod ofn dangos dy emosiynau. Fe fydd yn gysur i dy bartner wybod dy fod ti'n teimlo'r un pethau â hi.

Mynd adref a setlo i fywyd teuluol

Wrth i ti gerdded drwy'r drws ffrynt, yn cario'r babi, paid â synnu os wyt ti'n cael pwl enfawr o ryddhad yn gymysg â dogn iach o fraw. Dyma fel mae pethau nawr – eich bywyd newydd fel rhieni – a'ch cyfrifoldeb chi yw cadw'r person bach yma'n fyw ac yn iach. Mae yna lawer o bwysau ar eich ysgwyddau, a llawer iawn o bethau i'w dysgu. Ond yn gyntaf ...

- Treuliwch ennyd yn ymlacio ac yn mwynhau'r achlysur. Paratowch ddiod, eisteddwch a thrafodwch y profiad gwallgo rydych chi newydd ei rannu.
- Os bu'n rhaid i chi ruthro i'r ysbyty ar ôl dechrau esgor, mae'n debygol bod yna lanast yma ac acw o gwmpas y tŷ. Wrth i dy bartner ymlacio gyda'r babi, dos o gwmpas y tŷ a gwna'r gwely, golcha'r llestri a thwtia rhyw fymryn.
- Mae'n debyg y bydd angen rhoi'r babi i lawr i gysgu'n fuan, felly gosoda'r fasged Moses a chael trefn ar y gornel newid os nad ydyn nhw yn eu lle'n barod.
- Ar ôl treulio oriau neu ddyddiau yn yr ysbyty, fe fyddi di a dy bartner eisiau golchi'n iawn a gwisgo dillad glân. Rheda fath poeth neu gawod i dy bartner a gad iddi hi fynd yn gyntaf, wrth i ti gael amser gwerth chweil gyda channwyll dy lygad.
- Mae'n sicr y byddwch chi wedi blino'n lân ac angen gorffwys, felly unwaith mae'r babi'n cysgu, ewch chithau am y gwely hefyd. Peidiwch â phoeni os yw hi'n ganol dydd. Mae'n bwysig cysgu bob cyfle gewch chi.

- Pwyll piau hi, a pheidiwch â theimlo unrhyw bwysau i ffonio pawb i rannu'r newyddion da, na chytuno i geisiadau i alw i'ch gweld chi – fe all hynny aros. Mae'r amser hwn yn werthfawr, ac mae'n amser i chi a neb arall.

Cael dy draed oddi tanat

O'r pwynt hwn ymlaen, fe all yr wythnosau nesaf doddi i'w gilydd braidd. Mae'r rhan fwyaf o fabanod newydd-anedig yn cysgu cryn dipyn yn ystod yr wythnos gyntaf – tua 16 awr y dydd fel arfer, mewn pyliau byr. Manteisia ar bob cyfle i orffwys ac adfer – mae'r adegau hyn o dawelwch yn brin a byrhoedlog.

Ar y dechrau, fe fydd y babi'n bwydo rhwng wyth a 15 gwaith y dydd, drwy gydol y dydd a'r nos. Fe fydd hyn yn rhoi llawer o bwysau ar dy bartner, yn enwedig os yw hi'n bwydo ar y fron, gan fod babanod sy'n cael eu bwydo ar y fron fel arfer yn bwydo'n amlach na rhai sy'n cael eu bwydo â photel a fformiwla. Ceisia ysgafnhau ychydig ar ei baich drwy ysgwyddo'r rhan fwyaf o'r gwaith tŷ a'r dyletswyddau magu tu hwnt i'r bwydo, er mwyn i dy bartner ganolbwyntio ar fwydo'ch babi, dod dros y geni a chael cyfle i orffwys rhwng bwydo.

Os ydych chi'n penderfynu bwydo'ch babi, y cyngor yw cynnig 30-60ml (1-2 owns) o laeth wedi'i dynnu o'r fron neu laeth fformiwla addas ar alw, fel arfer bob rhyw ddwy awr. Bryd hynny, fe elli di ymgymryd â mwy o'r cyfrifoldebau bwydo dy hun, i roi mwy o gyfle i dy bartner orffwys ac adfer.

Gyda'ch babi'n bwydo mor aml, mae'n rhaid i'r holl hylif fynd i rywle, felly mae'n rhaid disgwyl newid y nifer cyfatebol o glytiau. Ar y dechrau, clytiau gwlyb yn hytrach na budr fyddan nhw'n bennaf, ac fe all gymryd rhai dyddiau i fabi newydd gael ei weithio (mae'n werth i ti edrych ar dudalen 105 i ddysgu am pw babanod bach rhag i ti gael sioc y tro cyntaf).

Os gelli di newid cymaint o glytiau â phosib, fe fydd dy bartner di'n gallu gorffwys mwy pan nad yw hi'n bwydo. Fe fydd dy help yn arbennig o werthfawr yn y nos, felly cama i'r bwlch a llusga dy hun allan o'r gwely i newid a setlo'r babi ar ôl iddo fwydo.

Er y bydd amlder y bwydo a'r newid clytiau yn lleihau ar ôl rhyw bythefnos, i chwech i wyth gwaith y dydd, paid â diystyru effaith y drefn newydd yma arnat ti a dy bartner. Fe all dod i arfer â'r drefn gymryd amser, felly paid â disgwyl i bethau fod yn hawdd.

OEDDET TI'N GWYBOD?

Mae'n gyffredin iawn i fabanod golli pwysau yn ystod y dyddiau cyntaf ar ôl geni. Os yw'r babi yn cael ei fwydo ar y fron, mae'n debygol o golli rhwng 5% a 7% o'i bwysau geni yn ystod y pedwar diwrnod cyntaf, cyn dechrau magu pwysau eto. O ran babanod sy'n cael eu bwydo o botel, mae mwy o reolaeth dros faint maen nhw'n ei yfed felly maen nhw'n colli ychydig llai o bwysau ar y cyfan.

Os yw popeth yn iawn, fe ddylai'ch babi fod yn ôl i'w bwysau geni erbyn tua diwrnod 14. Fel arall, neu os yw wedi colli mwy o bwysau na'r canrannau uchod, fe fydd bydwraig neu ymwelydd iechyd yn argymell cynllun bwydo caeth er mwyn sicrhau bod y babi'n cael digon o faeth.

Archwiliadau iechyd

Hyd nes y bydd dy fabi yn ôl i'w bwysau geni, fe fydd angen apwyntiadau rheolaidd gydag ymwelydd iechyd i wirio sut mae'r fam a'r babi newydd. Fe allai hynny olygu ymweliadau cartref, neu deithio i'r ganolfan iechyd agosaf. Y naill ffordd neu'r llall, ceisia fynychu cymaint o'r apwyntiadau hyn ag y gelli di, gan eu bod nhw'n ffynonellau gwych o wybodaeth a sicrwydd, yn enwedig os oes unrhyw fath o broblem.

Yn ystod yr ymweliadau hyn, fe fydd yr ymwelydd iechyd bob amser yn pwyso'r babi i fonitro a yw wedi colli neu fagu pwysau. Fe all hyn fod yn straen, oherwydd yr angen i dynnu dillad y babi cyn ei roi ar y glorian, ac mae bod yn noeth fel arfer yn arwain at ddagrau, felly ceisia fod wrth law i gynnig cefnogaeth emosiynol.

Fe fydd yr ymwelydd iechyd hefyd yn gofyn cwestiynau i asesu lles emosiynol dy bartner, i wneud yn siŵr ei bod hi'n ymdopi â'i chyfrifoldebau newydd magu plant. Yn benodol, maen nhw eisiau gwirio bod cefnogaeth gan y fam yn ystod yr wythnosau cynnar hyn, yn enwedig pan fydd y felan yn taro. Mae hynny'n digwydd fel arfer yn ystod yr wythnos gyntaf ar ôl geni, gan achosi hwyliau isel neu iselder oherwydd anghydbwysedd hormonaidd a diffyg cwsg. Mae rhagor o wybodaeth am sut medri di fod yn gefn iddi hi ar dudalen 122.

Prawf smotyn gwaed

Rhwng pump ac wyth diwrnod ar ôl geni, fe ddylai'r fydwraig gynnig prawf pigo sawdl (neu brawf smotyn gwaed) i'r babi, gan gymryd diferyn bach o waed o sawdl y babi i brofi am gyflyrau iechyd prin ond difrifol, gan gynnwys ffibrosis systig a chlefyd y crymangelloedd.

Prawf sgrinio clyw

O fewn wythnosau cyntaf bywyd dy fabi, fe ddylech chi gael cynnig prawf sgrinio clyw y babi. Mae'r prawf hwn yn cynnwys rhoi clustffon bychan yng nghlust y babi a chwarae synau clicio ysgafn cyn gwirio am unrhyw ymateb corfforol ganddo. Dim ond ychydig funudau y mae'r prawf yn para; fel arfer, dydy o ddim yn achosi unrhyw ofid, ac fe ddylech chi gael eich canlyniadau ar unwaith.

Weithiau, dydy babanod ddim yn ymateb i'r prawf, er enghraifft, os yw ei hwyliau'n anwadal neu ei sylw'n crwydro. Peidiwch â phoeni – dydy hyn ddim o reidrwydd yn golygu bod ganddo unrhyw nam ar y clyw neu fyddardod, ond fe fydd angen rhai profion ychwanegol i wneud yn siŵr. Bydd hynny fel arfer yn cynnwys prawf ychydig yn hirach, lle bydd arbenigwr yn gosod tri synhwyrydd bach ar ben a gwddf y babi cyn chwarae mwy o synau clicio gyda chymorth rhai clustffonau meddal dros y clustiau.

Os nad oes ymateb o hyd, fe gewch chi apwyntiad am brawf hirach (rhwng awr a dwy awr) gydag arbenigwr mewn clinig clyw. Fe fydd yr arbenigwr yn gallu cadarnhau a oes gan y babi unrhyw broblemau clyw ac os oes, fe fydd yn rhoi cynllun ar waith i'ch cefnogi.

Brechiadau

Y rhieni sydd i ddewis a ydyn nhw am i'w babi gael ei frechu ai peidio, er mae brechu'n cael ei argymell yn gryf, er mwyn amddiffyn eich babi ac i atal clefydau niweidiol rhag lledu i unrhyw fabanod eraill rydych chi'n dod i gysylltiad â nhw.

Yn gyffredinol, fe fydd y rownd gyntaf o frechiadau yn cael eu cynnig pan fydd y babi yn wyth wythnos oed, gydag ail a/neu drydydd dos o bob brechlyn ar ôl 12 wythnos ac 16 wythnos. Wedi hynny, fydd yna ddim brechiadau eraill yn cael eu hargymell hyd nes y bydd y babi'n flwydd oed.

O'i frechu, fe fydd dy fabi'n cael ei amddiffyn rhag rhestr hir o glefydau difrifol a allai beryglu ei fywyd, gan gynnwys llid yr ymennydd, difftheria, hepatitis B, polio, tetanws, y pas, y frech goch, clwy'r pennau/y dwymyn doben a rwbela, i enwi dim ond rhai.

TADNODYN

Fe elli di ofyn i dy feddyg neu nyrs am y ffordd orau o ddelio ag unrhyw sgileffeithiau i'r brechiadau, os yw hynny'n berthnasol. Fe all rhai beri i dy fabi ddatblygu twymyn, ond mae'n hawdd rheoli hynny drwy roi hylif parasetamol iddo'n syth ar ôl y pigiad (er nad yw hyn yn cael ei argymell ar gyfer pob brechlyn). Ceisia fynychu'r apwyntiad hefyd, gan ei fod yn fater o gryn bwys i bawb sy'n gysylltiedig, a gofala rhag taro yn erbyn neu wasgu'r fan lle cafodd dy fabi ei bigiad – fe allai fod yn eithaf tyner.

GAIR I GALL

Os yw dy fabi yn gwrthod chwistrelliad o ffisig, rho deth potel dros ben y chwistrell cyn chwistrellu'r ffisig yn araf drwyddi. Fe fydd y rhan fwyaf o fabanod yn sugno ar y deth yn reddfol, gan wneud yr holl broses yn haws, gan osgoi gwastraffu neu golli ffisig.

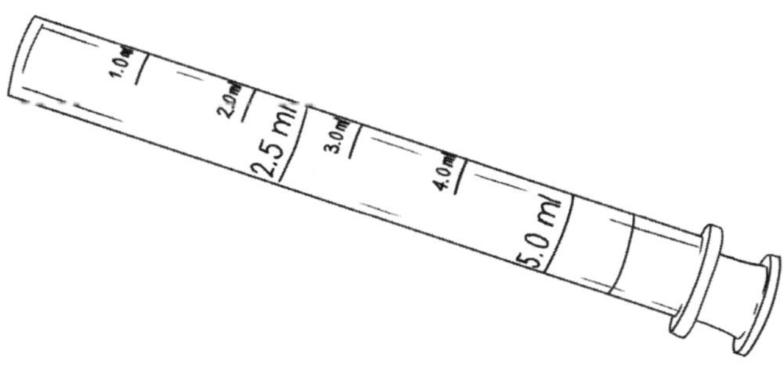

OEDDET TI'N GWYBOD?

Pum ffaith ryfeddol am fabanod newydd-anedig

1. **Mae babanod newydd-anedig yn anghyffredin o gryf**
   Mor gryf, a dweud y gwir, fel pe bai babi newydd-anedig yn gafael mewn lein ddillad gyda'i ddwylo bach, fe fyddai'n hongian uwchben y llawr (mae bysedd plygedig babanod wedi esblygu i fod yn ddigon pwerus i ddal pwysau'r corff cyfan). Ond beth bynnag wnewch chi, peidiwch – PEIDIWCH – â rhoi cynnig ar hyn gartref.

2. **Dydy babanod newydd-anedig ddim yn gallu crio**
   Nadu, ydyn. Sgrechian, yn bendant. Ond crio? Nac ydyn! Dydy dwythellau dagrau babanod ddim yn datblygu'n llawn nes eu bod tua thair wythnos oed, felly fe all gymryd hyd at bedwar neu bum mis cyn gweld deigryn cyntaf rhai babanod.

3. **Mae babanod wedi'u rhaglennu i ymateb i wynebau sy'n gwenu o'u geni**
   Mae ymchwil helaeth wedi dangos bod yn well gan fabanod newydd-anedig edrych ar ddarlun o wyneb yn hytrach na phatrwm ar hap, ac mae'n well ganddyn nhw wynebau sy'n gwenu nag wynebau blin!

4. **Yn wahanol i oedolion, fe all babanod anadlu a llyncu ar yr un pryd**
   Mae'n wir. Hyd at tua saith mis, fe all babanod lyncu ac anadlu ar yr un pryd, sy'n esbonio sut maen nhw'n bwydo ar fron neu botel am gymaint o amser heb redeg allan o wynt. Ond mae trwynau anwydog yn amharu ar y ddawn hon, dros dro.

5. **Mae babanod newydd-anedig yn tyfu'n anghyffredin o gyflym**
   Pe bai babi cyffredin 3.6 cilo (8 pwys) yn dal i dyfu ar yr un gyfradd ag yn ei flwyddyn gyntaf, erbyn ei ben-blwydd yn 20 oed, fe fyddai'n fwy na 7m (25 troedfedd) o daldra ac yn pwyso cymaint â 143 cilogram (neu 22½ stôn)!

Trefniadau cysgu

Mae pob rhiant newydd yn poeni'n fawr am ba mor hir a pha mor aml mae eu babi'n cysgu, ac am ansawdd y cwsg hwnnw. Mae cwsg yn hanfodol i ddatblygiad babi, ond mae'n cael effaith enfawr ar fywyd y rhieni hefyd. Patrymau cwsg y babi sy'n pennu faint gallwch chi ei wneud mewn diwrnod, faint o gwsg ydych chi'n ei gael eich hun, ac o ganlyniad, eich hwyliau cyffredinol a'ch gallu i ymdopi â bywyd bob dydd.

Mae'n sicr yn un o'r pethau anoddaf i ddelio ag ef yn ystod cyfnod cynnar magu plant, ac yn gam y mae'n rhaid i bob rhiant newydd ei gymryd (ond ei oroesi yn y pen draw).

Er y gall fod yn demtasiwn ceisio sefydlu trefn gysgu i'ch babi o'r cychwyn cyntaf, mae'n werth dal yn ôl. Mae eu meddyliau yn rhy fach ar hyn o bryd i ddeall unrhyw fath o drefn, felly am y tro, mae angen dilyn y llif a gadael i'ch babi arwain y ffordd. Ar y dechrau, diogelwch a chysur eich babi yw'r oll sy'n bwysig, felly dyna'r brif flaenoriaeth.

Mae Pennod 6 yn cynnwys popeth mae angen i ti ei wybod am batrymau cysgu babi newydd a sut i sefydlu trefn.

Creu lle cysgu cyfforddus a diogel

Mae babanod newydd-anedig yn treulio'r rhan fwyaf o'u dydd yn cysgu, felly mae'r awyrgylch lle maen nhw'n cysgu yn hynod bwysig. Mae'r rhan fwyaf o rieni newydd yn rhoi eu babi i lawr mewn basged Moses neu fasined i gysgu yn ystod y dydd, er nad oes dim byd o'i le ar gysgu mewn pram, yn eich breichiau neu mewn sling neu gludwr babi (mae hynny'n cael ei argymell yn gryf ar gyfer cwsg bach wrth i chi fynd a dod, neu pan fyddwch chi'n rhy flinedig i afael ynddo, neu angen eich dwylo'n rhydd).

Yn ystod y nos, y cyngor yw bod babi yn cysgu yn yr un ystafell â'i rieni am y chwe mis cyntaf cyn ei symud i'w ystafell ei hun (os oes un ar gael) o'r pwynt hwnnw ymlaen. Mae hyn er mwyn lleihau'r risg o syndrom marwolaeth sydyn babanod (SIDS) – marwolaeth sydyn ac annisgwyl babi lle nad oes achos yn cael ei ganfod – sef cynsail pob darn o gyngor cysgu bron iawn.

I leihau'r risg o SIDS:

- Rhowch y babi i gysgu ar ei gefn bob amser. Unwaith y bydd yn ddigon cryf i rolio ar ei ochr neu ei stumog, fel arfer tua chwe mis, mae'n iawn gadael iddo gysgu yn yr ystum hwnnw, ond mae angen iddo ddechrau ar ei gefn bob tro.
- Cadwch yr ardal gysgu'n glir (heb deganau meddal, gobennydd, offer lleoli cwsg ac ati) a gwnewch yn siŵr fod y matres yn gadarn ac yn newydd.
- Gofalwch rhag i'r babi fynd yn rhy boeth. Fe ddylai'r ystafell lle mae'n cysgu fod rhwng 16 a 20°C (60 a 68°F), ond fe fydd angen gwneud yn siŵr fod gan y babi ddigon o ddillad/dillad gwely i'w gadw'n gynnes (gweler tudalen 175). Mae'n bwysig cadw gwely'r babi draw o offer gwresogi ac allan o olau haul uniongyrchol.
- Os ydych chi'n defnyddio blanced, gosodwch y babi gyda'i draed ar waelod y cot neu fasged Moses, gyda'r flanced wedi'i thwcio'n daclus ar dair ochr, gan wneud yn siŵr nad yw hi'n dod yn uwch na'i ysgwydd. Mae babanod ifanc hyd yn oed yn gallu sleifio i lawr o dan y blanced, lle mae perygl iddyn nhw orboethi.
- Cadwch unrhyw wifrau neu geblau (e.e. gwefrwyr ffôn neu gortyn llenni) yn ddigon pell o'r ardal gysgu.
- Os oes anifeiliaid anwes yn y tŷ a allai neidio i'r crud, peidiwch â gadael babi ar ei ben ei hun wrth iddo gysgu. Os yw hyn yn datblygu'n broblem, ystyriwch brynu rhwyd cath arbennig i'w gosod dros y crud.
- Dydy'r rhan fwyaf o weithwyr gofal iechyd proffesiynol ddim yn argymell cyd-gysgu (cysgu gyda'r babi yn eich gwely) gan fod hynny'n cynyddu'r risg o SIDS.

TADNODYN

Mae'n werth ymgyfarwyddo â'r argymhellion iechyd cyhoeddus diweddaraf ar gyfer cysgu'n ddiogel, gan eu bod nhw'n newid wrth i waith ymchwil newydd gael ei gyhoeddi. Ar y nodyn hwnnw, mae angen bod yn arbennig o ochelgar am gyngor hen ffasiwn neu gyngor croes gan ffrindiau a pherthnasau hŷn, gan fod osgo cysgu diogel heddiw yn hollol wahanol i'r hyn oedd yn gyffredin pan oedden ni'n blant.

Dadl fawr cyd-gysgu

Er gwaetha'r risgiau, mae cyd-gysgu yn dal yn gyffredin, ac mae selogion yr arfer yn bybyr iawn. Maen nhw'n dadlau:

- ei fod yn gallu helpu'r babi i deimlo'n fwy diogel, gan greu cwlwm agosach rhwng y fam a'r babi.
- ei fod yn helpu mamau sy'n bwydo ar y fron i orffwys mwy yn ystod y nos, gan eu bod yn gallu bwydo heb orfod codi o'r gwely.
- ei fod yn helpu babanod i gysgu a setlo'n well yn ystod y nos, gan fod modd eu cysuro unwaith maen nhw'n dechrau troi a throsi neu gwyno.

Os wyt ti a dy bartner yn penderfynu cyd-gysgu gyda'r babi, dyma rai awgrymiadau i'w wneud mor ddiogel â phosib:

- Gwna'n siŵr fod y matres yn gadarn ac yn wastad. Ddylech chi ddim cyd-gysgu ar fatres feddal, matres gyda phant, matres sy'n mowldio i'r corff neu wely dŵr.
- Gwna'n siŵr fod gan y babi le amlwg i gysgu ar y gwely, gan gael gwared ar unrhyw obenyddion a dillad gwely a allai orchuddio neu fynd yn rhy agos at y babi.
- Rho'r babi i orwedd yn fflat ar y fatres – ar ei gefn – heb obennydd na dillad gwely, gorchuddion, gan ei rwymo mewn cadachau neu ddefnyddio bag cysgu babi i'w gadw'n gynnes yn ystod y nos.
- Gwna'n siŵr fod y babi'n ddigon pell o ymyl y gwely rhag ofn iddo ddisgyn allan o'r gwely neu fynd yn sownd i lawr yr ochr os ydy'r gwely yn erbyn wal.
- Paid â gadael i anifeiliaid anwes neu blant eraill gysgu yn y gwely ar yr un pryd.

Yn bwysicach fyth, mae'n rhaid peidio â rhannu gwely gyda babi:

- os cafodd ei eni'n gynamserol cyn 37 wythnos neu os oedd ei bwysau geni yn llai na 2.5 kg (5.5 pwys).
- os ydych chi'n ysmygu.
- os ydych chi wedi cael diod alcoholaidd y noson honno neu wedi cymryd unrhyw gyffuriau presgripsiwn neu gyffuriau adloniant a allai eich gwneud chi'n gysglyd.

Sut i rwymo dy fabi

Mae rhwymo ('swaddle' yn Saesneg) yn dechneg oesol sydd wedi'i defnyddio ers miloedd o flynyddoedd. Mae'n cynnwys lapio'r babi newydd-anedig mewn blanced ysgafn, agored ei gwead i'w gadw'n ddiogel, yn gynnes ac wedi'i lapio'n daclus.

Mae llawer o rieni yn credu'n gryf fod rhwymo'r babi yn dynwared amgylchedd clyd y groth, gan hybu cwsg gwell a hirach wrth atal "atgyrch dychryn" babi newydd-anedig (pan mae'n deffro gydag ysgytwad anwirfoddol o'r breichiau neu'r coesau wrth ddisgyn i gysgu).

Mae'n gyflym ac yn hawdd i'w wneud gan ddefnyddio lliain mwslin mawr neu flanced gellog, neu mae'n bosib prynu cadachau rhwymo pwrpasol. Er bod argymhellion rhwymo yn amrywio o un wlad i'r llall, y gred gyffredinol yw bod modd rhwymo babi newydd-anedig gyda'i freichiau yn y cadach rhwymo pan mae'n rhy fach i rolio drosodd. Ond pan mae'n dechrau dangos arwyddion o rolio, mae'n rhaid ei rwymo o dan ei geseiliau fel bod ei freichiau'n gallu symud yn rhydd.

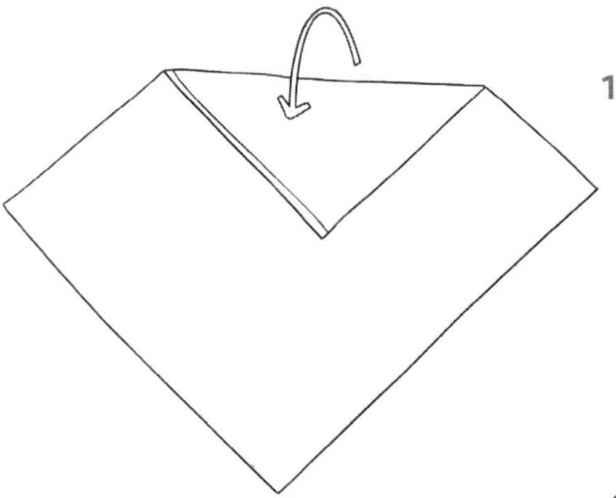

1. Gosoda flanced rhwymo ar ffurf diemwnt a phlyga'r gornel uchaf i lawr.

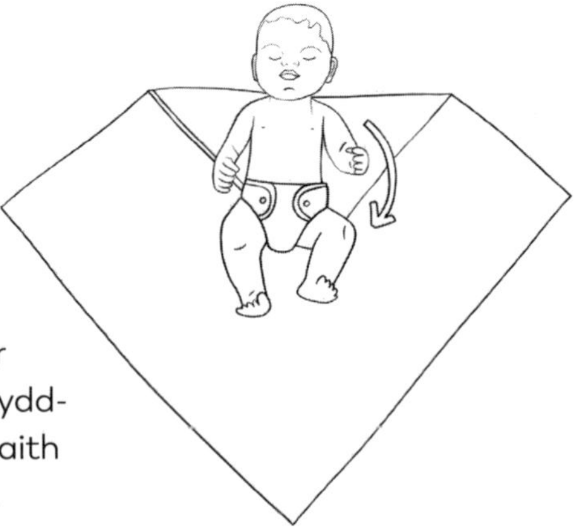

2. Rho dy fabi ar ben y flanced gyda'r plyg wrth ei ysgwyddau (babi newydd-anedig) neu wrth ei geseiliau (unwaith mae'r babi'n hŷn ac yn fwy egnïol).

3. Plyga ochr dde'r flanced dros dy fabi, gan ei dwcio'n gadarn o dan ei ochr chwith.

4. Plyga'r darn gwaelod i fyny, gan sicrhau bod traed dy fabi wedi cael eu cynnwys yn iawn.

5. Plyga'r ochr chwith drosodd, gan ei dwcio o dan ochr dde dy fabi, gan sicrhau nad oes unrhyw ddefnydd rhydd ger ei wyneb.

6. Gwna'n siŵr fod dy fabi wedi ei lapio'n daclus, ond gyda rhywfaint o le iddo allu symud ei goesau a'i freichiau'n rhwydd.

Sut i godi a gafael yn dy fabi

Mae codi babi bach newydd-anedig yn siŵr o wneud i ti deimlo ar bigau drain, ond buan iawn byddi di'n cynefino. Er yr angen i fod yn dyner, dydy babi ddim wedi'i wneud o wydr, felly mae gafael cadarn a diogel yn allweddol.

Y prif beth i'w gofio wrth godi a gafael yn y babi yw cynnal ei ben a'i wddf bob amser. Dydy cryfder gwddf a rheolaeth o'r pen ddim yn mynd i ddatblygu nes ei fod tua thri i bedwar mis oed, felly mae hyn yn hanfodol rhag ofn i'r pen fynd yn llipa ar ddamwain.

Codi dy fabi

Rho un llaw o dan wddf dy fabi, gan ymestyn dy fysedd i gynnal cefn ei ben, ei wddf a'i ysgwyddau. Yna llithra dy law arall o dan ei ben-ôl ar yr ochr arall, cyn pwyso ymlaen ato a'i godi'n ofalus i fyny at dy gorff. Wrth ddal ati i gynnal ei ben a'i wddf, fe elli di wedyn newid i ystum arall yn hawdd.

Gwahanol ffyrdd o afael yn dy fabi

Fe alli di roi cynnig ar sawl daliad gwahanol, ond maen nhw'n gyffredinol yn amrywiadau ar y chwe daliad canlynol, sydd i gyd yn cyflawni'r angen i gynnal pen a gwddf y babi (ond sydd hefyd yn gyfforddus i ti).

- I gael babi i gysgu, y daliad ysgwydd, y daliad pêl-droed a'r daliad bol yw'r opsiynau gorau.
- Pan fyddi di'n bwydo'r babi o botel, eistedda a defnyddio'r daliad pêl-droed neu'r daliad côl. Ar gyfer bwydo ar y fron, fe allai dy bartner roi cynnig ar sawl ystum (gweler tudalen 143).
- Ar gyfer codi gwynt babi ar ôl bwydo, rho gynnig ar y daliad ysgwydd a'r daliad bol (mae'r ail un yn arbennig o fuddiol i fabanod â cholig (gweler tudalen 146), gan fod modd tylino'r cefn ar yr un pryd).
- I ennyn ymateb a chreu cwlwm â dy fabi, mae'r daliad côl a'r daliad wyneb yn wyneb yn ddelfrydol, er mwyn gallu cynnal cyswllt llygaid.
- Mae'r daliad cadair yn wych i'r babi gael gweld y byd o'i gwmpas, ac mae hefyd yn un o'r daliadau mwyaf cyfforddus i ti ei gynnal am gyfnod hirach o amser.

Daliad ysgwydd

Daliad pêl-droed

Daliad bol

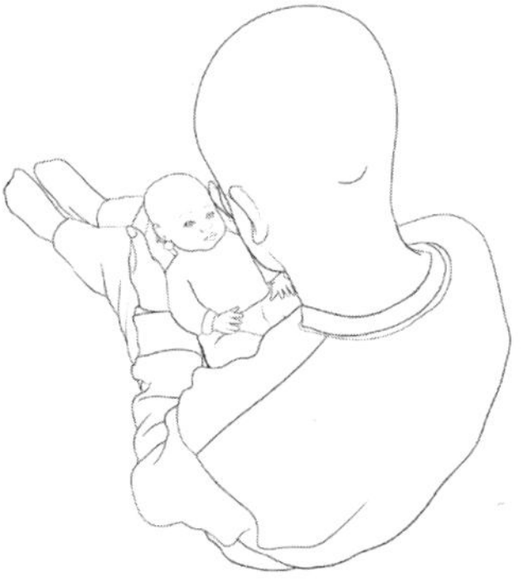

Daliad côl

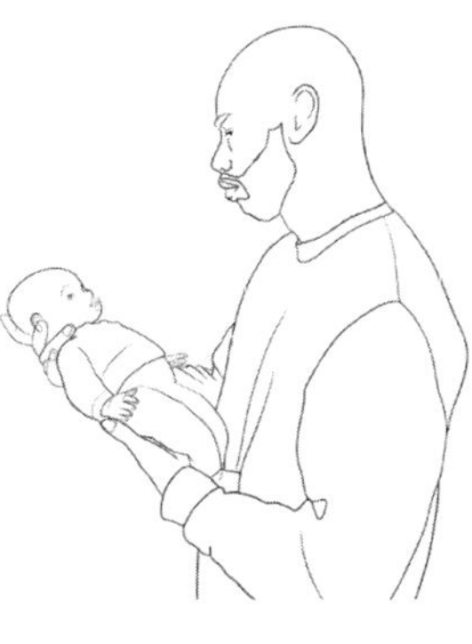

Daliad wyneb yn wyneb

Daliad cadair

Sut i godi gwynt dy fabi

Mae codi gwynt yn grefft sylfaenol y mae'n rhaid i bob rhiant newydd ei dysgu. Pan fydd dy fabi'n bwydo, fe all lyncu aer bob tro mae'n llyncu llaeth (yn enwedig os nad yw wedi cydio ar y fron neu'r botel yn iawn). Mae hyn yn arwain at wynt, sy'n gallu bod yn anghyfforddus iawn a gwneud i dy fabi grio, taflu i fyny, cael trafferth cysgu neu ddeffro'n fuan.

Er mwyn osgoi hyn, fe fydd angen codi gwynt babi ar ôl bwydo bob tro (a phaid â rhoi'r gorau iddi'n rhy fuan os nad wyt ti'n clywed canlyniadau ar unwaith). Fel arfer, fe fydd angen ceisio codi ei wynt am hyd at bum munud ar y tro, neu nes iddo dorri gwynt yn eithaf sylweddol o leiaf ddwywaith. Mae rhai babanod yn hoffi torri gwynt ar ganol bwydo hefyd, felly cadwa lygad am arwyddion gwynt wrth fwydo (er enghraifft, gwneud wynebau, crymu cefn, gwrthod bwydo), a rho gynnig ar godi gwynt cyn ailafael ynddi.

Yr ystumiau codi gwynt gorau

Codi gwynt ar yr ysgwydd – dalia dy fabi yn gefnsyth gyda'i ên yn gorffwys ar dy ysgwydd. Fe fydd angen i ti batio a rhwbio ei gefn yn ysgafn. Y nod yw annog gwynt gormodol i fyny ac allan, felly dechreua o waelod y cefn a gweithia dy ffordd i fyny, gan wneud yn siŵr dy fod ti'n patio pob ochr i'w asgwrn cefn. Wrth rwbio, symudiadau cylchol neu i fyny ac i lawr yw'r gorau. Fe all cerdded o gwmpas neu fownsio'n dyner helpu hefyd.

Codi gwynt yn dy gôl – eistedda dy fabi yn dy gôl yn wynebu oddi wrthot, gan gynnal ei frest gyda chledr dy law wrth ddefnyddio bawd a mynegfys i ddal ei ên yn dyner. Pwysa dy fabi ymlaen ychydig gan batio neu rwbio ei gefn nes ei fod yn torri gwynt.

Codi gwynt ar orwedd – gorwedda dy fabi â'i wyneb i lawr ar draws dy gôl, gan godi un goes ychydig fel bod pen y babi yn uwch na'i frest. Cynhalia ei ên gydag un llaw (gan ofalu rhag rhoi unrhyw bwysau ar ei wddf) ac ailadrodda'r symudiad patio a rhwbio arferol.

GAIR I GALL

Gwna'n siŵr bod gen ti liain mwslin dros dy ysgwydd neu o dan ên dy fabi bob amser i ddal unrhyw laeth sy'n gallu "ymddangos am yr eildro" yn ystod y broses.

Hanfodion newid clytiau

Mae'n waith annifyr, ond angenrheidiol. Dros y blynyddoedd i ddod, rwyt ti'n mynd i newid miloedd o glytiau o bosib, felly dyma ganllaw sydyn i theori'r dasg dan sylw cyn i ti fwrw iddi go iawn. Er y bydd newid clwt yn dod yn un o dy sgiliau craidd ac yn dasg y byddi di'n gallu'i gwneud yn nyfnder nos, o dan bwysau amser eithafol a gydag un fraich y tu ôl i dy gefn, fe fydd angen cryn dipyn o ymarfer cyn iddo ddod yn ail natur i ti.

Cael popeth i drefn

I ddechrau, mae angen cael trefn ar y brif ardal newid, sy'n cynnwys:

- Bwrdd newid – naill ai un sydd wedi'i wneud yn bwrpasol neu ddarn o ddodrefn o'r uchder cywir (ychydig uwch na dy ganol, yn ddelfrydol, i arbed dy gefn wrth blygu i newid clytiau sawl gwaith y dydd).
- Mat newid – matres feddal neu sbwng gyda gorchudd sy'n dal dŵr, gorchudd cotwm sy'n dod yn rhydd a thywel llaw i dy fabi orwedd arno (ac i ddal unrhyw ollyngiadau).
- Digon o glytiau glân – maint newydd-anedig a maint un i ddechrau. Mae angen i ti gofio bod modd mynd drwy tua deg y dydd yn ystod yr wythnosau cyntaf gyda dy fabi newydd.
- Gwlân cotwm a bowlen o ddŵr i lanhau pen-ôl y babi (yn hytrach na weipiau, dyma sy'n cael ei argymell ar gyfer gyda babi newydd-anedig).
- Eli brech clwt – i'w ddefnyddio'n gynnil er mwyn lleddfu brech clwt.
- Bagiau clytiau a bin clytiau aerglos (os ydych chi'n defnyddio clytiau tafladwy) ar gyfer clytiau budr er mwyn osgoi drewi'r tŷ. Dydy'r rhain ddim yn hanfodol ar unwaith gan nad yw pw babi newydd-anedig yn arogli rhyw lawer o gwbl.

TADNODYN

Os medri di, defnyddia'r prif fwrdd newid pan wyt ti ar ddyletswydd newid clwt. Er y gall newid clwt ar wely, ar lawr neu ar soffa ymddangos fel syniad da, dydy o ddim yn llesol iawn i dy gefn. Fe all fod yn dasg fudr hefyd, felly mae'n well bwrw iddi mewn ardal bwrpasol.

Sut i newid clwt

- Rho dy fabi i orwedd ar ei gefn ar y mat newid, yn llorweddol i ti, gyda'i ben wrth dy law chwith a'i goesau wrth dy law dde (neu fel arall os wyt ti'n llaw chwith).
- Rhag ofn y bydd yna ddamwain annisgwyl, mae'n werth gosod tywel llaw bach o dan y babi fel nad oes angen glanhau'r gorchudd mat newid.
- Agora fest a gwisg y babi a'u plygu oddi tano, fel bod y clwt a hanner isaf corff y babi yn amlwg, ac yn ddigon pell o unrhyw ddillad rwyt ti eisiau eu cadw'n lân ac yn sych.
- Agora'r tabiau Velcro ar y clwt a'u plygu yn ôl ar eu hunain rhag iddyn nhw grafu'r babi.
- Dalia draed dy fabi i fyny gydag un llaw, gan godi ei ben-ôl yn ofalus a chau'r clwt amdano'i hun i gadw ei gynnwys yn ei le.
- Os mai bachgen yw'r babi, rho gadach sychu drosto i osgoi chwistrellu annisgwyl. Pan fydd merch yn pi-pi wrth gael clwt glân, mae fel arfer yn ffurfio pwll oddi tani, gan bwysleisio pwysigrwydd gosod tywel ar y mat newid.
- Gwlycha belen o wlân cotwm neu weip mewn powlen o ddŵr a glanhau pen-ôl dy fabi, gwaelod ei fol a'i gefn, gan gymryd gofal arbennig o blygiadau'r werddyr (ardal y 'groin') a'r coesau. Mae'n bosib y bydd angen ailadrodd y broses hon sawl gwaith, yn dibynnu ar natur cynnwys y clwt. Cofia sychu o'r blaen i'r cefn bob amser.
- Unwaith mae'r babi'n lân, tynna'r clwt budr a'i roi o'r neilltu am y tro.
- Defnyddia'r tywel i batio pen-ôl dy fabi'n sych, cyn agor clwt glân a'i lithro o dano, gyda'r tabiau Velcro yn pwyntio am allan o boptu'r cluniau.
- Os oes unrhyw gochni o amgylch y pen-ôl neu blygiadau'r croen, rho haen denau o eli brech clwt (dim gormod, serch hynny, gan fod hynny'n gallu achosi problemau ynddo'i hun).
- Plyga brif dafod y clwt i fyny at fotwm bol dy fabi, a chau'r ochrau fel eu bod yn ffitio'n gyfforddus am ei gorff (yn llyfn a ddim yn rhy dynn).

- Mae angen gofal mawr gyda bonyn y llinyn bogail os yw dal yn sownd. Er mwyn osgoi rhwbio poenus, plyga flaen y clwt i lawr cyn cau'r tabiau Velcro.
- Gwna'n siŵr fod tyllau coesau'r clytiau yn ddigon tynn i atal unrhyw ollyngiadau o gwmpas y cluniau. Os wyt ti'n defnyddio clytiau amldro, ailadrodda'r broses gyda'r haen sy'n dal dŵr (y gorchudd allanol), gan sicrhau ei fod yn ei le'n iawn i atal gollyngiadau.
- Gwiria unwaith eto am unrhyw ollyngiadau yn ystod y broses newid cyn gwisgo dillad dy fabi yn ôl amdano.

Patrol Pw

Fe all gymryd diwrnod neu ddau i dy fabi wneud ei pw cyntaf, ond pan mae'n digwydd, dyna beth yw profiad. Dros wythnosau cyntaf bywyd babi, mae'r pw yn newid lliw wrth i'r system dreulio ddechrau gweithio, felly paid â dychryn wrth ei weld.

- Fe ddylai pw cyntaf dy fabi fod yn sylwedd gludiog, tebyg i dar – bron yn ddu/gwyrdd tywyll iawn ei liw. Meconiwm yw'r enw arno pan fydd fel hyn. Dydy o ddim yn drewi ond mae angen cryn ymdrech i'w lanhau.
- Wrth i'r babi yfed mwy, fe fydd y meconiwm yn cael ei olchi o'r system a'r pw yn dod yn fwy rhedegog, gydag ansawdd gronynnog tebyg i fwstard. Fe fydd fel arfer yn dechrau'n wyrdd cyn troi'n fwy melyn. Unwaith eto, fydd yna fawr o arogl.
- Fe ddylai pw dy fabi wedyn setlo i fod yn lliw oren/brown golau, ond fe fydd y naws yn dibynnu ar sut mae'n cael ei fwydo. Yn gyffredinol, mae pw babanod sy'n cael eu bwydo ar y fron yn fwy rhedegog, ac mae pw babanod sy'n cael eu bwydo â llaeth fformiwla yn fwy cadarn a drewllyd.

GAIR I GALL

- Er y byddi di'n gallu dweud fel arfer pryd mae angen newid clwt, oherwydd yr arogl neu oherwydd bod y clwt yn teimlo'n llawn neu'n drwm, mae'n anodd gwybod i sicrwydd weithiau. Mae gan y rhan fwyaf o glytiau tafladwy linell i nodi gwlybaniaeth ar y tu blaen, sy'n newid lliw pan fydd y clytiau yn wlyb.
- Paid â gadael gormod o amser cyn newid clwt, neu fe fydd angen newid dillad y babi hefyd (sy'n golygu mwy o drafferth a mwy o olchi dillad).
- Paid byth â gadael dy fabi heb ei oruchwylio ar fat newid, rhag ofn iddo rolio oddi ar y mat a brifo.
- Mae gan y rhan fwyaf o festiau babi goler amlen, sy'n golygu bod modd eu gwisgo neu eu tynnu dros ben y babi neu dros ei ben-ôl – pa ffordd bynnag sy'n creu'r lleiaf o lanast.
- Er mwyn hwyluso newid, dewisa ddillad babi gyda sipiau neu stydiau cau, gan osgoi dillad gyda llawer o fotymau (sy'n hynod o drafferthus).

Y ddadl dros glytiau a chadachau amldro

O ystyried effaith amgylcheddol unigolion ar y blaned a faint o wastraff y mae teulu cyffredin yn ei greu, mae mwy a mwy o rieni heddiw yn osgoi clytiau a weipiau tafladwy ac yn troi at ddewisiadau amgen amldro.

Yn fyd-eang, bob munud, mae mwy na 300,000 o glytiau tafladwy yn cyrraedd safleoedd tirlenwi, yn cael eu llosgi neu'n diweddu eu hoes fel gwastraff amgylcheddol, gyda chlwt safonol yn cymryd tua 500 mlynedd i bydru, gan ryddhau nwyon tŷ gwydr niweidiol yn y broses.

Ar yr un pryd, mae weipiau tafladwy yn fwy a mwy o fygythiad amgylcheddol, gan hawlio lle yn y penawdau yn rheolaidd am flocio systemau carthffosiaeth a dyfrffyrdd ledled y byd. Mae clytiau a weipiau tafladwy hefyd yn defnyddio llawer mwy o ynni, deunyddiau a dŵr i'w creu na dewisiadau defnydd amgen, gan ychwanegu at eu hôl troed carbon.

Er bod clytiau a weipiau tafladwy bioddiraddadwy newydd a mwy gwyrdd ar gael i'w prynu bellach, dydyn nhw'n dal ddim mor gyfeillgar i'r amgylchedd â rhai amldro, a dydyn nhw chwaith ddim yn datrys problem gwastraff domestig cynyddol.

Ar y llaw arall, mae'n bosib defnyddio clytiau a chadachau defnydd cotwm a bambŵ dro ar ôl tro am flynyddoedd lawer. Oes, mae angen ynni a dŵr i'w golchi, ond mae hynny'n bitw o'i gymharu â'r adnoddau sydd eu hangen i wneud a chludo nwyddau tafladwy ledled y byd.

Gyda'u poblogrwydd ar gynnydd, mae clytiau defnydd hefyd yn rhatach i'w prynu, ac mae marchnad ail-law gynyddol ar gyfer y cynhyrchion hyn, sy'n dangos faint maen nhw'n cadw eu gwerth a'u defnyddioldeb yn y tymor hir.

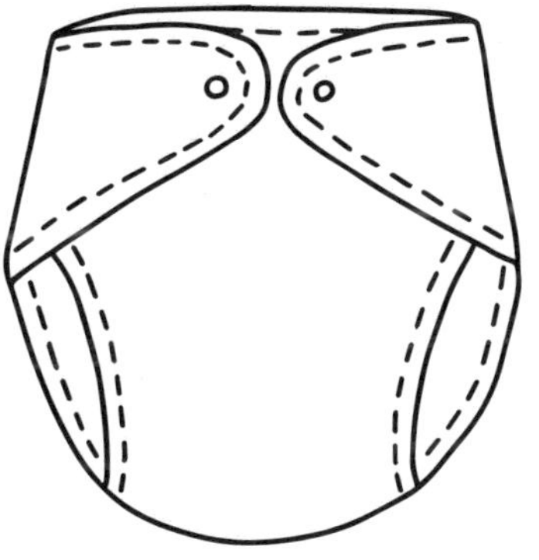

Ar ben hynny, pan fyddan nhw'n cael eu gwaredu yn y pen draw, maen nhw'n gwbl fioddiraddadwy, gan leihau i'r eithaf eu heffaith barhaol ar y blaned.

Dewis y clytiau amldro cywir

Mae yna lawer o wahanol fathau o glytiau defnydd ar gael, yn dibynnu ar eich dewis personol, ond maen nhw fel arfer yn perthyn i un o dri chategori:

System clytiau dwy ran – maen nhw'n edrych fel clytiau tafladwy ond wedi'u gwneud o gotwm neu fambŵ, gyda strapiau Velcro i'w dal yn eu lle. Mae wedyn yn cael ei orchuddio â haenen sy'n dal dŵr ar wahân i atal unrhyw ollyngiadau. Mae'n bosib prynu haenau cotwm ychwanegol i'w gosod yn y clytiau i amsugno mwy, er enghraifft, yn ystod cyfnodau hirach yn y nos.

Manteision	Anfanteision
• Hirhoedlog, dim ond angen newid un elfen fel maen nhw'n treulio • Y gorau am ddal pw (fel arfer, dim ond yn baeddu'r haen agosaf at ben-ôl y babi, yn hytrach na phob haen) • Fel arfer, clytiau fel hyn sy'n amsugno orau ac yn gollwng leiaf • Ar gael mewn gwahanol feintiau i sicrhau ffit dda	• Yr opsiwn mwyaf swmpus (angen estyniad i fest babi – petryal bach o gotwm gyda stydiau cau i roi mwy o le o gwmpas y pen-ôl) • Arafach yn sychu weithiau, yn dibynnu ar y math o ddefnydd • Fymryn yn arafach i'w wisgo oherwydd y lapio ar wahân • Drutach oherwydd yr angen i brynu'r gwahanol elfennau ar wahân

Clytiau poced – maen nhw'n dal dŵr ar y tu allan, gyda leinin cnu meddal ar y tu mewn. Mae haenau amsugnol wedyn yn cael eu gosod mewn "poced" rhwng yr haen allanol a'r leinin cnu i gynyddu faint o wlybaniaeth sy'n cael ei amsugno.

Manteision	Anfanteision
• Y clwt cyflymaf i'w newid • Yr hawsaf o ran gofal plant, maen nhw'n gweithio'n debyg i glytiau tafladwy • Y dewis teneuaf, yn aml, heb fod angen estyniad i'r fest	• Yn fwy tueddol o ollwng, amsugno llai na'r opsiynau eraill • Araf i sychu, yn dibynnu ar y math o ddefnydd • Os yw'r clwt yn cael ei ddifrodi neu'n cael ei orddefnyddio, mae angen y cyfan yn newydd, yn hytrach nag un elfen yn unig

Clytiau y-cyfan-mewn-un – mae'r clwt a'r rhannau lapio gyda'i gilydd mewn un darn, felly dim ond un eitem sydd angen ei olchi.

Manteision	Anfanteision
• Y clwt cyflymaf i'w newid • Yr hawsaf o ran gofal plant, maen nhw'n gweithio'n debyg i glytiau tafladwy • Y dewis teneuaf, yn aml, heb fod angen estyniad i'r fest	• Yn fwy tueddol o ollwng, amsugno llai na'r opsiynau eraill • Araf i sychu, yn dibynnu ar y math o ddefnydd • Os yw'r clwt yn cael ei ddifrodi neu'n cael ei orddefnyddio, mae angen y cyfan yn newydd, yn hytrach nag un elfen yn unig

Pa fath bynnag rydych chi'n ei ddewis, edrychwch ar yr opsiynau maint sydd ar gael. Mae'r rhan fwyaf o frandiau yn gwneud maint newydd-anedig ar gyfer babanod bach ac yna maint mwy gyda strapiau a stydiau cau clyfar sy'n addasu i ffitio babanod o dri i 18 mis, sy'n golygu na fydd angen i chi ddal i brynu meintiau mwy wrth i'r babi dyfu.

Y cyngor yw dechrau gyda thua 15 i 25 o glytiau amldro, gan olchi a sychu unrhyw glytiau budr dros nos fel eu bod yn barod i'w hychwanegu i'r rota fore trannoeth. Os gweli di dy fod ti'n rhedeg allan yn rheolaidd, pryna ychydig mwy nes bod gen ti'r nifer cywir ar gyfer anghenion dy fabi.

TADNODYN

Pan fyddi di'n dechrau defnyddio clytiau defnydd, dwi'n argymell prynu gwahanol fathau er mwyn penderfynu pa frand a dyluniad sy'n gweithio orau i ti a dy ffordd o fyw. Fe fydd gen ti dy ffefrynnau yn fuan iawn, a bydd modd i ti wario ar y rhai sy'n dy blesio di. Os yw'r buddsoddiad ariannol yn bryder, mae'n werth ystyried clytiau defnydd ail-law o ddifri – maen nhw fel arfer wedi cael gofal da gan berchnogion blaenorol, maen nhw fwy neu lai yn newydd sbon ac yn berffaith hylan ar ôl eu golchi. Mae hefyd yn bosib gwerthu'r clytiau unwaith fyddi di wedi gorffen gyda nhw, gan adennill ychydig o'r gwariant cychwynnol i'w prynu nhw.

Weipiau amldro

Sgwariau bach o dywel cotwm yw'r rhain i'w gwlychu mewn dŵr cyn sychu pen-ôl y babi. Maen nhw'n gyflym ac yn hawdd i'w defnyddio, ar yr aelwyd a thu hwnt, ac yn llawer mwy effeithiol na dewisiadau amgen tafladwy. Mae'n bosib prynu pecynnau arbennig, sy'n cynnwys blwch ffres ar gyfer y rhai glân a blwch budr ar gyfer hen gadachau, neu mae'n bosib creu eich cadachau eich hun drwy dorri hen dywel.

Cael trefn ar gornel newid gyda chlytiau a chadachau sychu amldro

Mae'n bosib defnyddio'r un drefn â'r un sy'n cael ei disgrifio ar dudalen 105, ond gydag ychydig bach o newidiadau:

- Yn lle clytiau tafladwy, fe fydd angen cyflenwad o glytiau defnydd amldro, wedi'u paratoi yn barod i'w defnyddio.
- Rho fag mawr sy'n dal dŵr, gyda sip i'w gau, ar ochr y bwrdd newid i gadw'r clytiau gwlyb yn barod i'w golchi yn nes ymlaen.
- Rho fwced gyda chaead wrth ymyl y bwrdd newid, a hwnnw'n hanner llawn o ddŵr ac ychydig o bowdr golchi neu godwr staen diogel i babi (er enghraifft, *Napisan*) i socian unrhyw glytiau budr. Fe fydd pw y babi yn hylifol nes iddo ddechrau diddyfnu, ac fe fydd yn golchi i ffwrdd yn hawdd ar ôl ei socian. Unwaith y bydd y pw wedi dechrau troi'n galetach, bydd angen i ti roi cymaint o'r pw â phosib yn y toiled cyn rhoi'r clwt yn y bwced socian.
- Mae'n syniad rhoi weipiau amldro mewn bocs wedi'i selio gyda rhywfaint o ddŵr fel bod gen ti gyflenwad cyson o gadachau llaith wrth law. Fel arall, fe fydd angen pentwr o gadachau sych a glân a phowlen o ddŵr wrth law, a gwlychu pob cadach cyn ei ddefnyddio.

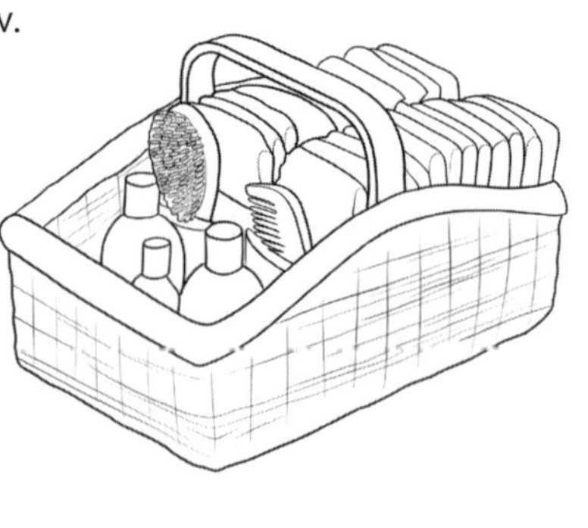

Golchi clytiau amldro

- Os wyt ti'n eu prynu yn newydd, y cyngor yw golchi'r holl elfennau mewn peiriant golchi dair gwaith (heb bowdr golchi) cyn eu defnyddio gyntaf, gan fod hyn yn eu gwneud yn fwy amsugnol.
- Wrth olchi clytiau a chadachau amldro, defnyddia bowdr golchi yn hytrach na glanedydd hylif neu gapsiwlau, a phaid â defnyddio cyflyrydd ffabrig gan fod hynny'n gallu amharu ar effeithiolrwydd y clwt.
- Golcha glytiau a chadachau budr mewn llwyth ar wahân (yn hytrach na gyda dillad eraill).
- Paid â gadael clytiau budr heb eu golchi am fwy na dau ddiwrnod – fel arall, mae'n anodd cael gwared ar y drewdod, hyd yn oed ar ôl eu golchi.
- Os yw dy beiriant golchi dillad yn caniatáu i ti wneud hynny, rho'r clytiau a'r cadachau ar olchiad rinsio yn gyntaf (dim ond dŵr, i'w socian yn dda) neu defnyddia'r dewis dŵr ychwanegol ar y peiriant cyn golchi popeth ar gylchred 40C (110F).
- Mae'r rhan fwyaf o staeniau yn diflannu wrth olchi, ond os oes yna rai ar ôl, rho'r eitemau allan yn yr haul i sychu – mae golau'r haul yn cannu'n naturiol, ffordd wych o gael gwared ar staeniau.
- Yn ddelfrydol, mae'n syniad hongian clytiau a chadachau i sychu yn hytrach na defnyddio sychwr dillad, er mwyn ymestyn oes eitemau amldro.

TADNODYN

Paid â bod ofn baeddu dy ddwylo – dydy pw babi ddim yn drewi fawr ddim, ac mae'n golchi'n hawdd yn y bwced socian. Dwi'n argymell rhwbio'r clytiau mwyaf budr gyda chadach amldro neu bapur tŷ bach i gael gwared ar y rhan fwyaf o'r pw cyn eu rhoi yn y peiriant golchi. Mae'n hawdd arllwys y dŵr budr i'r toilet. Os wyt ti'n poeni am gael pw yn y peiriant golchi, does dim angen i ti – mae'r cyfan yn golchi i ffwrdd yn y broses, ac mae'n hawdd i ti wirio a glanhau hidlydd y peiriant golchi unwaith y mis i fod yn siŵr.

Ymolchi dy fabi

Does dim angen bath dyddiol ar fabi newydd-anedig (mae dwy neu dair gwaith yr wythnos yn ddigon) ac mae'n hollol iawn aros ychydig ddyddiau cyn ei ymolchi am y tro cyntaf.

Mae'r rhan fwyaf o rieni yn dechrau gyda glanhau wyneb, dwylo a phen-ôl y babi gyda gwlân cotwm wedi'i drochi mewn dŵr cynnes. Tra bod bonyn y llinyn bogail yn dal yn ei le ac yn gwella, y cyngor yw peidio â'i wlychu, felly mae'r dull hwn yn rhoi mwy o reolaeth dros ble mae'r dŵr yn mynd.

Mantais arall i'r math hwn o olchi yw ei fod yn gyflym ac yn hawdd i'w wneud – gyda'r babi yn gorwedd ar dywel a mat newid – gan osgoi'r angen iddo fod yn noeth eiliad yn fwy nag sydd angen. Mae angen cofio bod babanod yn gallu oeri'n gyflym iawn, sy'n llawer mwy peryglus iddyn nhw na bod ychydig yn fudr, felly mae angen gwneud yn siŵr fod yr ystafell yn gynnes a bod clwt a dillad glân wrth law i'w gwisgo yn syth wedyn.

Mae hefyd yn bwysig defnyddio darn glân newydd o wlân cotwm wrth lanhau pob rhan o'r corff. A chofia, wrth lanhau pen-ôl y babi:

- Gyda merched, mae angen sychu o'r blaen i'r cefn bob tro, er mwyn osgoi lledaenu germau o'r pen-ôl i'r wain.
- Gyda bechgyn, mae angen sychu'n ysgafn o amgylch y ceilliau a'r pidyn, ond paid â thynnu'r blaengroen yn ôl i'w lanhau – does dim angen gwneud hyn nes maen nhw'n llawer hŷn.

Torri ewinedd dy fabi

Mae rhieni newydd bob amser yn synnu wrth weld pa mor gyflym mae ewinedd babi'n tyfu. Os nad ydych chi'n ofalus, fe fydd dy fabi yn crafu ei hun (fel arfer ar ei wyneb) yn anfwriadol. Er mwyn osgoi hyn, mae angen ffeilio ewinedd y babi gyda ffeil ewinedd yn rheolaidd. Mae siswrn arbennig a chlipwyr ewinedd ar gyfer babanod ar gael hefyd, er eu bod yn anodd i'w defnyddio (yn enwedig os oes gen ti fabi aflonydd), gan arwain at dorri mwy o'r ewin na'r bwriad neu, yn waeth fyth, torri bysedd dy fabi.

Gofalu am fonyn llinyn bogail dy fabi

Ar ôl i linyn bogail dy fabi gael ei dorri, fe fydd yn aros yn sownd i'w fotwm bol am wythnos neu ddwy. Yn ystod y cyfnod hwn, fe all waedu ychydig a dechrau drewi, ond fe fydd yn sychu, troi'n ddu ac yn disgyn i ffwrdd ymhen dim, gan gymryd wythnos arall wedyn i wella'n llawn. Wrth aros i'r broses naturiol hon ddigwydd, dyma ambell beth i'w gadw mewn cof:

- Mae'n normal i rywfaint o waed sych ymddangos y tu mewn i glwt dy fabi lle mae'r bonyn wedi rhwbio. Dydy hyn ddim yn mynd i achosi unrhyw boen i'r babi.
- Er bod ei gadw'n sych yn ei helpu i syrthio i ffwrdd yn gynt, paid â phoeni'n ormodol os yw'r bonyn yn gwlychu wrth i ti olchi'r babi. Y cyfan gelli di ei wneud yw ei sychu'n ofalus gyda thywel glân.
- Pan fydd y bonyn yn cwympo i ffwrdd, mae'n bosib y bydd yna ychydig o redlif gludiog ger y botwm bol. Fe elli di ei lanhau gyda gwlân cotwm a dŵr cynnes.

Bath cyntaf dy fabi

Unwaith rwyt ti a dy bartner yn teimlo'n barod i roi bath go iawn i'ch babi am y tro cyntaf, fe fydd angen gwneud un neu ddau o bethau cyn dechrau.

- Yn gyntaf, fe fydd angen penderfynu ble i ymolchi'r babi. Yr opsiwn gorau yw cael bath a stand arbennig, sy'n codi'r bath i lefel dy ganol, gan arbed dy gefn a'i gwneud hi'n haws gafael yn y babi a'i olchi'n ddiogel. Neu, mae'n bosib ei ymolchi yn y bath neu hyd yn oed mewn sinc lân.
- Mae angen dewis amser heb fod yn syth ar ôl bwydo pan fydd y babi'n effro ac yn hapus. Mae'n arfer da cael amser bath yn gynnar fin nos, er mwyn cyd-fynd ag unrhyw drefn amser gwely fydd yn cael ei chyflwyno yn y dyfodol (gweler tudalen 180).
- Gwna'n siŵr dy fod ti a dy bartner o gwmpas ar gyfer yr ychydig droeon cyntaf, o leiaf, gan fod cael pâr ychwanegol o ddwylo wrth law o hyd yn fuddiol.

- Gwiria'r tymheredd â dy benelin **cyn** rhoi'r babi yn y dŵr. Fe ddylai deimlo'r un tymheredd â dy groen.
- Gafaela yn dy fabi o dan ei geseiliau, gyda'i ben a'i ysgwyddau yn gorffwys ar dy fraich, a'i ostwng i'r dŵr. Fel arall, mae'n bosib prynu seddi bath pwrpasol ar gyfer babanod newydd-anedig i orwedd ynddyn nhw. Mae hynny'n cael gwared ar yr angen i afael yn y babi drwy gydol y dasg.
- Defnyddia dy law rydd i olchi dŵr dros ei gorff a sbwng meddal neu wlân cotwm ar gyfer glanhau'n fwy trylwyr, gan gofio defnyddio darn newydd o wlân cotwm ar gyfer pob rhan o'r corff. Yn ystod y mis cyntaf, does dim angen unrhyw gynnyrch – dim ond dŵr.
- Rho wlanen gynnes dros frest a bol dy fabi i'w gadw'n gynnes yn ystod yr ychydig droeon cyntaf.
- Gwlycha ei wallt a thylina groen ei ben rhyw ychydig, yn enwedig os oes crudgen (*cradle cap*) ganddo. Gwna hyn ar y diwedd fel nad yw'n oeri.
- Ar ôl ychydig funudau, coda'r babi'n ofalus allan o'r bath a'i sychu gyda thywel cynnes, gan gymryd gofal ychwanegol i sychu o dan ei wddf, ei freichiau a'i ben-ôl, o amgylch bonyn ei linyn bogail, a'r holl blygiadau croen, sy'n gallu bod yn boenus os nad ydyn nhw'n cael eu sychu'n iawn.

Beth yw crudgen?

Cyflwr croen diniwed yw crudgen sy'n ffurfio clytiau melyn neu wyn ar groen pen y babi. Er nad yw'r peth harddaf, dydy o ddim yn boenus nac yn cosi, ac mae fel arfer yn diflannu ar ei ben ei hun wrth i'r babi dyfu'n hŷn. Ond fe elli di helpu i'w wella drwy:

- Frwsio croen pen y babi'n ysgafn gyda brwsh gwallt meddal cyn iddo fynd i'r bath, a golchi ymaith unrhyw gen rhydd.
- Tylino eli meddalu croen neu olew cnau coco i groen pen y babi cyn amser gwely er mwyn iddo weithio tra mae'n cysgu. O wneud hyn bob dydd, fe ddylai'r crudgen glirio mewn wythnos neu ddwy.

Crio – canllaw datrys problemau

Er bod hwn yn amser anhygoel, dydy o ddim yn mynd i fod yn hawdd. Fe fydd yna golli dagrau, nid yn unig gan y babi, wrth i chi i gyd addasu i'r straen sy'n rhan annatod o fagu plant am y tro cyntaf. Y gyfrinach i leihau'r cyfnodau isel hyn yw deall beth sy'n eu hachosi, beth gallwch chi ei wneud i newid y sefyllfa ac at bwy i droi am help.

Pam mae fy mabi'n crio?

Yn ystod blwyddyn gyntaf bywyd dy fabi, ond yn enwedig yn ystod y chwe mis cyntaf, crio yw'r unig ffordd go iawn sydd ganddo i gyfathrebu. Dydy dagrau ddim o reidrwydd yn golygu ei fod yn drist, yn flin neu mewn poen. Gan amlaf, dyma ei ffordd o roi gwybod i ti a dy bartner bod arno eich angen chi, neu fod yna rywbeth o'i le.

Dros amser, fe fyddwch chi'n dechrau adnabod ystyr y gwahanol synau mae'n eu gwneud, y gwahanol grio pan mae'n llwglyd neu'n flinedig, neu'r rhochian pan mae'n flin neu eisiau sylw. Ond ar y dechrau, fe fydd angen bod yn dipyn o dditectif i ddatgelu achos ei sgrechian.

Yn ffodus, mae'r rheswm fod babi'n crio fel arfer yn perthyn i un o'r chwe chategori canlynol:

Gwirio a datrys

1. Gwlyb?

Oes angen newid ei glwt? Oes yna bi-pi neu pw yn y clwt neu yw'r clwt yn gollwng a bod hyn yn ei wneud yn anghyfforddus?

↓

2. Llwglyd?

Pryd oedd y tro diwethaf iddo gael bwyd? Os oes 1-2 awr wedi pasio ers iddo fwydo ddiwethaf, mae'n werth gweld a yw'r babi'n barod i fwydo ar y fron/cymryd potel.

↓

3. Wedi blino?

Yw hi'n bryd iddo gael cwsg bach? Os yw'r babi wedi bod yn effro am gyfnod, rho gynnig ar ei gael i gysgu arnat ti, yn y pram neu yn y cot.

↓

4. Ofnus/wedi gorgynhyrfu?

Beth sy'n digwydd o'i gwmpas? Os oes llawer o synau uchel, pobl newydd neu ysgogiad gweledol, mae'n syniad ei symud i rywle tawelach.

↓

5. Eisiau sylw?

Yw'r babi wedi cael ei adael ar ei ben ei hun am amser hir? Rho gynnig ar ei godi, darllen iddo neu chwarae gyda'ch gilydd ar fat chwarae.

↓

6. Mewn poen?

Oes yna unrhyw arwyddion ei fod yn sâl? Gwiria'i dymheredd, ceisia godi ei wynt, rhwbia ei fol neu ei gofleidio.

Mae'r pum categori cyntaf yn gymharol syml i'w hadnabod a'u cywiro yn weddol ddidrafferth. Rhif chwech yw'r un anodd. Mae cymaint o wahanol resymau pam y gallai dy fabi fod yn anghyfforddus neu mewn poen. Gad i ni ystyried y prif resymau:

- **Angen codi gwynt?** Mae'n bosib ei fod wedi llyncu gormod o aer wrth fwydo, ac na chafodd ei wynt ei godi'n llwyr ar y pryd. Rho'r babi yn y daliad ysgwydd a thapio'n gadarn neu rwbio cylchoedd ar ei gefn i weld a ddaw unrhyw beth allan.
- **Teimlo'n anghyfforddus neu'n rhwym?** Rho'r babi i orwedd ar ei gefn i weld a yw ei fol wedi chwyddo. Os wyt ti'n amau mai dyna sydd o'i le, rhwbia gylchoedd ar ei stumog neu gafaela yn ei goesau a'i

helpu i wneud ystum cyrcydu neu symudiadau pedlo beic, sy'n aml yn rhyddhau gwynt neu'n helpu'r babi i wneud pw.

- **Teimlo'n orlawn?** Edrycha i weld a yw ei drwyn yn llawn neu'n anwydog a gwranda'n ofalus ar ei anadlu am unrhyw sŵn ratlo. Defnyddia ddiferion halwynog i ryddhau ei drwyn a gosoda dryledwr neu leithydd gydag olew anwedd yn yr ystafell i'w helpu i anadlu'n haws. Os yw dy fabi'n cael trafferth anadlu, dos ag ef i'r ysbyty ar unwaith.
- **Dolur amlwg?** Edrycha am unrhyw grafiadau ar ei gorff (oherwydd bod ganddo ewinedd hir, efallai), croen sych a chlwyfus (ar y bochau, fel arfer) neu ddolur o amgylch ei ben-ôl neu blygiadau'r croen (h.y. brech clwt) a rho eli ar y mannau sy'n dioddef.

Ar gyfer babanod dros ddau fis oed yn unig:

- **Hel gwres**? Gwiria'i dymheredd gyda thermomedr digidol ac, os oes gwres, rho ychydig o barasetamol babanod iddo i leddfu twymyn a phoen cyn gwneud apwyntiad gyda'ch meddyg.
- **Torri dannedd**? Dydy hyn ddim fel arfer yn dechrau tan fod y babi tua chwe mis oed, ond fe all ddigwydd yn gynt. Golcha dy ddwylo a rho fys yng ngheg dy fabi i deimlo'r deintgig am unrhyw arwyddion o ddannedd yn torri trwodd. Os wyt ti'n meddwl mai dannedd sy'n achosi'r boen, rho ychydig o barasetamol hylif iddo a phryna gel torri dannedd i'w rwbio ar y deintgig.

TADNODYN

Os nad yw'r ymchwiliadau hyn yn taflu unrhyw oleuni ar y broblem, a bod dy fabi'n dal i grio, mae'n bosib ei fod yn dioddef o golig neu adlif (gweler tudalen 146) neu fod yna rywbeth mwy difrifol o'i le a bod angen cymorth meddygol. Os wyt ti'n poeni, ffonia dy feddyg teulu er mwyn trefnu bod gweithiwr proffesiynol yn archwilio dy blentyn.

Pam mae fy mhartner yn crio? Y felan a mwy

Mae'r cyfnod babi newydd yn gyfnod emosiynol tu hwnt i bob mam newydd. Mewn sawl ffordd, mae'n gyfnod sy'n fwy dwys a blinderus na'i beichiogrwydd hyd yn oed. Wrth gwrs, fe fydd yna gyfnodau o hapusrwydd eithafol, ond fe fydd y rhain yn cael eu cydbwyso gyda chyfnodau isel anochel wrth iddi fynd i'r afael â'i rôl newydd.

Mae dagrau yn gyffredin, yn enwedig yn ystod y dyddiau cynnar ar ôl geni ac ar ôl i wythnosau o ddiffyg cwsg gyrraedd penllanw. Mae pob cyfiawnhad i'r dagrau o lawenydd, tristwch, dryswch, unigrwydd, gorbryder a blinder o dan yr amgylchiadau, sy'n cael eu porthi gan anghydbwysedd hormonaidd a ffactorau eraill y tu hwnt i'w rheolaeth. Os wyt ti'n gallu sicrhau absenoldeb tadolaeth o dy swydd, ceisia gymryd cymaint o ddyddiau neu wythnosau ag y medri di. Fe fydd dy gefnogaeth di'n hollbwysig i'w helpu i ymdopi â'r cyfnod heriol hwn.

Er bod profiad pob mam yn wahanol, fe fydd bron pob mam newydd yn profi'r felan, neu'r 'baby blues' fel maen nhw'n cael eu galw, yn y dyddiau ar ôl geni. Y gred yw ei fod yn cael ei achosi gan y newidiadau cemegol a hormonaidd sydyn sy'n digwydd yng nghorff y fam ar ôl geni, sy'n aml yn cael ei sbarduno o gwmpas yr amser mae hi'n dechrau cynhyrchu llaeth. Fe all y felan beri i dy bartner deimlo'n gymharol isel neu'n isel iawn ei hwyliau ar adeg y gallai ddisgwyl teimlo'n hollol wahanol.

Mae'r arwyddion cyffredin bod dy bartner yn profi'r felan yn cynnwys:

- Teimlo'n arbennig o emosiynol, pigog neu sensitif.
- Crio heb reswm amlwg.
- Teimlo'n arbennig o bryderus, yn aflonydd ac yn amau ei hun.

Drwy wybod beth i gadw llygad amdano, fe elli di fod wrth law i gynnig cefnogaeth emosiynol a chorfforol ychwanegol yn ystod y cyfnod hwn, gan ei sicrhau bod yr hyn mae'n ei deimlo yn hollol normal. Mae'r felan fel arfer yn cilio ar ei ben ei hun ar ôl ychydig ddyddiau, ac fe ddylai ei hwyliau cyffredinol wella ar ôl hynny.

Ond mae'n bwysig peidio â drysu rhwng y felan ac iselder ôl-enedigol, cyflwr llawer mwy difrifol sy'n effeithio ar tua un o bob deg mam newydd.

Er bod y felan yn taro'n gyson ar yr un pryd i'r rhan fwyaf o famau, mae iselder ôl-enedigol yn gallu ymddangos ar unrhyw adeg yn ystod blwyddyn gyntaf oes y babi, gan ddatblygu'n raddol neu daro'n sydyn a dirybudd.

Beth yw arwyddion iselder ôl-enedigol?

Dydy symptomau iselder ôl-enedigol ddim yn annhebyg i symptomau'r felan, ond maen nhw'n fwy difrifol ar y cyfan, yn para llawer hirach ac fe fydd angen cymorth arbenigol i'w datrys fel arfer. Yn yr achosion gwaethaf, fe all iselder ôl-enedigol atal rhieni newydd rhag byw bywyd normal, gan beri iddyn nhw deimlo'n analluog i ofalu amdanyn nhw'u hunain neu am y babi.

Mae'n bwysig nodi nad yw iselder ôl-enedigol yn edrych yr un fath i bawb, ac fe all effeithio ar dadau hefyd. Dydy hynny ddim yn dy wneud yn rhiant gwael neu'n berson gwael. Dydy o chwaith ddim yn golygu nad wyt ti'n caru dy fabi. Anghydbwysedd cemegol sydd wrth wraidd y cyflwr, nid dewis, ac yn aml mae'n anodd i'r sawl sy'n dioddef ei adnabod.

Mae symptomau cyffredin i gadw llygad amdanyn nhw yn cynnwys:

- Methu stopio crio, a chyfnodau hir o deimlo anallu i ymdopi.
- Colli diddordeb mewn pethau a fyddai fel arfer yn rhoi mwynhad ac osgoi unrhyw ryngweithio cymdeithasol.
- Methu canolbwyntio a cholli cof yn rheolaidd.
- Blinder eithafol, ond yn methu cysgu pan ddaw'r cyfle.
- Gorbryder gormodol am y babi a theimlad cyffredinol o anobaith.
- Colli archwaeth a cholli diddordeb mewn hunan-ofal.

Os wyt ti'n poeni dy fod ti neu dy bartner yn arddangos arwyddion o iselder, coda'r pwnc gyda meddyg, bydwraig neu ymwelydd iechyd. Paid â dioddef yn dawel. Mae help wrth law bob amser, ac mae'r rhan fwyaf o bobl yn gwella'n llwyr gyda'r gefnogaeth gywir.

Sut gelli di helpu

Beth bynnag mae dy bartner yn ei brofi, mae yna bob amser ffordd ragweithiol y medri di helpu i leddfu ei phryderon a dangos dy fod ti'n malio amdani. Gad i ni edrych ar rai o'r sbardunau mwyaf cyffredin sy'n effeithio ar hwyliau mam newydd yn ystod blwyddyn gyntaf magu plant a'r hyn y gall tadau ei wneud i helpu:

Diffyg cwsg

Mae amserlen bwydo, newid a chysgu diderfyn babi yn flinderus, yn enwedig i famau sy'n bwydo ar y fron. Anoga dy bartner i fynd i'r gwely cyn gynted ag y bydd eich babi'n cysgu gyda'r nos a chymer dy dro i newid a setlo'r babi ar ôl bwydo yn ystod y nos. Os wyt ti hefyd yn gallu rhoi potel i'r babi yn ystod un o'i sesiynau bwydo yn ystod y nos, does yna ddim ffordd well i ti helpu dy bartner na rhoi cyfle iddi gael cyfnod o gwsg o safon.

Poenau ôl-esgor

Er bod y geni drosodd, fe gall ôl-boenau mam newydd fod yn ddifrifol, hyd yn oed yn wanychol, wrth i'w chroth gywasgu. Os yw hi wedi cael genedigaeth drwy'r wain, wedi profi rhwyg neu wedi cael llawdriniaeth, fe fydd hi mewn poen wrth i'w chorff wella. Fe all bwydo ar y fron fod yn brofiad poenus hyd yn oed, ac fe allai deimlo saethau poenus os nad yw'r babi wedi cydio ar y fron yn iawn, gan arwain at dethi toredig, dolurus a gwaedlyd. Hwyrach y gall cofio cymryd meddyginiaeth lladd poen fod yn anodd yng nghyffro niwlog y cyfnod wedi'r geni, felly beth am i ti ysgwyddo'r baich hwnnw a rhoi unrhyw feddyginiaeth y dylai hi ei chymryd iddi, ddydd a nos.

Teimlo fel buwch odro

Er mor anhygoel yw bwydo ar y fron i greu cwlwm rhwng mam a'i babi, fe fydd mam newydd yn aml yn teimlo ei bod wedi troi'n fuwch odro sydd ar waith 24/7. Os yw hi hefyd yn pwmpio llaeth y fron ar ôl bwydo i'w storio ar gyfer bwydo maes o law, fe fydd hyn yn ychwanegu at yr amser y bydd hi'n gorfod ei neilltuo i gynhyrchu llaeth bob dydd. Gwna'n siŵr ei bod hi'n gwneud yn fawr o'i hamser gorffwys ac adfer drwy ddod â'ch babi ati ar gyfer ei fwydo. Hefyd, ysgwydda'r cyfrifoldeb am ddiheintio'r offer pwmpio, ac am arllwys a storio'r llaeth gwerthfawr mor aml ag y medri di.

Gorlethu

Fel pe na bai'r pwysau o gadw person bach arall yn fyw yn ddigon, fe fydd dy bartner hefyd yn meddwl am y cant a mil o bethau eraill ar ei rhestr o bethau i'w gwneud, wrth ddelio â llif bron yn gyson o alwadau, negeseuon testun, anrhegion a cheisiadau i gael galw i weld y babi gan deulu a ffrindiau, a'r pwysau posib o ymateb iddyn nhw. Tra'ch bod chi'ch dau yn dal i setlo i fywyd gyda'ch babi, cofia ysgwyddo'r cyfrifoldeb am y rhestr o bethau i'w gwneud a gwna dy orau i ddelio â mwy o'r gwaith gweinyddol sy'n gysylltiedig â'ch babi bach dy hun.

Teimlo'n hunan-ymwybodol

Mae beichiogrwydd a geni yn lladdfa gorfforol i unrhyw fenyw, gyda'r ôl-effeithiau yn hollbresennol ac amlwg (iddi hi o leiaf) am fisoedd i ddod. Mae'n bosib iawn y bydd hi'n dal i gario ychydig o'r pwysau babi, yn byw gyda chreithiau gweladwy, gormod o groen, cyhyrau wedi nychu, gwendid yn llawr y pelfis ac y bydd yn colli peth o'i gwallt, ac fe allai hynny i gyd gael cryn effaith ar ei hunan-werth. Mwya'n byd o sicrwydd, dealltwriaeth ac anwyldeb y bydd di'n eu dangos i dy bartner, a mwya'n byd o amser y gelli di ei roi iddi ar gyfer ei hunanofal, cyflyma'n byd y bydd hi'n atgyfnerthu ac yn adfer wedi'r esgor a chyflyma'n byd y daw ei hunanhyder yn ei ôl.

Unigrwydd

Ar ôl y cyffro cychwynnol am y newydd-ddyfodiad, fe fydd y llif cyson o ymwelwyr a galwadau dyddiol yn gostwng yn raddol, ac yn eu lle fe fyddi di'n wynebu'r realiti o ofalu am eich babi 24 awr y dydd, saith diwrnod yr wythnos. Os wyt ti'n dychwelyd i'r gwaith tra bod dy bartner yn aros gartref gyda'ch babi, mae hynny'n arbennig o debygol o sbarduno teimladau o unigrwydd. Os na fedri di fod yno'n gorfforol, gwna'n siŵr dy fod ti'n cysylltu'n rheolaidd drwy ffonio neu decstio drwy gydol y dydd a chofia gynnig ymgymryd â'r dyletswyddau magu pan fyddi di nôl adref. Trefna gymorth cartref, os gelli di, naill ai drwy dalu amdano neu drwy ofyn i berthynas roi help llaw, er mwyn gwneud yn siŵr bod dy bartner yn cael help ychwanegol (os yw hi eisiau hynny).

Teimlo diffyg gwerthfawrogiad

Fe fydd dy bartner yn gweithio oriau hir a di-baid bob dydd, ac os nad wyt ti'n gwneud yr ymdrech i ddiolch iddi a dangos dy werthfawrogiad am bopeth mae hi wedi bod drwyddo (ac yn dal i fynd drwyddo), does neb arall yn mynd i wneud. Does dim angen anrhegion i wneud hynny. Fe all geiriau caredig, nodyn ystyriol, cynnig ei thylino, tusw o flodau ffres neu ddim ond cusan a choflaid fynd yn bell.

Pam ydw i'n crio?!

Fel tadau modern, rydyn ni'n chwarae mwy o ran wrth fagu ein plant a chefnogi ein partneriaid drwy feichiogrwydd, geni a bod yn rhieni nag unrhyw genhedlaeth o'n blaen. Mae ein rhestrau pryderon yn hirach. Mae ein baich gwaith yn drymach. Ac mae disgwyliadau ein partneriaid a'r pwysau rydyn ni'n ei roi ar ein hunain yn enfawr.

Yn union fel ein partneriaid, rydyn ni'n troelli platiau di-ri, yn gwneud popeth gallwn ni i wneud yn siŵr nad oes unrhyw un ohonyn nhw'n disgyn a chwalu'n deilchion. Mae ceisio cadw cydbwysedd rhwng gyrfa a pherthnasoedd, a bod yn dadau brwd ac ymarferol ar yr un pryd, yn gofyn am egni, amynedd, ymdrech a stamina. Gyda chymaint o gyfrifoldebau ychwanegol ar ein hysgwyddau, mae'n hawdd i ni deimlo ein bod ni'n cael ein gorlethu.

Os wyt ti'n teimlo fel hyn, dwyt ti ddim ar dy ben dy hun. Mae nifer y dynion sy'n dioddef iselder yn ystod eu blwyddyn gyntaf fel tadau ddwywaith yr hyn ydyw i'r boblogaeth yn gyffredinol, ac mae tadau am y tro cyntaf yn sylweddol fwy tebygol o ddioddef iselder ôl-enedigol na thadau mwy profiadol sydd â sawl plentyn. Oherwydd mae bod yn dad yn yr oes sydd ohoni yn anodd. Fel dynion, dydyn ni ddim bob amser yn rhai da am holi am help neu gyfaddef pan fyddwn ni'n cael trafferth.

Ond, yn union fel rwyt ti'n gofalu am dy bartner, mae'n rhaid i ti wneud amser i ofalu amdanat ti dy hun. Os wyt ti'n gweithio hyd at yr asgwrn, yn aberthu cwsg, yn mynd yn sâl, yn dioddef iselder neu ludded, fe fydd dy gorff yn dweud dyna ddigon, a fyddi di'n dda i ddim i neb.

Mae hwn yn bwynt mor sylfaenol fel fy mod i wedi neilltuo pennod gyfan ar ei gyfer. Mae Pennod 10 yn llawn gwybodaeth am sut i ofalu am dy feddwl, dy gorff a dy berthynas wrth ymgymryd â dy rôl newydd fel tad. Mae hefyd yn cynnwys cyngor ynglŷn â lle i droi am help, os bydd byth ei angen arnat.

Creu cwlwm gyda dy fabi

Er dy fod ti'n disgwyl teimlo cysylltiad â dy fabi ar unwaith, dydy hynny ddim bob amser yn wir. Fe all gymryd peth amser i dad a babi ddatblygu cwlwm agos ... a does dim byd yn bod ar hynny. Mae'n bosib dy fod ti'n dal i brosesu gwallgofrwydd y geni a'r hyn welaist ti dy bartner yn ei brofi. Neu efallai bod angen ychydig o amser arnat i ddeall dy rôl a dy gyfrifoldebau newydd. Beth bynnag yw dy sefyllfa, mae yna lawer o bethau y gelli di eu gwneud i ddechrau creu cwlwm agosach â'r un bach.

Mae cyswllt corfforol yn allweddol

- Mae cyswllt croen-wrth-groen yn llesol i ti ac yn tawelu dy fabi, wrth iddo deimlo cynhesrwydd dy gorff a chael ei leddfu gan guriad dy galon. Fe fydd cario'r babi o gwmpas mewn sling neu gludwr babi yn cael effaith debyg ac mae hefyd yn wych ar gyfer creu cwlwm.
- Does dim byd tebyg i arogl pen babi newydd, felly dalia'n dynn ynddo ac anadla'n ddwfn.
- Wrth iddo fynd i gysgu, mwytha ei ben, ei foch neu ei law yn ysgafn i'w helpu i ymlacio a theimlo'n ddiogel. Unwaith mae'n cysgu, gwranda am y gwichian bach mae'n wneud yn ei gwsg – does dim sŵn gwell yn y byd.

Manteisio ar gyfnodau effro

- Rhwng cyfnodau o gwsg, mae'n bosib y bydd dy fabi'n effro am ryw awr, felly defnyddia'r cyfnodau hynny i ennyn ei ddiddordeb.
- Dalia dy fys iddo gael gafael ynddo. Mae'n foment arbennig na fyddi di byth yn ei hanghofio.
- Er y gall newid clytiau a bwydo o botel ymddangos fel gwaith beichus, mae'n gyfle gwych i greu cwlwm wrth i ti fod yn gyfrifol am ei ofal.
- Paid â theimlo cywilydd i gael sgwrs, canu cân neu wneud wynebau gwirion i weld a yw dy fabi yn ymateb i ti. Fydd hi ddim yn hir cyn i dy fabi ddechrau gwenu a chwerthin arnat ti, sy'n sicr o doddi dy galon (os nad yw dy galon di eisoes wedi toddi).

Gwneud y gorau o absenoldeb rhiant

Os wyt ti'n ddigon ffodus i gael absenoldeb rhiant drwy'r gwaith (gan gofio nad yw hyd yn oed yn cael ei gynnig mewn llawer o wledydd), manteisia ar y cyfle i'r eithaf. Dyma gyfle i ti fod yno ar gyfer dy deulu ar ddechrau'r bennod newydd gyffrous hon yn eich bywydau.

Er y gallai cydweithwyr (y rhai hŷn, fel arfer) dynnu dy goes mai gwyliau yw e, a holi a wnest ti fwynhau dy "seibiant" pan fyddi di'n mynd yn ôl i'r gwaith, gad i fi ddweud hyn ... y peth olaf yw absenoldeb tadolaeth yw gwyliau. Fe fyddi di'n gweithio'n galetach nag erioed, yn dysgu sgiliau newydd bob dydd, ac yn gorfod gwneud hynny heb fawr ddim cwsg. Ond er mor flinedig fyddi di, wnei di ddim difaru'r un eiliad.

Dy amser i ddisgleirio

Er i ti fod ar y cyrion i raddau helaeth yn ystod y beichiogrwydd a'r geni, dyma dy gyfle o'r diwedd i faeddu dy ddwylo a mynd i'r afael â rôl wirioneddol ymarferol. Dy brif ddyletswydd yn ystod dy absenoldeb rhiant yw gofalu am dy bartner a'ch babi newydd, gan bwyso ar yr holl sgiliau newydd a'r gefnogaeth ymarferol rwyt ti wedi dysgu amdanyn nhw hyd yn hyn a'u rhoi ar waith.

Ond mae llawer mwy ar dy restr o bethau i'w gwneud na dim ond gofalu amdanyn nhw. Yn ystod absenoldeb rhiant, fe fydd angen i ti fod yn gogydd, yn siopwr personol, yn lanhawr, yn nyrs, yn gynorthwyydd gweinyddol ac yn geidwad y porth – i enwi dim ond rhai o dy rolau. Felly anadla'n ddwfn, torcha dy lewys a dos ati i wneud pob tasg gyda phositifrwydd, penderfyniad a balchder. Mae popeth rwyt ti'n ei wneud er mwyn dy deulu newydd a does dim byd yn fwy o sbardun na hynny.

I dy helpu di drwyddi, dyma ambell air o gyngor (effeithiol iawn, o brofiad personol), sy'n sicr o leddfu ychydig o straen ar yr adeg brysur hon:

- Ceisia adael y tŷ am o leiaf hanner awr bob dydd, ar dy ben dy hun, fel teulu neu gyda'r babi (i roi seibiant bach i dy bartner). Fe fydd ychydig o ymarfer corff ac awyr iach yn llesol i bawb.

- Paid â bod ofn gofyn am help llaw. Mae pawb yn hoffi bod yn ddefnyddiol ac, ar ôl i'ch babi gael ei eni, fe fyddi di'n clywed pob math o amrywiad ar y geiriau "Os oes unrhyw beth y medra i ei wneud, rho wybod i fi." Wrth i'r babi dyfu'n fwy, fe fydd y cynigion hynny'n diflannu'n gyflym, felly manteisia arnyn nhw tra gelli di. Gofynna i ffrindiau a pherthnasau goginio prydau ar gyfer y rhewgell, mynd i'r archfarchnad ar dy ran di neu fynd â'r ci am dro. Unrhyw beth sy'n rhoi cyfle i ti orffwys neu dreulio amser gyda dy fabi.

- Gwna restr siopa cyn mynd i'r archfarchnad a thynnu llun o gynnwys yr oergell, fel bod gen ti atgof gweledol o'r hyn sydd angen ei brynu. Fe fydd hyn yn arbed amser ac arian, rhag ofn i ti brynu pethau diangen pan nad yw dy ymennydd blinedig yn canolbwyntio'n llawn.
- Mae delio gydag ymwelwyr cyson yn flinedig, felly trafoda gyda dy bartner pwy sy'n cael y flaenoriaeth o ran yr ymweliadau cyntaf hynny. Rho dy droed i lawr gyda'r detholedig rai, a dwed wrthyn nhw pryd i ddod ac am faint maen nhw'n cael aros. A phaid byth ag ofni dweud "na", "ddim eto", neu ofyn i bobl adael er mwyn i ti gael gorffwys.
- Mae angen i unrhyw un sy'n galw gadw at reolau sylfaenol neu olchi eu dwylo wrth gyrraedd o leiaf.
- Os nad wyt ti'n gyfarwydd â nhw eisoes, dysga beth mae'r gwahanol symbolau yn ei olygu ar labeli dillad er mwyn i ti allu golchi dillad yn hyderus (mae yna siart defnyddiol ar y dudalen nesaf).

SYMBOLAU GOLCHI DILLAD

GOLCH PEIRIANT ARFEROL	GOLCH PEIRIANT OER	GOLCH PEIRIANT CYNNES	GOLCH PEIRIANT POETH 50C/120F	GOLCH PEIRIANT POETH 60C/140F	GOLCH PEIRIANT POETH 70C/160F
GOLCH PEIRIANT POETH 90C/200F	GOLCH PEIRIANT PRÈS PARHAOL	GOLCH PEIRIANT YSGAFN	GOLCHI Â LLAW ARFEROL	CANNU YN ÔL YR ANGEN	CANNU DI-GLORIN YN ÔL YR ANGEN
PEIDIWCH Â'I GANNU	I'W SYCHLANHAU	PEIDIWCH Â'I SYCHLANHAU	PEIDIWCH Â'I SYCHU	HONGIAN I SYCHU	SYCHU MEWN CYSGOD
SYCHU'N FFLAT	DRIPSYCHU	SYCHU MEWN PEIRIANT ARFEROL	SYCHU MEWN PEIRIANT ARFEROL GWRES ISEL	SYCHU MEWN PEIRIANT ARFEROL GWRES CANOLIG	SYCHU MEWN PEIRIANT ARFEROL GWRES UCHEL
SYCHU MEWN PEIRIANT ARFEROL DIM GWRES	SYCHU MEWN PEIRIANT PRÈS PARHAOL	SYCHU YSGAFN MEWN PEIRIANT DIM GWRES	PEIDIWCH Â'I SYCHU MEWN PEIRIANT	PEIDIWCH Â'I SYCHU	PEIDIWCH Â'I DROWASGU
PEIDIWCH Â'I SMWDDIO	SMWDDIO, STEMIO NEU SYCHU UNRHYW DYMHEREDD	SMWDDIO GWRES ISEL	SMWDDIO GWRES CANOLIG	SMWDDIO GWRES UCHEL	PEIDIWCH Â'I STEMIO

Dychwelyd i'r gwaith (ai peidio)

Pan ddaw'r amser i ti ddychwelyd i'r gwaith ar ôl absenoldeb rhiant (os wyt ti'n penderfynu gwneud hynny o gwbl), mae angen i ti gofio ei fod yn amser arbennig o emosiynol i dy bartner, ac o bosib i ti hefyd.

Dros y dyddiau a'r wythnosau diwethaf, rydych chi'ch dau wedi bod yn dîm agos, yn gefn i'ch gilydd ac yn rhannu llwyth gwaith eich babi newydd. Ond nawr nad wyt ti ar yr aelwyd – am ran helaeth o'r dydd o leiaf – mae'n naturiol i dy bartner deimlo'n bryderus a phoeni sut bydd hi'n ymdopi â phopeth ar ei phen ei hun.

Er mwyn i'r newid fod mor rhwydd a di-bryder â phosib, rho gynnig ar y canlynol:

Paratoi – cyn dy ddiwrnod cyntaf yn ôl, gwna'n siŵr fod yr oergell yn llawn, unrhyw ddillad budr wedi eu golchi a'r tŷ yn lân, fel bod llai o dasgau ychwanegol i dy bartner eu gwneud yn ystod yr wythnos gyntaf ar ei phen ei hun.

Trefna ychydig o gymorth ychwanegol – os yw dy bartner yn poeni am gael ei gadael ar ei phen ei hun gyda'r babi, ceisia drefnu bod nain neu daid, ffrind agos neu nyrs mamolaeth (neu famaeth) yn dod i aros am ychydig ddyddiau neu'n galw heibio i gynnig rhywfaint o gymorth ychwanegol pan nad wyt ti ar gael.

Bore da, bore gwell – cyn i ti adael am y gwaith bob dydd, ceisia wneud rhywbeth ystyriol ar dy ffordd drwy'r drws.

Croeso cynnes – os wyt ti'n mynd i fod yn hwyr yn cyrraedd adref, rho ddigon o rybudd i dy bartner fel ei bod hi'n barod am hynny. Mae'n syniad dod â rhywbeth blasus adref i swper fel nad oes angen coginio, ac ymgymryd ag unrhyw ddyletswyddau babi cyn gynted ag y byddi di'n cerdded i mewn drwy'r drws.

GAIR I GALL

Os wyt ti'n cael dy dalu i weithio amser llawn y tu allan i'r cartref a dy bartner yn gweithio amser llawn gartref yn magu dy fabi, ystyria'r canlynol:

- Mae angen i ti edrych ar bethau fel hyn: mae gan y ddau ohonoch chi ddwy swydd wahanol, y swydd sy'n talu cyflog (yn gwneud beth bynnag wyt ti'n ei wneud i ennill incwm i'r teulu) a swydd ddi-dâl dy bartner (sy'n canolbwyntio ar ofal plant a gwaith o gwmpas y tŷ). Mae'r ddwy swydd yr un mor bwysig, yn waith dydd Llun i ddydd Gwener, gyda'r un oriau gwaith. Pan fyddwch chi'ch dau gartref yn y bore, gyda'r nos ac ar benwythnosau, mae gofal plant a gwaith tŷ yn waith tîm, yn fater o rannu dyletswyddau. Dydy'r ffaith fod un rhiant yn gweithio y tu allan i'r cartref ac yn derbyn cyflog ddim yn golygu bod y rhiant sy'n aros gartref yn gorfod gweithio 24/7.
- Mae'n bwysig ymateb i alwadau a negeseuon o gartref yn ystod y diwrnod gwaith, fel nad yw dy bartner yn teimlo dy fod ti wedi ei hanghofio hi neu nad wyt ti'n gefn iddi. Os nad wyt ti'n clywed ganddi, cofia gysylltu'n rheolaidd.
- Os yw dy bartner yn sâl, ceisia ddod o hyd i rywun i helpu gyda'r babi, neu'n well fyth, gofynna am absenoldeb salwch neu absenoldeb tosturiol nes ei bod hi'n gwella. Os nad wyt ti'n mynd i'r gwaith pan wyt ti'n sâl, does dim disgwyl iddi hithau wneud hynny chwaith.
- Fe fyddi di eisiau cael hwyl gyda dy fabi pan fyddi di'n cyrraedd adref o'r gwaith, ond paid â'i gyffroi yn ormodol – mae angen amgylchedd tawel ar y babi cyn mynd i gysgu.
- Paid â disgwyl diolch am helpu'n ymarferol – mae dy bartner wedi treulio'r diwrnod cyfan gartref heb unrhyw gydnabyddiaeth am ei gwaith caled, felly mae'n bosib nad dy ganmol di yw'r peth cyntaf ar ei meddwl. Os wyt ti'n dangos diolchgarwch bob dydd, rwyt ti'n fwy tebygol o'i gael yn ôl.

Yn y pen draw, paid â difaru blaenoriaethu gwaith dros dy deulu yn ystod y blynyddoedd cynnar ffurfiannol hyn. Er dy fod ti'n caru dy swydd, does dim gyrfa ar y blaned sy'n fwy gwerth chweil, yn fwy cadarnhaol nac yn fwy pwysig na bod yn dad.

Ffordd arall – profiadau tad sy'n aros gartref (Stori Gavin)

Pan oedd fy ngwraig yn disgwyl ein plentyn cyntaf, mi wnaethon ni drafod mod i'n gwneud y gwaith o fod yn dad sy'n aros gartref. Fe wnaethon ni bwyso a mesur ein cyflogau unigol, ac mi oedd hi'n amlwg yn fuan iawn y byddai'r rhan fwya' o 'nghyflog i'n mynd yn syth i boced rhywun arall, i dalu am ofal ein merch. Doedd hynny ddim yn gwneud unrhyw synnwyr i fi, felly dyma benderfynu mai fi fyddai'n cyflawni'r rôl ofalu amser llawn. Beth allai fynd o'i le?

Mae elfen o risg wedi bod ynghlwm wrth bopeth dwi wedi'i wneud erioed. Anaml iawn y bydda i'n dilyn y llwybr hawdd. A dweud y gwir, mi allech chi ddweud bod fy mywyd i wedi bod yn dipyn o baradocs. Dwi'n gyn-ddawnsiwr bale sy'n chwarae ac yn dysgu gitâr roc 'blues'. Dyn sy'n mwynhau glanhau bron cymaint ag y mae'n mwynhau reidio beiciau modur cyflym. Person efo egni diderfyn, rhywun sydd byth yn eistedd i lawr nac yn gorffwys am funud, ond sydd yn dioddef o glefyd cynhenid y galon ac wedi cael llawdriniaeth ar y galon ddwywaith. Rhywun hyblyg sy'n ceisio ymateb ac addasu i beth bynnag sy'n digwydd, ond rhywun sydd hefyd yn mynnu gafael yn dynn iawn yn yr awenau.

Dwi'n credu mai'r gallu yma i addasu sy'n golygu bod magu plant llawn amser yn gweithio i fi.

Mae bod yn dad sy'n aros gartref yn golygu bod yn bob dim i bawb, drwy'r amser. Mae hyblygrwydd a rhyddid i'r rôl, yn wahanol i unrhyw swydd yr ydw i wedi'i gwneud erioed. Dwi'n gallu pennu fy rheolau fy hun, eu newid a'u hailddiffinio i weddu i'm diddordebau naturiol, paradocsaidd a fy safbwyntiau personol ar fywyd.

Yr agwedd anoddaf yw mygu'r ysfa wrywaidd gynhenid i fod eisiau rheoli a datrys popeth. Fel rhiant amser llawn, mae hon yn dasg bron yn amhosib. Un funud, rwyt ti'n meddwl dy fod ti wedi llwyddo i sefydlu rhyw fath o drefn neu arfer, a'r funud nesaf mae popeth yn cael ei droi ben i waered gan ryw dro annisgwyl. Mae'r gallu i addasu yn hanfodol.

Mae hefyd angen i ti ymrwymo'n llwyr i'r rôl. Mi wnes i sylweddoli hynny wrth edrych ar lun o'n merch yn y groth ar ôl y sgan uwchsain cyntaf. Mi wawriodd arna i fod fy mywyd yn mynd i ymwneud yn llwyr â rhywun arall, a hynny am y tro cyntaf erioed. Fyddwn i ddim yn gallu datrys neu reoli popeth fel y mynnwn i. Fy ngwaith i oedd bod yno iddi hi, i'w harwain pan fyddai'n dechrau bwyta, cerdded, cwympo, rhannu teganau, ffraeo efo ffrindiau neu'r myrdd o heriau eraill a fyddai'n dod i'w rhan yn ystod y blynyddoedd i ddod. Yr eiliad honno, mi oeddwn i'n gwybod, heb unrhyw amheuaeth, fy mod i eisiau bod yno ar gyfer y cyfan oll.

Mae tadau eraill yn aml yn dweud eu bod nhw'n eitha' cenfigennus o fy sefyllfa i. Dwi'n deall. Mae'r adegau da (ac mae yna lawer ohonyn nhw) yn amhrisiadwy. Yn ddoniol. Yn fy ysbrydoli. Yn hurt bost. Ond mae'r adegau anodd (ac mae yna lawer o'r rheiny hefyd) yn anodd iawn. Anoddach nag unrhyw beth dwi wedi'i wneud o'r blaen (meddai dyn sydd wedi gorfod gwisgo jocstrap, teits a cholur er mwyn ennill ei fara menyn).

Ond fyddwn i ddim yn newid hynny am y byd. Dwi bellach yn dad i ddau sy'n aros gartref, ac mae'n amlwg perthynas mor wych sydd gen i efo'r plant. Dwi wedi bod yn dyst iddyn nhw'n gwneud pethau am y tro cyntaf, wedi profi'r llon a'r lleddf efo nhw, a dysgu cymaint amdana i fy hun ar yr un pryd.

Rydyn ni wedi dod yn fyddin fach, yn agos fel bys a bawd, gyda chwlwm na fyddwn i'n ei ffeirio am y byd. Dwi mor falch o fod wedi cael y cyfle. Achos mi ddaw yna amser, heb fod yn rhy bell i ffwrdd, pan na fydd arnyn nhw fy angen i gymaint, a phan fydda i ddim yn eu gweld nhw bob dydd.

Ond rhywbeth at eto ydy hynny. Ar hyn o bryd, dwi'n dewis byw fel maen nhw'n byw ... yn yr ennyd, ac yn manteisio i'r eitha' ar bob munud rydyn ni'n ei gael efo'n gilydd.

Mae Gavin yn athro, gitarydd ac awdur, ac mae wedi bod yn dad sy'n aros gartref am saith mlynedd a hanner. Mae'n byw yn Llundain gyda'i wraig Victoria, y plant Layla ac Axel, y cŵn Ralf ac Albert, a'r gath Atticus.

I'r gad (rhannu'r baich magu plant)

Mae magu plant yn un o'r swyddi anoddaf sydd yna, swydd flinedig yn gorfforol a meddyliol a swydd sydd ddim yn cael ei gwerthfawrogi'n ddigonol o bell ffordd. Ond mae cymdeithas yn dal i danbrisio'r gwaith sy'n gysylltiedig â magu'r genhedlaeth nesaf.

Mae'n siŵr dy fod ti wedi clywed yr ymadrodd, "Mae angen pentref i fagu plentyn." Yn yr hen ddyddiau, dyna'n union sut oedd hi. Roedd rhieni newydd yn cael cymaint mwy o gefnogaeth magu plant gan deulu, ffrindiau, cymdogion a'r gymuned ehangach nag sy'n digwydd heddiw. Roedd hefyd yn llawer mwy posib byw ar un cyflog a gallu fforddio gofal plant rheolaidd, prynu tŷ, talu'r biliau a mynd ar wyliau.

Ond y gwir amdani yw nad yw cyflogau cyfoes yn ymestyn mor bell â chyflogau yn y gorffennol, tra bod disgwyliadau cymdeithasol ar rieni newydd (yn enwedig mamau newydd) yn uwch nag erioed. Mae'r rôl magu plant ei hun gymaint yn fwy, ond mae mwy o'r tasgau anweledig, di-dâl sy'n gysylltiedig â magu teulu a bywyd modern yn disgyn ar ysgwyddau rhieni newydd, heb olwg o'r "pentref" yn unman.

O ystyried bod anghydraddoldeb rhwng y rhywiau yn y gweithle yn dal yn gyffredin, gyda dynion yn ennill mwy (ar gyfartaledd) na menywod sydd â'r un sgiliau a phrofiad, mae'r baich magu plant a dyletswyddau domestig yn pwyso'n anghymesur ar ysgwyddau menywod.

Fel tadau modern, ddylen ni ddim derbyn mai dyma sut mae pethau. Mae'n afresymol disgwyl i famau ymdopi â baich cyfrifoldebau gofal plant ar eu pennau eu hunain. Ar ben hynny, mae'n rhaid cofio'r holl dasgau beunyddiol eraill sydd angen eu gwneud – golchi dillad, siopa, glanhau, coginio a gwaith gweinyddol cyffredinol – ac mae hyd yn oed yn fwy afrealistig disgwyl i un person wneud y cyfan ei hun.

Mae'n bosib dy fod ti'n meddwl mai'r ateb yw gweithio'n galetach, ennill mwy o arian a gallu fforddio ffordd o fyw'r cenedlaethau a aeth o'n blaen wrth fagu plant. Ond paid ag anghofio ystyried sawl blwyddyn y bydd hynny'n ei gymryd, y straen ar dy deulu a'r cerrig milltir y byddi di'n eu colli wrth roi dy fryd ar ddiogelwch ariannol. Mae ar dy bartner a dy fabi dy angen di nawr, ac os medri di chwarae rôl ymarferol helaeth yn ystod y blynyddoedd cynnar yma, fe fydd pawb ar eu hennill.

Rhannu dyletswyddau tad a gyrfa

Os nad yw cyflogwyr yn cydnabod realiti magu plant yn y byd sydd ohoni, mae angen i ni newid y naratif yn y gweithle.

Fe fydd sut y byddwn ni'n gwneud hynny yn dibynnu ar ein huchelgeisiau personol, ein blaenoriaethau, y math o swydd sydd gennym ni a'n diogelwch ariannol. Efallai y byddi di'n teimlo y medri di gamu ymlaen a gwneud safiad, neu efallai bod yn well gen ti geisio sicrhau buddugoliaethau bach. Beth bynnag byddi di'n ei benderfynu, cofia y bydd unrhyw newidiadau cadarnhaol y gwnei di o fudd i bawb nawr ac yn y dyfodol.

- Cywira gydweithwyr sy'n cellwair mai "amser i ffwrdd" yw absenoldeb rhiant – dydy magu babi ddim yn seibiant o unrhyw fath, a dydy cyfeirio ato fel hynny ddim yn helpu unrhyw riant sy'n pwyso am fwy o fuddion i rieni.
- Os yw eich sefyllfa ariannol yn caniatáu hynny, gofynna am gael cymryd amser ychwanegol i ffwrdd o'r gwaith pan fydd eich babi'n fach, hyd yn oed os yw hynny'n ddi-dâl. Fe fydd yn ergyd ariannol, ond mae'n gyfnod arbennig yn dy fywyd na fyddi di byth yn ei gael yn ôl.
- Hola am gael gweithio oriau hyblyg – dechrau'n hwyrach neu adael yn gynt – er mwyn gallu bod gartref yn ystod adegau prysura'r dydd. Fe fydd yn gymorth enfawr i dy bartner ac yn rhoi mwy o amser i ti greu cwlwm â dy fabi gan hefyd osod cynsail cadarnhaol ar gyfer y blynyddoedd i ddod pan fydd angen i ti ollwng/casglu dy blentyn o'r feithrinfa neu'r ysgol.
- Helpa dy gyflogwr i ddeall manteision busnes gweithio hyblyg i rieni, gan gynnwys gweithio'n fwy effeithlon, gwell ffocws, cynhyrchiant ac ysbryd, a gwell teyrngarwch gan rieni sy'n rhan o'r gweithlu.
- Wrth adael y gwaith i fod gyda dy deulu, paid ag ymddiheuro neu sleifio i ffwrdd – gwna ddigon o sŵn wrth fynd, fel bod cydweithwyr yn deall nad oes angen cywilyddio ynglŷn â chyfrifoldebau magu plant.
- Paid â sbio ar dy ffôn bob munud ar ôl i ti gyrraedd adref o'r gwaith, a glyna'n gaeth at y rheol hon. Gwahanu gwaith ac amser teuluol yw'r unig ffordd i gadw'n gall. Gweler tudalen 277 am ragor o gyngor ar ddod o hyd i gydbwysedd rhwng bywyd a gwaith.

Manteision bod yn dad ymarferol

Meithrin perthynas gryfach gyda dy bartner

Po fwyaf ymarferol wyt ti, gyda'r babi a gyda bywyd teuluol domestig, mwyaf fyddi di yn:

- helpu dy bartner i deimlo'i bod yn cael ei chefnogi a'i deall yn well, gan helpu iddi adfer ar ôl esgor, yn rhoi seibiant haeddiannol iddi drwy gydol y dydd a'r nos, ac yn creu amgylchedd cartref hapusach o ganlyniad.
- profi'n uniongyrchol holl lawenydd a rhwystredigaethau bywyd gyda babi ac yn gweld drosot ti dy hun faint o waith yw gofalu am fabi.
- gwerthfawrogi dy bartner, yn gwir gydnabod ei haberth ac yn annhebygol o feddwl i ti gael diwrnod mwy blinedig yn y gwaith na hi.
- sylwi bod dy bartner yn cael trafferth neu'n wedi'i llethu ac yn cynnig y cymorth ychwanegol sydd ei angen arni ar y pryd.
- dangos i dy bartner dy fod ti wedi ymrwymo gant y cant i'r gwaith, gan feithrin cysylltiad agosach ac ymdeimlad o dîm, a thrwy hynny'n rhoi mwy o hyder a lle iddi ddirnad pa fath o fam mae hi eisiau bod.

Datblygu cwlwm agosach a pharhaol gyda dy fabi

Drwy chwarae rhan weithredol wrth ofalu am dy fabi, fe fyddi di yn:

- dod yn berson allweddol yn ei fywyd, yn rhywun y mae'n ei adnabod, yn ymateb iddo ac yn ei garu'n ddiamod.
- dysgu adnabod ei grio a'r gwahanol synau mae'n eu gwneud, ac yn gallu rhoi'r hyn sydd ei angen arno ar unrhyw adeg benodol.
- osgoi colli'r eiliadau allweddol yn ei ddatblygiad, fel ei wên gyntaf, ei eiriau cyntaf a'i gamau cyntaf.
- helpu dy fabi i deimlo'n fwy diogel wrth ddysgu sgiliau a gwerthoedd bywyd newydd iddo, ac yn dylanwadu ar ei gymeriad i'r dyfodol.

Hwb i dy hyder fel tad a phwrpas newydd i dy fywyd

Fe fydd bod yn dad ymarferol yn dysgu cymaint i ti amdanat ti dy hun a'r math o ddyn wyt ti'n dyheu i fod, ac ar yr un pryd yn cynnig yr hyder, y pwrpas a'r sbardun sydd ddim ond yn digwydd pan fydd popeth rwyt ti'n ei wneud yn deillio o gariad at rywun arall. Fe fydd yn dy helpu i wneud y canlynol:

- dysgu sgiliau newydd, sy'n gysylltiedig â dy fabi a sgiliau bywyd mwy cyffredinol, o newid clwt i drefnu dy amser yn well.
- teimlo'n hyderus a bod popeth dan reolaeth gen ti pan fyddi di ar dy ben dy hun gyda dy fabi, heb boeni am unrhyw heriau sy'n dod i dy ran di.
- ymfalchïo yn dy waith ar yr aelwyd, gan wybod dy fod ti'n gwneud rhywbeth hynod gadarnhaol ar gyfer dy deulu.
- cael rheswm i godi bob bore, gweithio'n galed a gwneud dy orau.

Herio anghydraddoldeb rhywedd a braenaru'r tir ar gyfer tadau'r dyfodol

Mae bod yn dad ymarferol nid yn unig yn llesol i ni, ein partneriaid a'n babanod, ond mae hefyd yn cynnig manteision helaeth bob rhan o gymdeithas hefyd. Po fwyaf y dangoswn ni ein gallu i'r byd, ac ysgwyddo mwy a mwy o gyfrifoldebau magu plant:

- mwyaf fydd cymdeithas yn cydnabod y rôl bwysig rydyn ni'n ei chwarae ym mywydau ein plant, gan newid er gwell yr hen ystrydebau am yr hyn mae'n ei olygu i fod dad.
- mwyaf y bydd cyflogwyr yn cydnabod hyn hefyd, gan helpu i gryfhau'r achos dros fuddion gwell i rieni yn y gweithle.
- gorau oll fydd ein hesiampl ar gyfer tadau newydd a ddaw ar ein holau ni.
- lleia'n byd fydd ein partneriaid yn gorfod aberthu eu swyddi neu yrfaoedd, gan wybod bod y cyfrifoldebau gofal plant yn cael eu rhannu'n gyfartal.
- lleia'n byd o fenywod fydd yn dioddef yn yrfaol ac yn methu sicrhau dyrchafiadau a chodiadau cyflog, a hynny am eu bod nhw'n famau.

“BYDD SUT BOBL YDYN NI YN DIBYNNU AR YR HYN Y BYDD EIN TADAU YN EI DDYSGU I NI YN GWBL AR HAP, PAN NAD YDYN NHW’N CEISIO EIN DYSGU NI.”

Umberto Eco

PENNOD 5

BWYDO DY FABI

Fel rhywun sy'n ei chael hi'n amhosib i fwydo ar y fron dy hun, mae'n bosib dy fod ti'n meddwl sut ar y ddaear y gelli di fod yn rhan o'r broses. Ond mae'n bwysig i ti ddeall bod y rôl byddi di'n ei chwarae wrth fwydo'ch babi dros y misoedd a'r blynyddoedd nesaf yn llawn mor bwysig, ac y bydd yn sicrhau bod dy blentyn yn cael perthynas iach â bwyd am flynyddoedd i ddod.

Os yw dy bartner yn penderfynu rhoi cynnig ar fwydo ar y fron, fe fydd dy gefnogaeth di'n amhrisiadwy. Fe all bwydo ar y fron swnio'n ddigon syml, ond fel y mae pob rhiant newydd yn ei sylweddoli'n fuan iawn, mae'n llawer anoddach nag y mae'n edrych. Rhaid wrth amynedd, ymrwymiad, stamina a gwaith tîm i'w wneud yn iawn, ac mae profiad pob mam yn wahanol. Ond mwya'n byd rwyt ti'n ei ddeall am y peth a mwya'n byd o gefnogaeth y galli di ei darparu, mwyaf tebygol fyddwch chi'ch dau o lwyddo.

Mae'n bosib y bydd llawer o weithwyr gofal iechyd proffesiynol a rhieni eraill yn rhoi pwysau ar dy bartner i fwydo ar y fron, ond mae'n bwysig deall nad bwydo ar y fron yw'r unig ffordd i fwydo babi. Mae yna nifer o oedolion iach, hapus a llwyddiannus wedi troi allan yn iawn heb erioed gael eu bwydo ar y fron.

Mae pethau'n wahanol i bawb, felly yn y bennod hon dwi am ymdrin â phob opsiwn sydd ar gael a darparu'r holl wybodaeth a'r offer sydd eu hangen i sicrhau bod y daith fwydo hir, a chymhleth yn aml, yn llwyddiant. Nid yn unig yn ystod chwe mis cyntaf bywyd dy fabi, pan mai llaeth yw'r unig beth ar y fwydlen. Fe fydda i hefyd yn ymchwilio i fyd diddyfnu, gan edrych ar sut a phryd i ddechrau cyflwyno dy fabi i flasau ac ansoddau newydd, yr offer fydd ei angen, ynghyd â llawer o gyngor ymarferol ar bopeth o alergeddau bwyd i fwytawyr ffyslyd.

Y peth pwysicaf i'w gofio yw nad gwaith i'r fam yn unig yw bwydo plentyn. Mae yna gymaint i'w ystyried a'i drefnu, o amserlenni bwydo rownd y cloc, diheintio poteli a rheoli'r cyflenwad bibiau, i siopa bwyd, cynllunio bwydlen yr wythnos a choginio; mae yna lawer gormod i'w wneud ar gyfer un person yn unig. Fe ddylai fod yn waith tîm, felly gwna dy ymchwil a chwarae dy ran ... a dal yn dynn, bydd hi'n daith a hanner!

Cefnogwr gorau bwydo ar y fron

Mae bwydo ar y fron yn fwy tebygol o lwyddo os wyt ti a dy bartner yn deall beth sydd ei angen a'ch bod yn gallu gweithio gyda'ch gilydd fel tîm. Fel tad, mae'n amlwg nad oes gen ti'r asedau corfforol i fwydo ar y fron, ond mae yna lawer iawn o waith trefnu a gweinyddu i ti fynd i'r afael ag o er mwyn cefnogi dy bartner.

Addysgu dy hun – mae dau ben bob amser yn well nag un, felly gwna dy waith ymchwil, dysga am ffyrdd gwahanol o ddal y babi wrth fwydo ar y fron, beth mae cydio'n dda ar y fron yn ei olygu ac atebion posib os nad yw rhywbeth yn gweithio.

Cario'r babi – tyrd â'r babi at ei fam pan mae'n amser bwydo, er mwyn arbed dy bartner rhag gorfod llosgi egni yn ddiangen, yn enwedig os cafodd hi doriad Cesaraidd neu lawdriniaeth ôl-enedigol.

Cael trefn – helpa dy bartner i fod yn gyfforddus wrth fwydo. Chwilia am ei gobennydd bwydo, ysgwyd y clustogau o'i chwmpas, dos i nôl blanced iddi os yw hi'n oer a thyrd â diod a byrbryd iddi i gynnal ei lefelau hylif ac egni.

GAIR I GALL

Trefnu basged byrbrydau bwydo ar y fron

Fe ddylai mam sy'n bwydo ar y fron fod yn bwyta tua 400 o galorïau yn fwy nag arfer bob dydd i helpu i gynnal ei chyflenwad llaeth. Ond fel y bydd unrhyw riant newydd yn ei dystio, fe all fod yn rhyfeddol o hawdd anghofio bwyta neu yfed am oriau bwy'i gilydd wrth ymdopi gyda babi llwglyd.

Trefna fasged o ddanteithion blasus i dy bartner a'i chadw'n agos at ble mae hi fel arfer yn bwydo, gan ychwanegu ati bob dydd. Turia drwy gypyrddau'r gegin a dos i'r siopau lleol i gael dewis helaeth o fyrbrydau. Fe fyddan nhw yno wedyn i dy bartner eu mwynhau wrth iddi fwydo neu os yw ei lefelau egni hi'n isel.

Cadwa gwmni iddi hi – fe all bwydo ar y fron fod yn weithgaredd eithaf unig, felly paid â'i gadael ar ei phen ei hun (oni bai ei bod eisiau i ti wneud hynny). Siarada â hi. Cynigia rwbio ei thraed. A gwna'n siŵr fod y teclyn rheoli'r teledu o fewn cyrraedd iddi hi.

Mae gwaith tîm yn allweddol – bob tro y bydd hi'n bwydo, fe fydd dy bartner i bob pwrpas yn gaeth i'r un lle am hyd at awr ar y tro, ac yn methu gwneud fawr o ddim byd arall. Os nad oes ar dy bartner dy angen di yn yr ystafell gyda hi, ceisia helpu drwy wneud rhyw dasg o gwmpas y tŷ fel y bydd ganddi lai ar ei phlât.

Gorffen y gwaith – mae'r broses fwydo yn llawer mwy na dim ond y bwydo ar y fron ei hun, felly gwna dy orau i'w helpu hi. Fe elli di newid clwt eich babi, codi ei wynt a'i dawelu cyn iddo fynd i gysgu, fel nad yw'r tasgau ychwanegol yn faich ar y fam bob tro.

Arbenigo ar amserlen – mae cadw golwg ar adegau bwydo a logisteg y broses yn waith llawn amser. Yn ystod y pythefnos cyntaf o leiaf, helpa dy bartner drwy gadw cofnod o'r amserau bwydo a newid clwt (Gwlyb? Budr? Pa liw?), pa mor hir wnaeth y babi fwydo ar bob bron ac ar ba fron wnaeth y babi fwydo gyntaf.

Bydd yn wyliadwrus – yn aml iawn, os oes yna rywbeth o'i le, y person agosaf at y broblem yw'r olaf i sylwi. Mae'n bosib y bydd dy bartner yn canolbwyntio cymaint ar y babi fel ei bod hi'n esgeuluso ei hun. Cadwa olwg gefnogol ar iechyd corfforol a meddyliol dy bartner gan ei hannog i ofyn am help os yw hi'n cael pethau'n anodd.

Bydd gwneud pethau fel hyn yn helpu dy bartner i deimlo'n gyfforddus, ymlacio a deall bod rhywun yn gofalu amdani, a bydd hynny yn ei dro yn cefnogi cynhyrchu llaeth y fron ac yn rhoi amser a lle iddi gryfhau ar ôl yr esgor a chanolbwyntio ar y dasg dan sylw.

Bwydo ar y fron – yr holl wybodaeth bwysig

Dechrau arni

Yn aml, wythnosau cyntaf bwydo ar y fron sy'n creu'r straen mwyaf. Mae'r fam a'r babi yn dysgu sgil newydd, a dydy pethau ddim yn gweithio'n syth bob tro. Wrth i laeth dy bartner ddechrau llifo, fe fydd yn rhaid i dy babi fynd i'r afael â'r newid o ychydig bach o golostrwm i ddogn mwy helaeth o laeth y fron. Ar yr un pryd, fe all y broses fod yn un emosiynol tu hwnt ac yn gorfforol boenus i dy bartner, wrth i'w thethi ddechrau arfer â babi yn bwydo arnyn nhw rhwng wyth a 15 gwaith y dydd.

Er bod yr amserlen fwydo ddwys hon yn hollol normal, fe fydd llawer o rieni newydd yn poeni bod eu babi yn bwydo mor aml am nad yw'n cael digon i yfed. Does dim angen poeni. Dros yr wythnosau nesaf, mwya'n byd y bydd dy fabi'n bwydo, mwya'n byd o laeth y fron y bydd dy bartner ei gynhyrchu, oherwydd fe fydd ei bronnau'n naturiol yn addasu'r cyflenwad llaeth yn ôl y galw. Wrth i hyn ddigwydd, fe ddylet ti sylwi ar fwy a mwy o glytiau gwlyb a pw dyfrllyd rheolaidd, sy'n dangos bod y babi yn cael digon o laeth.

Fe ddylai babi sy'n bwydo'n dda hefyd:

- edrych yn dawel ac yn gysglyd ar ôl bwydo;
- ennill pwysau yn raddol (20–30g/0.7–1 owns y dydd ar ôl cyfnod cychwynnol o golli pwysau); a
- bwydo bob awr i deirawr a dim amlach (er bod bwydo clwstwr – pan fydd babi eisiau bwydo am sawl cyfnod byr dros ychydig oriau – hefyd yn hollol normal, fel arfer yn ystod pyliau tyfu y pedwar mis cyntaf).

OEDDET TI'N GWYBOD?

Mae llaeth y fron yn stwff hudolus; mae'n cynnwys priodweddau iacháu gwrthfiotig naturiol ac mae'n bosib ei roi ar groen y babi a'r fam i drin sychder, briwiau a chrafiadau. Mae ganddo hefyd allu anhygoel i addasu i anghenion y babi, gan fynd yn fwy dyfrllyd os yw'r babi'n dioddef o ddiffyg hylif neu ychwanegu gwrthgyrff penodol i ymladd heintiau.

Pwysigrwydd cydio'n dda ar y fron

Mae sut mae dy fabi yn cydio ar fron dy bartner yn hollbwysig o ran bwydo effeithlon, ac er mwyn osgoi poen a dioddef diangen i dy bartner.

Wrth i dy bartner a'r babi barhau i ddysgu sut i fwydo ar y fron, fe fydd dy help wrth roi'r babi yn yr ystum iawn a sylwi ar gydio da neu wael yn werthfawr iawn, felly gwna'n siŵr dy fod ti'n deall beth yw beth a pha ddewisiadau eraill i'w hawgrymu os nad yw rhywbeth yn gweithio.

Y dulliau gorau o fwydo ar y fron

Daliad crud

Daliad pêl rygbi

Daliad hamdddenol

Daliad croes-grud

Daliad ochrol

Llwyddo i gydio'n berffaith

- Fe ddylai'ch babi gael ei ddal yn un o'r ffyrdd ar y dudalen flaenorol, gyda'i gorff mewn cysylltiad agos â dy bartner.
- Fe ddylai hi gynnal gwar y babi – nid cefn ei ben, gan fod angen i'r babi gadw peth hyblygrwydd yn ei wddf.
- Fe ddylai dy bartner adael i ben y babi ogwyddo'n ôl ychydig, gan fwytho'i drwyn a'i wefus uchaf gyda'r deth er mwyn iddo arogli llaeth y fron.
- Fe ddylai wedyn aros i geg y babi agor yn llydan ac arwain ei ên i gyffwrdd â'r fron yn gyntaf cyn rholio ei wyneb ymlaen iddo gydio ar y deth.
- Os yw'r cydio yn boenus i dy bartner, neu os mai dim ond ym mlaen y deth mae'r babi wedi cydio, fe ddylai roi bys glân yng ngheg y babi'n ofalus i dorri'r sugno, ei dynnu'n rhydd a rhoi cynnig arall arni.
- Yn bwysicaf oll, mae bob amser yn well cydio'n iawn o'r dechrau'n deg na gadael i dy bartner fwydo drwy'r boen.

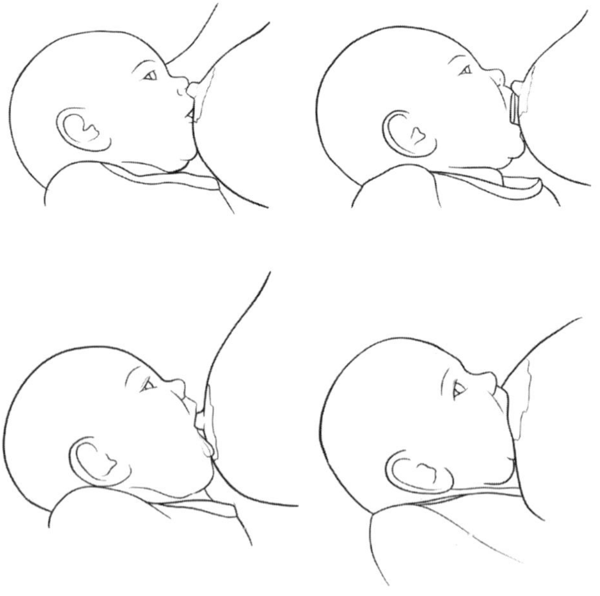

Arwyddion o gydio da

- Mae'r cydio'n teimlo'n gyfforddus ac yn ddi-boen (rho 10-20 eiliad i weld a yw'r babi'n setlo).
- Mae bochau'r babi yn edrych yn llawn ac yn chwyddo wrth iddo fwydo.
- Mae teth gyfan dy bartner yng ngheg y babi – mae'n bosib y byddi di'n gweld ymyl yr areola uwchben gwefus uchaf y babi, ond llai neu ddim islaw.
- Fe ddylai pen, gwddf a chefn dy fabi fod mewn llinell syth, yn hytrach nag yn grwm.
- Rwyt ti'n clywed neu'n gweld dy fabi yn llyncu (os wyt ti'n clywed sŵn ticio neu glicio wrth i'r babi yfed, sy'n arwydd bod y babi yn llyncu gormod o aer, awgryma fod dy bartner yn mynd ati i helpu'r babi i gydio o'r newydd).

Unwaith y bydd dy fabi wedi cydio'n llwyddiannus, fe ddylai fwydo'n frwd hyd nes y bydd wedi cael digon. Fe ddylai dy bartner wedyn godi gwynt y babi, cyn newid a chynnig bwyd iddo o'i bron arall. Ar gyfartaledd, mae babi newydd-anedig yn bwydo am rhwng 10 ac 20 munud ar bob ochr, er nad oes rheol bendant, gydag anghenion pob babi yn unigryw ac yn wahanol. Wrth i'r babi dyfu'n hŷn ac yn fwy medrus wrth fwydo ar y fron, fe fydd hyd pob sesiwn fwydo fel arfer yn lleihau.

Yn aml, fe fydd babi yn bwydo llai ar yr ail fron, felly fe fydd angen cynnig y fron honno yn gyntaf i'r babi pan fydd yn bwydo nesaf, i sicrhau bod y ddwy fron yn cael yr un sylw drwy gydol y dydd. Mae gwneud hyn yn helpu i reoleiddio'r cyflenwad llaeth yn y ddwy fron ac osgoi sgileffeithiau cas fel mastitis, haint poenus sy'n cael ei achosi gan ddwythellau llaeth yn blocio.

Hyd yn oed os yw mam yn gwneud popeth yn iawn, fe allai'r babi fod yn rhwystredig yn ystod bwydo, gan grio a chwyno neu ddatgysylltu o'r deth yn llwyr a gwrthod bwydo. Fel arfer, dyma fydd un o'r rhesymau:

- Mae'n bosib bod gan y babi firws neu drwyn llawn – mae babanod yn anadlu drwy eu trwynau, felly ceisia glirio ei ffroenau gyda hydoddiant halwynog i helpu'r anadlu a chymryd seibiau aml wrth fwydo.

- Mae llaeth dy bartner yn blasu'n wahanol ar ôl iddi fwyta rhai bwydydd – mae cyri a bwydydd sbeislyd yn arbennig o gryf, felly mae rhai mamau yn ceisio eu hosgoi wrth fwydo ar y fron.
- Gormod o bethau'n tynnu ei sylw – ceisia symud i le tawelach, llai golau i fwydo, neu defnyddia orchudd bwydo ar y fron neu fwslin wedi'i daflu dros ysgwydd dy bartner a phen y babi i wneud y gofod bwydo yn llai apelgar.
- Os yw'r babi wedi dechrau torri dannedd a'i ddeintgig yn dyner, rho ychydig o gel torri dannedd ar y deintgig cyn bwydo.
- Fe allai'r babi fod yn dioddef gyda cholig neu adlif, sy'n gallu gwneud bwydo yn fwy trafferthus.

Ar y llaw arall, mae'n ddigon posib nad oes unrhyw reswm amlwg. Os felly, anoga dy bartner i gymryd seibiant a rhoi cynnig arni eto'n nes ymlaen.

TADNODYN

Er bod ymddygiad ychydig yn ffyslyd yn normal, os yw'r babi yn gwrthod y fron yn rheolaidd a thithau'n pryderu, mae bob amser yn werth holi cyngor gweithiwr gofal iechyd proffesiynol neu arbenigwr bwydo ar y fron.

Beth yw colig ac adlif, ac oes modd eu trin?

Colig

Os yw'r babi yn crio am gyfnodau hir heb unrhyw reswm amlwg ac yn anodd ei gysuro, mae'n bosib ei fod yn dioddef gyda cholig. Fel arfer, mae'n taro'n sydyn yn ystod pedwar mis cyntaf bywyd babi, ac mae'r rheswm yn ddirgelwch.

Y cyfan sydd i'w wneud yn y sefyllfa hon yw ceisio lleddfu'r babi cystal ag sy'n bosib:

- Fe elli di gofleidio a siglo'r babi'n dyner pan mae'n crio (mae babi gyda cholig yn fwy cyfforddus yn gefnsyth mewn sling neu gludwr babi).

- Dal y babi'n gefnsyth yn ystod ac ar ôl bwydo, er mwyn lleihau faint o aer mae'n ei lyncu.
- Codi gwynt yn drylwyr ar ôl bwydo bob tro, yn ddelfrydol yn gefnsyth a thros yr ysgwydd.
- Ei siglo i gysgu mewn basged Moses, crud neu bram yn hytrach nag mewn amgylchedd statig.

Adlif

Os yw'r babi yn chwydu llaeth yn rheolaidd yn ystod neu yn fuan ar ôl bwydo, neu os yw'n peswch, yn igian neu'n crio yn ystod bwydo a ddim yn setlo ar ôl hynny, mae'n bosib ei fod yn dioddef o adlif. Mae hwn yn gyflwr cyffredin, sy'n effeithio ar fabanod o wyth wythnos oed ac mae fel arfer yn clirio ar ei ben ei hun yn ystod y flwyddyn gyntaf.

Er mwyn helpu babi i gadw'r llaeth mae'n ei yfed i lawr ac osgoi colli pwysau, y cyngor arferol yw:

- Dal y babi'n gefnsyth cyhyd â phosib ar ôl bwydo.
- Codi gwynt yn fwy trylwyr, yn ystod ac ar ôl bwydo.
- Ceisio rhoi llai o laeth iddo ond ei fwydo'n amlach (yn enwedig wrth fwydo o botel).

Os nad oes unrhyw un o'r rhain yn gwneud gwahaniaeth, fe fydd angen siarad ag ymwelydd iechyd neu feddyg, a fydd yn gallu cynghori a oes angen meddyginiaeth arbennig neu ddewisiadau amgen i laeth.

TADNODYN

Os yw dy fabi'n dioddef o golig neu adlif, gwna'n siŵr dy fod ti'n rhoi digon o gefnogaeth emosiynol ychwanegol i dy bartner. Fe all delio â heriau bwydo fod yn brofiad llawn straen a gofid, yn enwedig i famau newydd.

Busnes poenus

Mae'r rhan fwyaf o famau newydd yn profi tethi llidus a dolurus yn ystod yr wythnosau cyntaf ar ôl geni. Fe ddylai hynny wella wrth i fronnau a thethi dy bartner ddechrau dygymod â bwydo ar y fron, ond mae tethi toredig, pothellog a hyd yn oed waedlyd yn dal i fod yn gyffredin.

Fe all trafferthion o'r fath wneud bwydo yn hynod boenus, waeth pa mor dda yw'r cydio, gan achosi i rai mamau newydd ddechrau ofni bwydo ar y fron ac yn y pen draw symud i fwydo potel yn gynt na'r bwriad.

GAIR I GALL

Os yw dy bartner yn dioddef gyda thethi dolurus, mae'n syniad iddi rwbio llaeth y fron neu eli lanolin pwrpasol arnyn nhw ar ôl bwydo; fe fydd hynny'n helpu i'w lleddfu a'u gwella rhwng sesiynau bwydo. Mae clytiau gwasgu oer hefyd yn hynod o liniarol, felly rho badiau bron cotwm a dail bresych (ie, dail bresych go iawn) yn y rhewgell a rho ddwy ddeilen iddi i'w gosod yn ei bra bwydo ar ôl iddi fwydo.

Os ydych chi wedi gwirio bod y babi'n cydio, wedi rhoi cynnig ar ystum gwahanol cyn bwydo ac yn trin y tethi dolurus, ond bod bwydo ar y fron yn dal i fod yn hynod boenus iddi, mae angen edrych ar ambell beth arall:

Yw'r babi'n dioddef gyda llindag (*thrush*)?

Os yw'r ddwy fron yn boenus a'r poen yn dwysáu drwy gydol y bwydo, neu os oes gan dy bartner fronnau coslyd, cymer olwg yng ngheg dy fabi am smotiau gwyn ac o amgylch ei ben-ôl am frech clwt parhaus gyda smotiau dolurus. Fe allai'r symptomau hyn awgrymu bod y babi'n dioddef gyda llindag, haint cyffredin y gellir ei drin yn gyflym ac yn hawdd (os nad yw'n clirio ar ei ben ei hun). Gwna'n siŵr fod dy bartner a'r babi yn cael eu trin ar yr un pryd er mwyn osgoi ail-heintio.

Oes gan y babi gwlwm tafod?

Mae'r stribyn o groen sy'n cysylltu tafod y babi â gwaelod ei geg yn fyrrach nag arfer, ac mae hynny'n ei gwneud yn anoddach iddo gydio'n effeithlon. Yn dibynnu ar ddifrifoldeb y cwlwm tafod, mae'n bosib na fydd y babi'n cael unrhyw broblemau bwydo, ond mewn achosion eithafol, fe fydd angen llawdriniaeth (cyflym a chymharol ddi-boen) i'w gywiro.

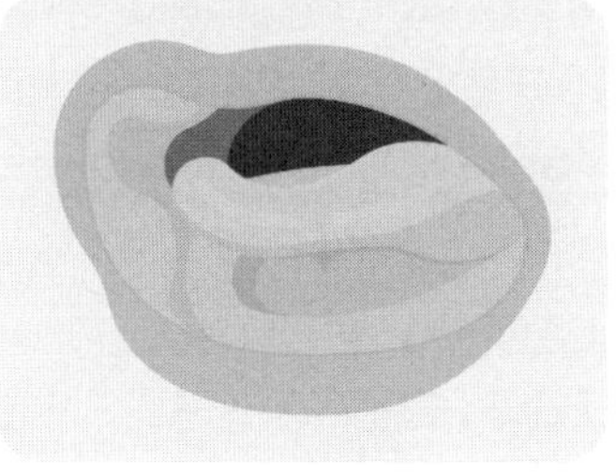

ARFEROL

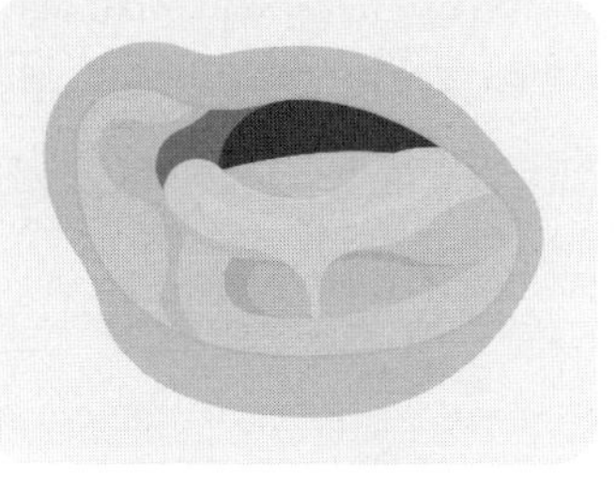

CWLWM TAFOD

Yw dy bartner yn dioddef gyda mastitis?

Llid meinwe'r fron yw mastitis. Mae'n cael ei achosi gan ddraenio llaeth gwael, ac mae'n gallu arwain at boen, chwyddo, gwres a chochni yn y fron, gyda dy bartner yn profi tymheredd uchel ac oerfel. Yn yr achosion gwaethaf, fe all ddatblygu'n sepsis, felly mae angen holi am gyngor meddygol bob amser os yw dy bartner yn profi'r symptomau hyn.

TADNODYN

Os yw dy bartner yn dioddef gyda mastitis, fe fydd angen cryn dipyn o gefnogaeth ychwanegol arni wrth fwydo nes i'r broblem gael ei datrys. Mae'n bwysig i ti ei hannog i ddal ati i fwydo ar y fron, a rhoi parasetamol a llawer o hylifau iddi i leddfu unrhyw dwymyn, ibuprofen i reoli ei phoen a chlytiau gwasgu poeth ac oer i wella'r llif llaeth. Beth am redeg bath poeth iddi bob dydd (os oes bath yn y tŷ) er mwyn iddi allu tylino'r fron sy'n dioddef (mwytho o ben y fron tuag at y deth) i geisio dadflocio'r dwythellau llaeth heintiedig.

Bwydo o botel

Er bod y ddadl rhwng bwydo ar y fron a bwydo o botel yn un danbaid, fe fydd yna lawer o resymau dilys iawn gan dy bartner os bydd hi'n dewis bwydo'ch babi o botel gan ddefnyddio llaeth wedi'i dynnu o'r fron neu laeth fformiwla, yn hytrach na bwydo ar y fron yn unig:

- Dydy cyflenwad llaeth dy bartner ddim yn ddigon i fodloni'r babi (gan amlaf os yw hi wedi profi geni arbennig o drawmatig).
- Mae'r babi yn colli pwysau ac angen llaeth ychwanegol, wedi ei dynnu o'r fron neu laeth potel, er mwyn dechrau magu pwysau.
- Mae bwydo ar y fron yn rhy boenus i dy bartner.
- Mae angen i dy bartner ddychwelyd i'r gwaith ac mae'ch babi yn dy ofal di (neu rywun arall).
- Mae gan dy fabi gwlwm tafod neu daflod uchel, sy'n gwneud bwydo ar y fron yn anoddach.
- Mae bwydo ar y fron yn effeithio'n negyddol ar iechyd meddwl dy bartner.
- Mae gan dy fabi alergeddau neu bryderon iechyd penodol sy'n golygu bod angen deiet penodol arno sy'n seiliedig ar laeth fformiwla.
- Mae dy fabi yn torri dannedd ac yn dueddol o frathu bron dy bartner yn ystod bwydo.
- Rwyt ti eisiau rhannu'r dyletswyddau bwydo er mwyn rhoi seibiant i dy bartner.
- Mae perffaith hawl gan dy bartner i ddewis peidio â bwydo ar y fron.

Beth bynnag fo'r penderfyniad, does dim angen gwneud i unrhyw un deimlo'n euog am eu dewisiadau. Yn y pen draw, babi sy'n cael ei fwydo'n dda a mam sy'n hapus yw'r pethau pwysicaf, waeth pa opsiwn sy'n cael ei ddewis.

Gwahanol fathau o fwydo o botel

Yn dibynnu ar eich sefyllfa bersonol, fe elli di fwydo'r babi o botel o'i eni, gan ddefnyddio naill ai laeth wedi ei dynnu o'r fron gan dy bartner neu rywun sy'n rhoi llaeth y fron, neu laeth fformiwla addas i fabi newydd-anedig.

Mae modd defnyddio'r naill opsiwn neu'r llall yn unig, neu mae'n bosib dewis "bwydo cyfunol" (newid rhwng llaeth y fron a llaeth fformiwla, gan ddefnyddio naill ai potel ar gyfer bwydo bob tro, neu gyfuniad o'r fron a photel).

Os ydych chi'n newid rhwng bwydo ar y fron a bwydo potel, mae angen bod yn ymwybodol y gall rhai babanod brofi rhywbeth o'r enw "dryswch teth", a all ei atal rhag bwydo ar y fron yn y dyfodol.

Beth yw dryswch teth?

Mae gan fabanod sy'n bwydo ar y fron batrwm sugno penodol i gael llaeth o'r fron, sy'n wahanol i sut maen nhw'n yfed o dethi potel (sydd ar y cyfan yn llifo'n gynt). Mae'r dechneg wahanol hon yn achosi i rai babanod ddrysu ychydig wrth newid rhwng bron y fam a theth potel, gyda rhai yn ffafrio natur hawdd bwydo o botel. Er y gall hyn arwain at wrthod y fron yn gyfan gwbl, mae'n rhaid nodi nad yw pob babi sy'n cael ei fwydo â photel yn profi dryswch teth, ac mae llawer o fabanod yn gallu newid o'r fron i'r botel ac yn ôl heb unrhyw drafferth.

Pympiau a llaeth wedi ei dynnu o'r fron

Os ydych chi'n bwriadu bwydo o'r botel gyda llaeth wedi'i dynnu o'r fron, fe fyddwch chi angen pwmp y fron. Er y gall dy bartner dynnu llaeth â llaw, mae'r amser mae'n ei gymryd i lenwi potel yn golygu nad yw'r dull hwn fel arfer yn werth yr ymdrech. Diolch byth, mae pympiau bron ar gael yn rhwydd ar-lein, maen nhw ar gael i'w prynu neu eu llogi ail-law, neu gellir hyd yn oed eu benthyg o'ch ysbyty. Ar gyfer tynnu llaeth yn fwyaf effeithlon, y cyngor yw defnyddio pwmp dwbl (sy'n gallu tynnu llaeth o'r ddwy fron ar yr un pryd.

Os yw dy bartner yn bwydo ar y fron ac yn tynnu llaeth o'r fron gyda phwmp hefyd, y cyngor yw tynnu'r llaeth ar ôl i'r babi fwydo yn hytrach na chyn hynny. Os mai dim ond unwaith neu ddwywaith y dydd y bydd hi'n tynnu llaeth, yn dibynnu ar faint o laeth sydd ei angen arni, argymhellir ei bod yn gwneud hynny yn ystod oriau mân y bore pan fydd ei chyflenwad ar ei gryfaf fel arfer.

Sut gelli di helpu

- Cyn pob sesiwn pwmpio, fe elli di ofalu am ddiheintio'r pwmp a'i gydrannau fel bod popeth yn barod pan fydd dy bartner angen mynd ati i dynnu llaeth o'r fron.
- Gelli di afael yn dy fabi ar ôl iddo orffen bwydo ar y fron, a'i dawelu, fel bod dy bartner yn gallu tynnu llaeth mewn heddwch. Cofia fod tynnu llaeth fel arfer yn cymryd tua chwarter awr y fron (er y bydd faint mae'n ei gynhyrchu a pha mor hir mae'n ei gymryd yn dibynnu ar gyflenwad dy bartner).
- Pan fydd hi wedi gorffen tynnu llaeth, helpa hi i ddatgysylltu'r pwmp, gan fod yn ofalus iawn rhag colli dim o'r llaeth y mae hi newydd ei dynnu (mae'n stwff gwerthfawr a dwyt ti ddim eisiau gwastraffu'r un diferyn).
- Gofala di am y dasg o arllwys y llaeth i fag storio pwrpasol neu botel, a'i storio'n gywir gyda label yn dweud faint a phryd y cafodd ei dynnu o'r fron.

Storio diogel

Mae llaeth sydd newydd ei dynnu o'r fron yn cadw ar dymheredd ystafell am hyd at bedair awr, yn yr oergell am hyd at bedwar diwrnod neu yn y rhewgell am chwe mis (delfrydol os yw dy bartner yn dychwelyd i'r gwaith a bod angen cyflenwad mawr arnat ti). Pan fydd ei angen, mae'n bosib cynhesu llaeth y fron wedi'i oeri neu wedi'i rewi mewn powlen o ddŵr poeth cyn ei fwydo i'ch babi.

OEDDET TI'N GWYBOD?

Mae llaeth y fron yn edrych yn wahanol iawn i'r disgwyl. Yn wahanol i laeth buwch, mae llaeth y fron yn gallu edrych yn ddyfrllyd, gyda gwawr las, a phan gaiff ei storio mewn potel, mae'r braster yn codi i'r top (felly mae angen ei ysgwyd cyn ei ddefnyddio).

Sôn am laeth, cofia na ddylai babanod yfed llaeth buwch tan eu bod nhw'n 12 mis oed o leiaf. Does ganddo mo'r maetholion sydd eu hangen ar dy fabi, ac mae gormod o broteinau a mwynau ynddo i arennau bach babanod allu eu prosesu.

Bwydo llaeth fformiwla

Mae llawer o rieni yn defnyddio llaeth fformiwla yn lle llaeth y fron i fwydo eu babi. Mae naill ai ar gael:

- wedi'i gymysgu'n barod, ac yn barod i'w arllwys i botel babi; neu
- ar ffurf powdr, sydd angen ei gymysgu â dŵr wedi'i ferwi/wedi'i ddiheintio cyn ei oeri.

Er bod llaeth fformiwla parod yn gyfleus, yn enwedig pan fyddwch chi ar grwydr, mae'n llawer drutach, felly mae'r rhan fwyaf o rieni yn defnyddio llaeth powdr yn bennaf. Mae angen defnyddio llaeth fformiwla i fabanod newydd-anedig i 12 mis, er bod gwahanol fathau ar gael o chwe mis oed ymlaen (er enghraifft, gyda fitaminau ychwanegol), yn dibynnu ar anghenion penodol y babi.

Cofia wirio'r label yn ofalus bob amser i wneud yn siŵr ei fod yn addas, ac i gadarnhau faint o bowdr i'w ddefnyddio a faint y dylai dy fabi ei yfed ar wahanol gamau. Fe fydd hyn yn amrywio yn dibynnu ar y brand wyt ti'n ei brynu.

Y farn gyffredinol yw ei fod yn digoni yn fwy na llaeth y fron, sy'n golygu bod babanod llaeth fformiwla yn dueddol o fwydo'n llai aml a chysgu'n hirach am eu bod nhw'n "fwy llawn". Ond mae bwydo â llaeth fformiwla hefyd yn golygu bod pw y babi'n fwy drewllyd a thrwchus.

GAIR I GALL

- Paid byth â rhoi potel i dy fabi heb wirio tymheredd y llaeth yn gyntaf, drwy roi diferyn neu ddau ar dy arddwrn neu ar gefn dy law. Fe ddylai deimlo'n gynnes, ond ddim yn boeth.
- Gwisga fib am dy fabi bob amser i arbed ei ddillad rhag llaeth sy'n cael ei golli neu ei chwydu.
- Dalia'r botel fel bod y deth yn llawn llaeth, fel nad yw dy fabi'n sugno aer a hynny'n arwain at wynt.
- Os yw dy fabi yn mynd i gysgu ar y botel neu'n stopio bwydo'n rhy fuan, chwytha'n ysgafn ar ei wyneb i'w ddeffro neu rho gynnig ar ei oglais o dan ei ên. Fe all hynny sbarduno'r reddf sugno naturiol, ac achosi iddo ddal ati i fwydo.

Diheintio

Mae'n bwysig diheintio'r poteli a'r tethi bob tro cyn bwydo nes bod y babi o leiaf chwe mis oed, er mwyn ei amddiffyn rhag heintiau. Mae tair prif ffordd o wneud hyn:

1. Buddsoddi mewn diheintydd trydan neu un addas ar gyfer microdon sy'n glanhau'r cyfarpar bwydo gydag ager. Dyma'r opsiwn cyflymaf a mwyaf cyfleus. Dilyna gyfarwyddiadau'r gwneuthurwr, gan fod pob diheintydd yn wahanol.
2. Berwi'r cyfarpar bwydo mewn sosban fawr o ddŵr am ddeng munud, gan sicrhau bod popeth yn aros o dan yr wyneb drwy'r amser. Er nad oes angen offer arbennig ar gyfer y dull hwn, mae'n werth cofio bod poteli a thethi sy'n cael eu diheintio fel hyn yn tueddu i gael eu difrodi'n gyflymach.
3. Prynu hylif diheintio dŵr oer (naill ai wedi'i gymysgu'n barod neu ar ffurf tabled i'w toddi mewn dŵr) a chadw'r cyfarpar bwydo o dan wyneb y dŵr am o leiaf 30 munud. Mae'r opsiwn hwn yn ddelfrydol ar gyfer gwyliau neu benwythnosau i ffwrdd.

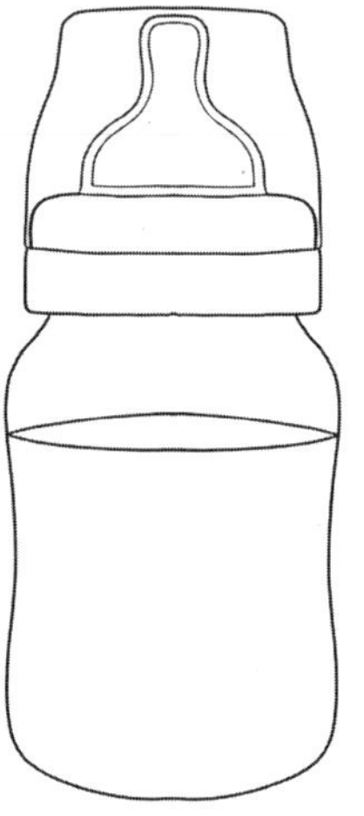

Ar ôl diheintio, fe alli di adael y poteli a'r tethi yn y diheintydd neu'r sosban nes bod angen eu defnyddio. Os wyt ti'n eu tynnu allan, golcha dy ddwylo yn gyntaf neu defnyddia efel lân cyn rhoi'r cyfarpar at ei gilydd, a rhoi'r caeadau yn eu lle ar unwaith i osgoi halogi.

Diddyfnu – pryd i ddechrau a sut

Yn ystod ei flwyddyn gyntaf, llaeth fydd prif ffynhonnell hydradu a maeth dy fabi. Ond o chwe mis oed ymlaen, mae'n bosib dechrau cyflwyno'r babi i flasau ac ansoddau newydd (bwydo cyflenwol), cyn cyflwyno amrywiaeth ehangach o fwydydd solet yn raddol wrth baratoi'r plentyn ar gyfer perthynas iach â bwyd am flynyddoedd i ddod.

Cam 1
Bwydo cyflenwol (6–8 mis oed)

Nid mater o leihau faint o laeth mae dy fabi'n ei gael yw bwydo cyflenwol, ond yn hytrach gadael i dy fabi flasu bwydydd penodol ar y cyd â bwydo arferol, ar y fron neu o botel. Drwy wneud hyn, mae dy fabi'n gallu dechrau dod i arfer â gwahanol flasau ac ansoddau, cyn dysgu sut i gnoi a llyncu bwydydd solet a bwydo ei hun (diddyfnu dan arweiniad babi).

Cyngor y rhan fwyaf o ganllawiau'r llywodraeth yw dechrau'r broses hon pan fydd dy fabi tua chwe mis oed, oherwydd fe ddylai erbyn hynny symud bwyd o gwmpas ei geg a'i lyncu'n ddiogel, gan leihau'r perygl o dagu. Yr argymhelliad yw dechrau gydag uwd babi a stwnsh llysiau hawdd ei lyncu, gan eu cyflwyno'n raddol i ddeiet dy fabi fel rhan o'i drefn fwydo arferol. Os wyt ti eisiau rhoi cynnig ar ddiddyfnu dan arweiniad babi, mae'n bosib cynnwys bwyd bys a bawd meddal ar y cam hwn, fel moron wedi'u coginio neu fysedd ciwcymbr wedi'u plicio.

Y nod yw cynefino, yn hytrach na chymeriant caloriau. Dechreua drwy gynnig un neu ddau o brydau bach y dydd (mae un neu ddwy lond llwy de yn ddigon). Pan mae'r babi'n dechrau llyncu mwy nag y mae'n ei boeri allan, fe elli di gynyddu'r dognau'n raddol, ond gan gadw at y drefn fwydo arferol ar y fron neu o botel. O chwe mis oed ymlaen, mae hefyd yn bosib cynnig dŵr o gwpan addas gyda phrydau bwyd dy fabi.

Yr offer sy'n cael ei argymell

- Cadair uchel (gyda bwrdd atodol, yn ddelfrydol)
- Bib llewys hir (i amddiffyn ei ddillad rhag baeddu)
- Bibiau bwced sy'n dal dŵr (i ddal unrhyw fwyd sy'n gollwng neu sy'n cael ei boeri allan)
- Llwyau diddyfnu meddal
- Cwpan sipian (gyda theth ar y cam hwn)
- Blychau ciwbiau iâ (i rewi dognau unigol o stwnsh bwyd cartref)
- Sosban stemio/prosesydd bwyd babi (yn dibynnu ar eich cyllideb a'r bwriad i wneud stwnsh bwyd cartref eich hun)

TADNODYN

Cyfranna i'r gwaith o wneud stwnsh llysiau a ffrwythau, a bwyda dy fabi pryd bynnag fedri di. Mae'n broses gyflym a hawdd, mae'n arbed arian, mae'n ysgafnhau baich dy bartner ac yn gyfle i greu cwlwm gyda dy fabi, felly mae'n werth yr ymdrech.

Dechreua drwy brynu gwreiddlysiau, sy'n ddelfrydol ar gyfer cam cyntaf diddyfnu. Stemia foronen, hanner swejen a phanasen nes eu bod nhw'n feddal (mae stemio yn well na berwi gan ei fod yn cadw mwy o faeth y llysiau). Pan fydd y llysiau wedi coginio ac yn ddigon meddal, cymysga'r cyfan gyda'i gilydd, gad i'r cymysgedd oren oeri, a rho'r stwnsh mewn hambwrdd ciwbiau iâ a'i rewi. Unwaith y bydd wedi rhewi, bydd modd i ti ddadmer y ciwbiau unigol yn y microdon yn ôl yr angen i wneud pryd cyflym a hawdd.

Cam 2
Cyflwyno blasau ac ansoddau newydd (8–10 mis)

Nawr bod ychydig o ddannedd gan y babi, ac wedi iddo arfer â bwydydd o ansawdd llyfn, mae'n bosib dechrau cyflwyno stwnsh mwy cymhleth a lympiog er mwyn iddo gynefino â bwydydd mwy solet, yn ogystal ag amrywiaeth ehangach o fwydydd bys a bawd i annog bwydo annibynnol.

Mae amrywiaeth yn allweddol er mwyn cadw pethau'n ddiddorol. Meddylia am wahanol flasau, ansoddau a lliwiau i'w rhoi i dy fabi, gan fod hynny'n mynd i'w annog i fod yn fwy anturus gyda bwyd ac yn barod i flasu pethau newydd yn y dyfodol. Mae opsiynau hawdd i'w cynnig yn cynnwys:

- Stwnsh ffrwythau a llysiau wedi'u coginio/stemio lympiog yn hytrach na llyfn
- Cig gwyn meddal wedi'i goginio neu bysgod (naill ai ar eu pennau eu hunain fel bwyd bys a bawd neu wedi'u cymysgu â llysiau mewn stwnsh llyfn)
- Ffyn llysiau a ffrwythau wedi'u sleisio
- Pys (wedi'u coginio neu wedi'u rhewi)
- Ffyn bara, cacennau reis a chacennau ceirch
- Cynnyrch llaeth, fel iogwrt a chaws meddal wedi'i basteureiddio
- Bysedd bara neu dost

Ar y cam hwn, mae'n iawn i'r babi gael dau i dri phryd bach y dydd, gan gynyddu faint mae'n ei fwyta'n raddol yn dibynnu ar ei archwaeth. Gan fod ei gymeriant calorïau o fwyd yn uwch erbyn hyn, mae'n bosib dechrau lleihau faint o laeth mae'n ei yfed yn raddol (gan ddilyn arweiniad dy fabi bob tro, yn hytrach na'i orfodi).

TADNODYN

Mae'n normal i fabanod wag-gyfogi neu gagio o bryd i'w gilydd yn ystod y cyfnod diddyfnu, wrth iddyn nhw ddirnad sut i gnoi eu bwyd yn iawn. Paid byth â gadael dy fabi heb ei oruchwylio pan mae'n bwyta, rhag ofn iddo ddechrau tagu ac angen dy help. Am y rheswm hwn, paid â rhoi byrbrydau i'r babi yn y car oni bai dy fod ti'n eistedd wrth ei ochr yn y sedd gefn.

Beth i'w wneud os yw dy fabi'n tagu

Argymhellir yn gryf fod pob rhiant newydd yn dilyn cwrs cymorth cyntaf blynyddol i ddysgu hanfodion CPR ac er mwyn gwybod beth i'w wneud pan fydd babi'n tagu. Fel arfer, fe fydd ambell ergyd gadarn rhwng llafnau'r ysgwydd yn symud unrhyw fwyd sydd wedi mynd yn sownd, ond os nad yw hynny'n digwydd:

- Tynna dy fabi o'i gadair uchel yn gyflym a'i osod wyneb i lawr ar draws dy gluniau, gan wneud yn siŵr bod y pen yn is na'r frest.
- Gyda llaw o dan ei frest, rho bum ergyd gadarn rhwng llafnau'r ysgwydd gyda chledr dy law.
- Os nad yw'r eitem wedi symud, tro dy fabi drosodd fel ei fod yn gorwedd wyneb i fyny ar dy gluniau, gan ddal ei ben yn dy law, gyda'r pen yn is na'r frest.
- Gyda blaenau dy fysedd, gwthia ganol brest y babi bum gwaith.
- Ailadrodda'r broses o ergydion cefn a gwthio'r frest nes bod yr eitem yn symud.
- Os oes gen ti unrhyw amheuon, ffonia'r gwasanaethau brys i gael cyngor dros y ffôn neu i'w holi i anfon rhywun i helpu.

Cam 3
Paratoi ar gyfer bwyd teuluol (10–12 mis)

Ar y cam hwn, mae'r babi yn barod i ehangu ei orwelion bwyd wrth baratoi i newid o ddibyniaeth ar laeth i fwydydd solet ar ôl ei ben-blwydd cyntaf. Bellach, mae'n gallu mwynhau tri phryd solet y dydd, gan fwyta ryseitiau mwy cymhleth a chyflawn tebyg i'r hyn rydych chi'n ei gael (ond mewn dognau llai, wedi'u torri'n fân a heb flasuso – h.y. osgoi halen a siwgr).

Wrth gwrs, mae'n bosib dal ati i roi bwydydd mae'r babi wedi'u mwynhau dros y misoedd blaenorol – uwd babi, stwnsh ac iogwrt. Gyda mwy o ddannedd i drin bwydydd o ansawdd caletach a'i stumog wedi datblygu ymhellach, fe all fwyta'r rhan fwyaf o fathau o fwyd bellach, gan gynnwys proteinau trymach fel cig coch.

Yn ystod y cam hwn, fe fydd dy fabi'n dal i gael llaeth o'r fron neu laeth fformiwla yn rheolaidd – gan anelu at gyfanswm o tua 500ml (17.5 owns hylif) y dydd – er bod bwyd bellach yn rhan bwysig o'i ddeiet a'i gymeriant maetholion.

Er ei fod yn rhy ifanc i ddefnyddio cyllell a fforc, mae angen ei annog i fwydo ei hun fwy a mwy. Fe elli di roi llwy feddal i'r babi yn ystod amser bwyd er mwyn iddo gynefino â'r syniad.

Cam 4
Blwydd a thu hwnt

Unwaith y bydd dy fabi wedi troi'n flwydd oed, bwyd solet ddylai fod y brif ffynhonnell o faeth a chaloriau. Os yw dy bartner yn bwydo ar y fron, mae'n iawn iddi ddal ati am gyfnod eto os yw hi eisiau, neu mae'n bosib rhoi llaeth buwch braster llawn yn lle llaeth fformiwla o'r cam hwn ymlaen (o leiaf 350ml/12 owns hylif neu ddau ddogn o gynnyrch llaeth y dydd).

Fel arall, fe fydd cymysgedd iach o ffrwythau a llysiau, protein (cig, pysgod, wyau neu blanhigion) a bwyd startsh (fel tatws, bara a reis) yn sicrhau bod dy blentyn yn cael popeth sydd ei angen arno.

Bwydydd lle mae angen gofal

Osgoi	Peryglon tagu posib
• Popgorn (ddim yn cael ei argymell i blant o dan bedair oed) • Llaeth braster isel, llaeth sgim neu laeth heb ei drin • Bwyd hallt a melys • Mêl (ddim yn cael ei argymell i blant o dan flwydd) • Pysgod amrwd • Braster dirlawn • Unrhyw beth gydag esgyrn	• Grawnwin • Mefus • Tomatos bach melys • Moron bach • India-corn bach • Selsig • Malws melys *Cofia dorri'r bwydydd hyn yn ddarnau o faint addas*

Adweithiau alergaidd

Wrth gyflwyno dy fabi i fwydydd newydd, mae'n amhosib gwybod a fydd ganddo unrhyw anoddefiadau bwyd heb ddiagnosis neu alergeddau a allai sbarduno adwaith alergaidd. Ond os oes hanes teuluol o alergeddau, mae yna fwy o siawns y bydd dy fabi'n dioddef hefyd.

Y cyngor yw dechrau cyflwyno dy fabi i fwydydd sy'n aml yn achosi alergedd (fel wyau, menyn cnau daear, soia, llaeth buwch a physgod) wrth iddo droi yn chwe mis oed, gan fod tystiolaeth yn awgrymu bod mwy o debygolrwydd y bydd yn datblygu alergedd i'r bwydydd hyn os yw hynny'n cael ei adael llawer yn hirach.

Wrth wneud hynny, rho gynnig ar ychydig bach o un bwyd ar y tro, gan gadw llygad barcud ar dy fabi am unrhyw adweithiau alergaidd. Mae'r rhain fel arfer yn ymddangos yn gyflym, o fewn ychydig funudau i'r babi fwyta rhywbeth anaddas, felly os wyt ti'n gweld unrhyw un o'r symptomau canlynol yn fuan ar ôl bwyta, mae'n werth holi am gyngor meddygol:

- Tisian
- Llygaid coch, coslyd, dyfrllyd
- Brech goch, goslyd
- Y ddanadfrech (*hives*) o gwmpas ceg y babi
- Gwefusau neu dafod chwyddedig
- Gwichian a phesychu
- Trwyn sy'n rhedeg yn sydyn, neu drwyn llawn
- Asthma neu ecsema sy'n gwaethygu

Fel arall, mae'n bosib bod gan dy fabi anoddefiad bwyd, a'i fod yn cael trafferth treulio bwydydd penodol. Er bod hynny'n llai difrifol nag alergedd bwyd, mae anoddefiad yn anghyfforddus i'r bychan, ac yn arwain at broblemau na ddylid eu hanwybyddu.

Yn wahanol i adweithiau alergaidd, sydd fel arfer yn ymddangos yn gyflym iawn, mae symptomau anoddefiad bwyd fel arfer yn ymddangos ychydig oriau ar ôl bwyta bwyd penodol ac yn cynnwys:

- Poen yn y bol
- Dolur rhydd
- Gwynt

Yn ffodus, mae'n bosib rheoli'r rhan fwyaf o anoddefiadau bwyd drwy newid deiet, ond os wyt ti'n poeni o gwbl, mae'n werth holi am gyngor dy feddyg teulu.

Bywyd fel tad i blentyn ag alergeddau (Stori Mike)

Fel ni, mae'n debygol mai ar hap a damwain y byddwch chi'n darganfod bod gan eich plentyn bach alergedd. Fe wnaethon ni ddarganfod bod cynnyrch llaeth yn achosi sioc anaffylactig i'n plentyn hynaf wrth ddechrau diddyfnu. Arweiniodd llond ceg o uwd babi yn chwe mis oed at ras i'r ysbyty.

Unwaith i'r uwd gyffwrdd ei gwefusau, datblygodd y ddanadfrech o amgylch ei cheg, cyn i'w thafod a'i gwefusau chwyddo. Doedden ni ddim yn deall beth oedd yn digwydd, ond roedden ni'n gwybod ei fod yn ddifrifol.

Ar ôl cyrraedd, roedd y nyrsys yn gallu gweld yn syth ei bod hi'n cael adwaith anaffylactig, a rhoddwyd adrenalin, steroidau a gwrth-histamin iddi. Roedd y cyfan yn sioc ar y naw.

Does gan fy ngwraig na finnau ddim alergeddau, ac roedd ymwybyddiaeth o alergenau yn brin iawn ar y pryd. Roeddwn i wedi clywed am bobl yn cael adweithiau i gnau a oedd yn berygl bywyd, ond doedd gen i ddim syniad fod cynnyrch llaeth yn gallu achosi'r un peth. Ond fe gadarnhaodd y meddyg fod ein merch yn anaffylactig i gynnyrch llaeth, sy'n golygu y byddai'n rhaid iddi gario EpiPen a gwrth-histamin gyda hi bob amser. Y cyngor gawson ni oedd ei hamlygu i'r 14 alergen blaenllaw, ac fe wnaeth hynny gadarnhau bod ganddi anaffylacsis wyau hefyd. Fe wnaethon ni'r penderfyniad i gael gwared ar gynnyrch llaeth ac wyau o'n deiet, ac nad oedd dim o'r cynhwysion yn cael croesi'r rhiniog.

Ers hynny, mae'r ferch wedi cael sawl prawf pigo croen a phrofion gwaed i bennu difrifoldeb ei halergeddau, ac mae clinig alergedd lleol wedi helpu i ddatblygu cynllun arbenigol ar y ffordd orau o symud ymlaen. Fe wnaethon ni gychwyn drwy ddringo "ysgol" llaeth ac wyau, a oedd yn y bôn yn amlygu ein merch i'r alergenau ar gryfderau amrywiol. Fe wnaeth hyn lwyddo i ryw raddau. Bellach, rydyn ni'n gwybod ei bod hi'n gallu goddef cyfran fach o'r ddau alergen o dan rai amgylchiadau, er enghraifft, mewn bisgedi. Ond ddeng mlynedd yn ddiweddarach, mae hi'n dal i fod yn anaffylactig, ac mae'r alergeddau yn mynd i fod gyda hi am weddill ei hoes.

Yn ffodus, mae ymwybyddiaeth o alergenau wedi gwella'n sylweddol dros y blynyddoedd diwethaf, ac mae'r un peth yn wir am y bwydydd alergedd gyfeillgar sydd ar gael bellach, sydd wedi lleddfu rhywfaint o'r pryder.

Ond, wrth i'ch plant dyfu'n hŷn, dydych chi ddim yn gallu bod gyda nhw bob eiliad o bob dydd i wneud yn siŵr eu bod nhw'n ddiogel. Mae yna adegau pan mae'n rhaid i chi roi iechyd a diogelwch eich plentyn yng ngofal eraill. Mae hynny'n gallu achosi gorbryder, felly dwi eisiau tynnu sylw at rai o'r senarios hyn a sut rydyn ni'n eu rheoli:

Gofal plant ac ysgol – mae angen dal ati i gyfathrebu â'r feithrinfa/ysgol, ac mae angen i chi fod yn bendant a di-lol. Gwnewch yn siŵr eu bod nhw'n gwybod am alergeddau eich plentyn, beth i gadw llygad amdano gydag adwaith a sut i'w reoli. Gweithiwch gyda nhw i ddatblygu cynllun alergedd, wedi'i argraffu fel ei fod yn aros gyda'ch plentyn, a gofalwch fod pecyn alergedd gan yr ysgol ei hun. Mae'n bosib y bydd yn rhaid i chi ddarparu dewisiadau llaeth amgen neu becyn bwyd os nad yw'r ysgol yn gallu darparu prydau diogel i'ch plentyn eu bwyta. Ond er lles cymdeithasol plant, fe fyddwn i'n awgrymu'n gryf nad ydyn nhw'n cael eu gwahanu oddi wrth eu cyd-ddisgyblion yn ystod amser bwyd. Dydych chi ddim eisiau i'w profiad ysgol gael ei ddiffinio gan eu halergeddau.

Gwahoddiadau i chwarae a phartïon – os yw eich plentyn yn mynd i dŷ ffrind, mae'n rhaid sgwrsio â'r rhieni ymlaen llaw bob tro. Gofynnwch beth maen nhw'n bwriadu ei goginio a gwiriwch y cynhwysion i wneud yn siŵr bod y bwyd yn ddiogel. Gwnewch yn siŵr bod meddyginiaeth alergedd eich plentyn ganddo, a sgwrsiwch â'r rhieni am sut i'w ddefnyddio. Os ydych chi'n poeni o gwbl, mae'n well i chi fynychu'r parti eich hun.

Gwyliau – mae angen gwneud gwaith ymchwil i gyrchfannau gwyliau posib o ran eu hymwybyddiaeth o alergedd a pha fwydydd sydd ar gael.

Mae rhai llefydd yn well nag eraill. Er hwylustod, rydyn ni fel arfer yn mynd â chryn dipyn o fwyd gyda ni, gan fod prisiau bwydydd alergedd gyfeillgar fel arfer yn uchel iawn dramor. Os ydych chi'n hedfan, mae angen mynd ag unrhyw feddyginiaeth drwy'r trefniadau diogelwch, yn ddelfrydol gyda phapur meddyg, i osgoi unrhyw broblemau o ran cadw gafael ar bethau. Rhowch wybod i'r criw, ymlaen llaw a phan fyddwch chi ar yr awyren, am yr alergeddau (ie, ni yw'r teulu sy'n gyfrifol am y ffaith nad ydych chi'n cael bwyta cnau ar awyrennau weithiau!).

Mae magu plentyn ag alergeddau yn anodd ac yn heriol, yn enwedig ar y dechrau, pan mae'n fyd newydd a dieithr i chi. Ond wrth i chi gynefino, mae pethau'n dod yn haws. Y gyfrinach yw ceisio byw bywyd mor "normal" â phosib. Peidiwch ag osgoi gwneud pethau rhag ofn fod rhywbeth yn mynd o'i le. Mae'n debygol y bydd pob dim yn iawn. Y peth anoddaf yw delio â'ch pryder eich hun. Os gallwch chi reoli hynny, dyna yw hanner y frwydr.

Gadawodd Mike ei yrfa yn y GIG i ymgymryd â rôl llawer mwy heriol ... tad sy'n aros gartref i bedwar o blant. Mae Mike a'i deulu yn byw yng ngogledd Cymru ac mae'n bosib dilyn eu helyntion ar Instagram @daddy_freckle.

Osgoi bwyta ffyslyd

Mae cysylltiad agos rhwng perthynas plentyn â bwyd a'i brofiadau bwyta yn ystod y blynyddoedd cynnar ffurfiannol hyn. Wrth gynnig amrywiaeth helaeth o flasau, ac wrth wneud prydau bwyd yn amser pleserus, diddorol a hamddenol o'r cychwyn cyntaf, fe fydd plentyn yn llawer parotach i roi cynnig ar bethau newydd wrth dyfu'n hŷn.

Er nad yw bwyta ffyslyd yn rhywbeth sy'n cael ei etifeddu, mae'n bosib y bydd rhai nodweddion o bersonoliaeth dy blentyn sy'n gwneud hynny'n fwy tebygol. Mae plentyn hynod benderfynol neu blentyn sy'n pryderu ar ddim yn gallu gwneud prydau bwyd yn fwy heriol. Mae hefyd yn hollol normal i blant bach fynd drwy gyfnodau o fwyta ffyslyd, neu hoffi bwyd penodol un diwrnod ac yna ei wrthod yn llwyr drannoeth. Dydy hynny ddim o reidrwydd yn golygu nad ydyn nhw'n ei hoffi neu na fyddan nhw'n ei fwyta yn y dyfodol, felly mae'n bwysig peidio â dileu unrhyw fwydydd oddi ar y fwydlen yn barhaol.

Pa rwystrau bynnag sy'n codi, dyma ambell air o gyngor i roi'r dechrau gorau posib i dy blentyn a'i berthynas â bwyd.

PETHAU I'W GWNEUD

Cadw pethau'n ddiddorol

Pan does 'na fawr o amser nag amynedd, mae'n hawdd mynd i rigol a rhoi'r un dewis cyfyngedig o brydau i dy fabi neu dy blentyn, bwydydd rwyt ti'n gwybod i sicrwydd y bydd yn eu mwynhau ac yn eu bwyta. Ond dydy hyn ddim yn mynd i'w helpu yn y tymor hir. Ceisia amrywio'r arlwy, gan gynnwys rhywbeth newydd bob pryd (hyd yn oed fel ychydig ar yr ochr), gweini'r un bwyd mewn gwahanol ffyrdd (er enghraifft, saws tomato yn lle tomato amrwd) a chynnwys elfen hwyliog i amser bwyd drwy arbrofi gyda gwahanol liwiau a siapiau ar y plât.

Bwyta gyda'ch gilydd

Bwyta gyda'ch gilydd fel teulu yw un o'r pethau gorau i'w gwneud o ran annog dy blentyn bach i fwyta'n dda. Nid yn unig y mae'n arbed amser (gallu coginio'r un peth i bawb), ond mae prydau teulu hefyd yn brofiadau gwych i greu cwlwm a helpu plant i ddatblygu doniau sgwrsio, galluoedd cymdeithasol a sgiliau symud pwysig i'w paratoi ar gyfer bywyd.

Aros yn bositif

Paid â throsglwyddo rhagfarn bersonol neu gasineb tuag at fwydydd penodol i dy blentyn. Siarada'n gadarnhaol am fwyd bob cyfle gei di. Mae'n bwysig dweud fod popeth yn flasus, hyd yn oed os nad wyt ti dy hun yn ei hoffi. Fe fydd mynd ati'n fwriadol i osgoi iaith negyddol a gwneud prydau bwyd yn brofiad cadarnhaol yn talu ar ei ganfed am flynyddoedd i ddod.

Chwarae'r gêm tymor hir

Cadwa nodyn o'r hyn y mae'r plentyn yn ei fwyta yn ystod diwrnod ac wythnos gyfan, yn hytrach na chanolbwyntio'n ormodol ar un pryd bwyd trafferthus. Os nad yw'r plentyn yn bwyta rhyw lawer amser cinio, mae bron yn sicr o fwyta mwy yn nes ymlaen yn y dydd. Yn yr un modd, mae diwrnod gwael yn bosib ond fe fydd yn cael hen ddigon i'w fwyta yn ystod yr wythnos.

PAID Â

Llethu dy blentyn

Paid â'i lethu gyda gormod o fwyd. Dechreua gyda dogn bach o fwyd ar y plât. Mae'n ddigon hawdd iddo ofyn am fwy os yw'r bwyd yn mynd i lawr yn dda.

Gorfodi dy blentyn

Pan fydd plentyn yn teimlo dan bwysau i fwyta, fe fydd hynny bron bob tro yn arwain at strancio, dagrau a bwyd heb ei gyffwrdd. Paid byth â gorfodi bwyd i'w geg neu wneud iddo fwyta rhywbeth os nad yw o wir eisiau. Mae'n llawer gwell cadw pryd heb ei fwyta at eto, rhoi cynnig arall arni rywdro eto neu ei fwyta dy hun a gwneud sioe fawr o ba mor flasus yw'r pryd.

Bygwth a llwgrwobrwyo

Paid â gwneud bygythiadau i'w gael i glirio ei blât os nad yw o eisiau. Fe all hynny arwain at wrthod bwyd, a'i wneud yn bryderus am amser bwyd. Mae'r un peth yn wir am lwgrwobrwyo, sy'n gallu arwain at ddisgwyl gwobr bob tro mae'n gorffen pryd o fwyd.

Synnu dy blentyn

Dwed wrth dy blentyn beth wyt ti'n ei baratoi cyn dechrau coginio, neu'n well fyth, gofyn iddo dy helpu i baratoi bwyd. Fe fydd hyn yn rhoi amser iddo baratoi'n feddyliol ar gyfer pryd o fwyd gan ar yr un pryd rhoi perchnogaeth a rheolaeth iddo dros yr hyn mae'n ei fwyta, gan osgoi pryder bwyd.

Rhoi'r ffidil yn y to

Os wyt ti'n rhoi math newydd o fwyd i dy blentyn a'i fod yn ei wrthod, dydy hynny ddim o reidrwydd yn golygu nad yw'n hoffi'r bwyd rwyt ti'n ei roi iddo. Mae'n bosib nad oes awydd bwyd arno yr eiliad honno, neu bod angen clwt glân arno, neu ei fod wedi blino. Os yw'n troi ei drwyn ar ryw fwyd neu'i gilydd, rho'r un peth iddo eto drannoeth, neu ar adeg wahanol o'r dydd. Fe all gymryd pum i ddeg cynnig i fabi dderbyn bwyd newydd, felly paid â rhoi'r ffidil yn y to.

TADNODYN

Oni bai bod alergeddau penodol gan dy blentyn, paid â mynd i'r arfer o goginio prydau ar wahân iddo pan fyddwch chi'n bwyta gyda'ch gilydd fel teulu. Os gelli di gyrraedd pwynt lle mae'r plentyn yn bwyta'r un peth â'r oedolion (ond gyda llai o halen a phupur), fe fyddi di'n arbed blynyddoedd o amser, ymdrech a gwastraff i ti dy hun.

PENNOD 6

WNA I GYSGU BYTH ETO?

Fe fyddi di'n falch o glywed mai'r ateb i'r cwestiwn hwn yw gwnei, fe wnei di, yn bendant. Dwyt ti ddim wedi ffarwelio am byth â chysgu'n hwyr ar foreau Sul. Ac fe fydd yna amser (heb fod yn rhy bell i ffwrdd) pan fydd dy fabi yn dysgu cysgu drwy'r nos. Am mai dyna maen nhw i gyd yn ei wneud yn y pen draw. Dyna pam nad wyt ti'n clywed rhyw lawer am oedolion sy'n deffro yn crio sawl gwaith yn ystod y nos, yn mynnu clwt glân a gwydraid o laeth cynnes.

Ond does dim gwadu bod misoedd cynnar magu plant yn dipyn o laddfa. Fe fydd cwsg, neu ddiffyg cwsg, yn gyson ar dy feddwl ac yn dy sgyrsiau dyddiol. Fe fydd pawb byddi di'n eu gweld yn holi a wyt ti'n cysgu. Fe fydd hi'n troi'n gystadleuaeth rhyngot ti a dy bartner i weld pwy sydd wedi cysgu lleiaf. Ac fe fyddi di'n sylwi arnat ti dy hun yn cerdded o gwmpas mewn perlewyg, yn breuddwydio am y diwrnod pan fydd dy fabi'n cysgu am fwy na dwyawr ar y tro.

Mae'n siŵr dy fod ti bellach wedi deall bod pob babi'n wahanol. Fe fydd faint maen nhw'n cysgu yn dibynnu ar bob math o bethau – pa mor hen ydyn nhw, a gawson nhw eu geni'n gynnar, eu pwysau a pha mor dda maen nhw'n bwydo. Fe fydd ffactorau allanol yn cael effaith hefyd, o ble maen nhw'n cysgu ac ym mha ystum, i'r hyn maen nhw'n ei wisgo, a lefelau golau, sain a thymheredd eu hamgylchedd cysgu.

O ran patrymau cysgu a sefydlu trefn, mae'n gallu bod yn fater o lwc. Dydy rhywbeth sy'n gweithio i un babi ddim o reidrwydd yn mynd i weithio i fabi arall. Fe fydd angen i ti roi cynnig ar ddulliau gwahanol cyn darganfod beth sy'n gweithio i dy fabi di, mae hynny bron yn sicr. Fy nghyngor i yw rhoi cynnig teg ar bob un cyn symud ymlaen i'r nesaf. Fel rheol, fydd yna ddim trefn wedi'i sefydlu hyd nes y bydd y babi wedi dilyn yr un patrwm yn gyson am saith niwrnod yn olynol. Felly, os nad yw rhywbeth yn llwyddo'n syth bin, cofia ddal ati, aros yn gryf ac, yn anad dim, bydd yn gyson.

Mae'n fôr go stormus, dyna'r gwir amdani. Ond mae'r bennod hon yn cynnig yr holl gyngor ymarferol sydd ei angen i gyrraedd y lan yn ddiogel.

WEDI BLINO GORMOD ...

Gormod i ddirnad.
Gormod i 'molchi.
Lot gormod i feddwl
Am ddim byd ond babi.

Gormod i ddarllen.
Gormod i sgwennu.
Breuddwydio am noson
Heb darfu ar gysgu.

Gormod i fwyta.
Heb sôn am goginio.
Dim ond bywyd o fwydo
A newid a setlo.

Gormod i smwddio,
Neu wneud y gwaith tŷ.
Nid llygaid sydd gen i
Ond dau bydew du.

Gormod i wrando.
Gormod i siarad.
Sut awn ni drwy'r wythnos?
Does gen i ddim syniad.

Gormod i weithio.
Gormod i feddwl.
Does dim byd yn glir,
Mae'r cyfan yn gwmwl.

Gormod i ffraeo.
Gormod i ddadlau.
Ymbalfalu yn y tywyllwch,
Ofn gwasgu'r swits golau.

Gormod i garu.
Gormod i swsio.
Cysgu neu secs?
Www, cysgu! Ti'n meindio?

Gormod i chwerthin.
Gormod i grio.
Wyt ti'n gallu marw
Oherwydd gorflino?

PENNILL BONWS AR GYFER
RHIENI TRO CYNTAF

Fe fydd popeth yn iawn.
Does dim angen poeni.
Dygymod heb gwsg
Yw tynged rhieni.
Ac er mor ddiddiwedd
A hyll mae o'n teimlo,
Am gyfnod mae'n para –
Fe fydd popeth yn pasio.

Faint o gwsg sydd ei angen ar fy mabi?

Newydd-anedig i 3 mis – yn ystod misoedd cyntaf bywyd dy fabi, fe ddylai gysgu am rhwng 14 a 17 awr bob dydd. Yn anffodus, dydy hynny ddim yn digwydd mewn un pwl. Yn hytrach, fe fydd y cwsg yn cael ei wasgaru dros gyfnod o 24 awr ar ffurf cyfres o gyfnodau byr. Fe fydd hyd y cwsg yn amrywio o un babi i'r llall, ond fel arfer fe fydd yn amrywio o 45 munud i ddwy awr ar y tro. I rieni newydd, dyma'r cam anoddaf o bell ffordd, gan fod misoedd o darfu ar gwsg yn gadael ei ôl.

I wneud pethau'n waeth, mae'r rhan fwyaf o fabanod newydd-anedig yn drysu rhwng dydd a nos, sy'n golygu eu bod nhw'n cysgu mwy yn ystod y dydd nag yn ystod y nos. Mae gan oedolion gloc mewnol, rhythm circadaidd, sy'n ein deffro yn y bore ac yn ein gwneud ni'n gysglyd yn y nos. Dydy hynny ddim yn wir yn achos babanod newydd-anedig, ac fe all gymryd tri i bedwar mis cyn i'w cloc mewnol ddechrau cyd-fynd â'n un ni.

TADNODYN

Dos â'r babi allan yn ystod y dydd i gael ychydig o awyr iach a golau naturiol. Mae astudiaethau wedi dangos bod babanod sy'n profi golau naturiol yn ystod y dydd yn cysgu'n well yn y nos ac yn addasu'n gynt i'r rhythm circadaidd 24 awr. Yn yr un modd, mae'n werth gadael digonedd o olau naturiol yn eu hamgylchedd cysgu pan fyddan nhw'n cysgu yn ystod y dydd, gan gadw tywyllwch llwyr (gyda llenni neu fleindiau blacowt) ar gyfer y nos.

4 i 12 mis – am weddill blwyddyn gyntaf dy fabi, fe ddylai gysgu am tua 12-16 awr y dydd. Unwaith y bydd y rhythm circadaidd ar waith, fe ddylet ti sylwi ei fod yn fwy effro ac yn cysgu am gyfnodau byrrach yn ystod y dydd, ac yn cysgu am gyfnodau hirach yn raddol yn ystod y nos.

1-2 oed – mae'n debygol y bydd dy fabi/blentyn bach yn dal i gael un neu ddau gyfnod o gwsg yn ystod y dydd, ond yn ystod y nos y bydd yn cysgu fwyaf, cyfanswm o rhwng 11 a 14 awr y dydd. Ar y cam hwn, mae plant yn dysgu cryn dipyn, felly mae angen i'r ymennydd a'r corff gael gorffwys digonol.

3 oed – fe ddylai dy blentyn bach fod yn cael tua 10–13 awr bob dydd. Bydd o bosib angen un cyfnod byr o gwsg yn ystod y dydd o hyd, yn enwedig os yw mewn hwyliau drwg yn y prynhawn neu'n methu cadw ei lygaid ar agor erbyn amser swper.

Setlo dy fabi

Fe all rhoi dy fabi i lawr i gysgu deimlo'n debyg i ddelio gyda bom sy'n tician. Os wyt ti'n gwneud y peth lleiaf o'i le, BWWWWM ... fe fydd yn hollol effro, yn crio ac yn ddrwg ei hwyl, sy'n golygu gorfod ailddechrau'r holl broses unwaith eto.

Yr her gyntaf yw gwybod pryd i roi'r babi i lawr i gysgu. Gwna hynny'n rhy gynnar, ac mae yna berygl iddo anesmwytho a pheidio â mynd i gysgu. Gad hi'n rhy hir ac mae'n bosib y bydd yn gorflino, gan arwain at fwy o ddagrau. Y gyfrinach yw adnabod arwyddion blinder dy fabi ac ymateb yn gyflym. Y rhai mwyaf cyffredin yw:

- Dylyfu gên
- Edrychiad annelwig ac amrantu trafferthus
- Newid mewn hwyliau (o swnllyd i dawel neu o lonydd i gynhyrfus)
- Rhwbio llygaid neu dynnu clustiau neu wallt
- Crymu'r cefn am yn ôl
- Crio gwahanol (sŵn mwy cwynfanllyd, fel arfer)
- Closio atat pan fydd yn cael ei ddal

Pan weli di unrhyw un o'r arwyddion hyn, dos ati'n dawel i baratoi dy fabi ar gyfer y gwely (ei rwymo mewn cadachau neu ei roi mewn sach gysgu, canu suo-gân iddo neu chwarae sŵn gwyn) a'i roi i lawr yn dyner.

OEDDET TI'N GWYBOD?

Mae babanod yn ymateb yn gadarnhaol i sŵn gwyn – sŵn suo tebyg i donnau neu sugnydd llwch – sy'n gallu eu tawelu a'u helpu i gysgu. Mae yna lawer o wahanol offer hybu cwsg ar gael sy'n cynhyrchu sŵn gwyn neu synau ailadroddus tebyg, fel curiad calon mam yn y groth, ac mae'n bosib eu defnyddio gyda babi newydd-anedig wrth iddo ddisgyn i gysgu. Dros amser, fe fyddan nhw'n dechrau cysylltu'r synau hyn ag amser cysgu, gan eu helpu i setlo.

Mae'n werth mynd i'r arfer o newid clwt babi cyn iddo gysgu, gan fod hynny'n aml yn hwyluso'r broses o'u setlo. Fe all newid clwt fod yn dipyn o beth – pan fydd y babi'n rhannol noeth ac felly'n oer, neu angen newid ei ddillad, fe all hynny darfu ar ei gyflwr cysglyd.

TADNODYN

Er bod modd siglo dy fabi yn dy freichiau ac aros iddo gysgu cyn ei roi i lawr, mae'n werth ei osod yn ei got neu fasged Moses pan mae'n dal yn effro pan fydd yn cysgu yn ystod y dydd. Drwy wneud hyn, fe fydd yn dysgu sut i setlo ei hun i gysgu yn hytrach na dibynnu arnat ti i wneud hynny ar ei ran bob tro.

Yn ystod y nos, fodd bynnag, mae'n werth lleihau i'r eithaf faint mae'r babi ar ddihun rhwng bwydo a deffro, felly mae'n iawn ei gael i gysgu yn dy freichiau cyn ei roi i lawr.

Rhoi'r babi i lawr yn iawn

Os yw dy fabi newydd-anedig yn deffro neu'n crio bob tro wyt ti'n ei roi i lawr i gysgu, rho gynnig ar un o'r tair techneg setlo hyn:

Pen ôl yn gyntaf

Y teimlad naturiol ydy rhoi babi i lawr yn y cot pen yn gyntaf, gan adael i'w ben orffwys ar y fatres cyn yr ysgwyddau, cefn a phen-ôl. Ond mae hynny'n gallu sbarduno atgyrch dychryn babi, gan beri iddo ddeffro. Yn lle hynny, rho gynnig ar y gwrthwyneb ... pen-ôl yn gyntaf, yna'i rolio'n araf ar ei gefn a'r pen yn olaf.

Daliad cynnal

Gan ddal y babi'n agos at dy gorff, plyga i lawr at y fatres gan gadw'r cysylltiad corfforol drwy'r amser. Wrth i ti dynnu dy gorff i ffwrdd yn raddol, cadwa un llaw ar gorun y babi a'r llall yn gorffwys yn ysgafn ar ei fol neu frest. Fe fydd hyn yn helpu dy fabi i deimlo'n ddiogel gan nad yw'r cysylltiad yn cael ei dorri.

Gad dy ddwylo lle maen nhw tan i dy fabi setlo, yna tynna'r llaw o'i gorun yn raddol, a gad y llaw arall lle mae hi am ychydig cyn ei thynnu i ffwrdd yn araf. Os yw dy fabi'n dechrau cwyno, rho dy law yn ôl ar ei fol tan y bydd yn setlo eto.

Patio a distewi

Mae'r dechneg setlo hon, sy'n cael ei hargymell ar gyfer babanod o dan chwe mis oed, yn effeithiol iawn yn ystod y nos, er mwyn cael babi sydd newydd fwydo i gysgu ar ôl iddo ddeffro am ddim rheswm amlwg.

Dalia fabi sy'n crio yn agos at dy frest ac yn gefnsyth, a gwneud y tri pheth canlynol ar yr un pryd:

- Gwneud synau distewi (shyshian) hir a chymharol uchel (sŵn tebyg i dap yn rhedeg yn gyflym).
- Patio'r babi yn gadarn ac yn rhythmig ar ganol ei gefn.
- Bownsio i fyny ac i lawr yn dyner, drwy blygu a sythu dy bengliniau.

Y ddamcaniaeth yw mai dim ond dau beth ar y tro y gall ymennydd babi ei brosesu, felly fe fydd distewi, patio a bownsio yn ormod i'r babi feddwl amdano, ac fe fydd hynny'n ddigon i wneud iddo gysgu.

Unwaith y bydd dy fabi wedi stopio crio, dalia ati i ddistewi, patio a bownsio am tua deng munud cyn arafu'r rhythm patio a bownsio a thawelu'r synau distewi yn raddol, cyn stopio'n gyfan gwbl a rhoi dy fabi i lawr. Os yw dy fabi'n deffro yn crio yn fuan wedyn, coda fo eto gan ailadrodd y broses.

Mae cysondeb a dyfalbarhad yn allweddol wrth ddefnyddio'r dechneg hon. Fe all gymryd peth amser i gysuro dy fabi fel hyn, ond unwaith y bydd hynny'n digwydd, fe fydd unrhyw gyfuniad o ddistewi, patio neu fownsio – yn dy freichiau neu ar ei orwedd – yn dod yn arwydd meddyliol iddo gysgu'n drwm.

Pam nad yw fy mabi i'n cysgu? Canllaw datrys problemau

Mae angen llawer o gwsg ar fabanod er mwyn eu datblygiad corfforol a gwybyddol, felly fe ddylen nhw gael y cwsg sy'n iawn ar gyfer eu hoedran yn naturiol. Ond os yw'r babi yn deffro yn crio, yn anhapus neu heb gysgu digon, fel arfer fe fydd yn arwydd bod rhywbeth yn bod.

Dyma'r prif resymau y bydd babi'n deffro cyn pryd:

Rhy boeth neu oer

Mae tymheredd yr ystafell lle mae dy fabi'n cysgu a faint o ddillad mae'n eu gwisgo yn hanfodol o ran sicrhau cwsg o safon. Er ei bod yn anodd rheoli hynny yn oerfel eithafol y gaeaf a gwres eithafol yr haf, mae angen ceisio cynnal tymheredd ystafell dy fabi ar 16–20°C (60–68°F). Os nad oes dull o reoli gwres ystafell dy fabi ar gael, mae'n werth buddsoddi mewn thermomedr ystafell, gwresogydd a ffan (gan wneud yn siŵr nad ydyn nhw'n pwyntio'n syth at wely'r babi wrth iddo gysgu).

Gwirio		Datrys
Os yw dy fabi'n deffro gyda gwallt gwlyb, dillad llaith neu frest neu gefn chwyslyd, mae'r ystafell yn rhy boeth neu mae'n gwisgo gormod o haenau.	→	Tynna haen o ddillad, defnyddia orchudd neu sach gysgu ysgafnach a rho ffan yn yr ystafell i ostwng y tymheredd.
Os yw dy fabi'n aflonydd wrth gysgu, neu'n cysgu ar ei ddwylo neu yng nghornel y cot, mae'r rhain yn arwyddion ei fod yn rhy oer.	→	Gwna'n siŵr ei fod yn gwisgo fest o dan ei ddillad cysgu, gwisga sanau amdano os yw ei draed yn noeth a rho flanced ychwanegol drosto wrth iddo gysgu. Os yw'n defnyddio sach gysgu, pryna un drwchus ("tog uwch") ar gyfer misoedd y gaeaf.

Haenau ychwanegol ar gyfer napyn a chysgu yn ystod y nos

Pan fydd dy fabi'n dechrau rholio drosodd neu gropian, mae'n llawer anoddach ei gadw'n gynnes yn ystod y nos gan ei fod yn dueddol o ddod yn rhydd o'i gadachau rhwymo neu ddillad gwely. Os nad wyt ti wedi gwneud hynny eisoes, dyma'r arwydd i newid i sachau cysgu ar gyfer amser napyn a chwsg nos.

Er mwyn ymateb i dymheredd amrywiol drwy gydol y flwyddyn, mae'n werth prynu sachau cysgu o wahanol drwch neu "tog". Tog 1 yw'r ysgafnaf, a dyma sydd orau ar gyfer yr haf a hinsawdd boeth; mae Tog 2 ychydig yn fwy trwchus ac yn ddewis cyffredinol da, a Tog 3 yw'r un mwyaf trwchus a'r gorau ar gyfer misoedd oer y gaeaf. Mae dillad y babi'n bwysig hefyd, ac mae angen eu haddasu yn unol â thymheredd yr ystafell a thrwch y sach gysgu.

Fel rheol, mae'n well i dy fabi fod ychydig yn rhy oer nac yn rhy boeth. A phaid â phoeni os yw'r wyneb, y traed a'r dwylo yn teimlo ychydig yn oer yn ystod misoedd y gaeaf, cyhyd â bod gweddill corff y babi'n gynnes.

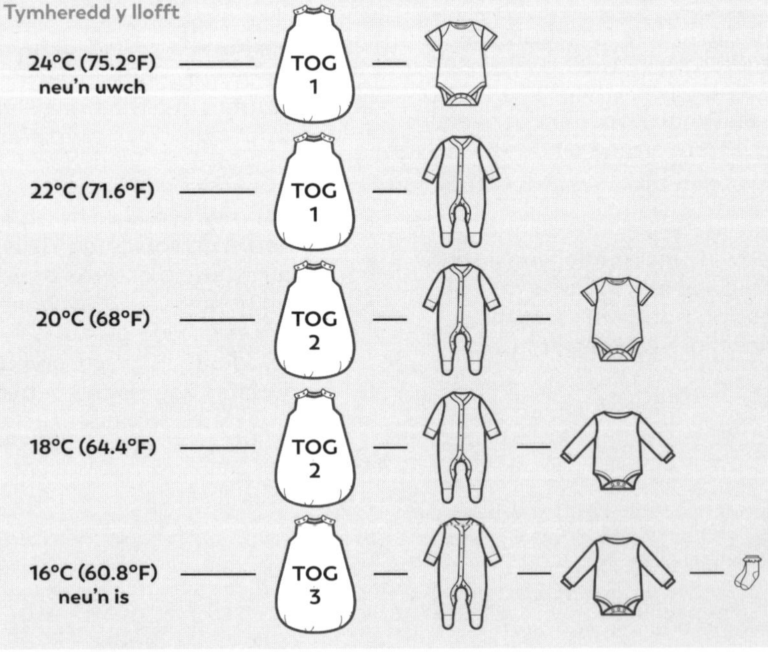

Mae'r babi'n wlyb

Er bod y rhan fwyaf o glytiau wedi'u cynllunio i ymdopi â pi-pi a pw naturiol babi, gan eu cadw i ffwrdd o'i gorff i leihau anghysur, fe fydd gwlychu neu faeddu mwy sylweddol yn dal i wneud dy fabi'n ddigon anghyfforddus ac yn ei ddeffro.

Gwirio		Datrys
Gwiria glwt dy fabi i weld a yw'n wlyb iawn neu a oes pw a theimla ei ddillad, ei sach gysgu a'i fatres rhag ofn bod ei glwt wedi gollwng.	→	Rho'r un bach i lawr i gysgu gyda chlwt glân, sych. Ar gyfer y nos, rho dy fabi mewn clwt arbennig sy'n amsugno mwy o hylif, er mwyn annog mwy o gwsg yn ystod y nos heb orfod ei newid bob ychydig oriau. **Mae hyn yn arbennig o bwysig os wyt ti'n defnyddio clytiau amldro.**

Trwyn llawn

Gan fod systemau imiwnedd babanod yn dal i ddatblygu, maen nhw'n arbennig o agored i ddal peswch, annwyd ac afiechydon eraill. Mae'n anodd gwella'r rhain weithiau, ac mae hynny'n mynd i darfu ar gwsg dy fabi.

Gwirio		Datrys
Os yw dy fabi'n peswch yn barhaus neu ei drwyn yn llawn neu'n rhedeg, mae'n bosib y bydd yn cael trafferth syrthio i gwsg dwfn ac yn deffro'n fwy rheolaidd drwy gydol y nos.	→	Cliria ei lwybrau anadlu cystal ag y medri di cyn iddo fynd i gysgu, gan ddefnyddio diferion halwynog i helpu i glirio mwcws sydd wedi cronni. O ddau fis oed, mae'n bosib rhoi tryledwr neu leithydd plwg gydag olew anwedd yn y llofft i'w helpu i anadlu'n haws.
Gwranda ar anadlu dy fabi wrth iddo gysgu. Os yw dy fabi'n chwyrnu neu'n anadlu drwy ei geg, ond heb unrhyw symptomau annwyd eraill, fe allai fod yn arwydd o alergeddau neu apnoea cwsg, ac fe fydd angen i feddyg gael golwg arno.	→	Ffilmia'r babi yn gwneud y synau hyn wrth iddo gysgu a'i ddangos i'ch meddyg teulu, i helpu i gael diagnosis mwy cywir.

Mewn poen

Mae yna rai arwyddion fod babi mewn poen a bod angen rhywfaint o ymyrraeth.

Gwirio		Datrys
Os yw dy fabi'n dal i grio ar ôl cael ei gysuro, ei newid a'i fwydo, gallai hyn fod yn arwydd o golig neu dorri dannedd.	→	Edrycha ar ddeintgig dy fabi i weld a oes dant yn torri drwodd ac (os yw dy fabi dros ddau fis oed) rho barasetamol ar ffurf hylif iddo hanner awr cyn iddo fynd i gysgu.
Fe allai deffro yn aml bob 30 munud yn ystod y nos fod yn arwydd o adlif, cwlwm tafod neu alergeddau.	→	Treulia fwy o amser nag arfer yn codi gwynt dy fabi, i wneud yn siŵr bod unrhyw wynt sy'n weddill wedi ei ryddhau.
Fe allai deffro yn aml bob 30 munud yn ystod y nos fod yn arwydd o adlif, cwlwm tafod neu alergeddau.	→	Gad dy fabi i gysgu yn gefnsyth arnat ti neu mewn cludwr, er mwyn sicrhau ei fod yn cael cwsg o ansawdd da yn ystod y dydd.

Wedi dychryn neu sylw'n crwydro

Mae'n gyffredin i fabanod chwifio eu breichiau a'u coesau o gwmpas pan maen nhw'n cysgu – yr "atgyrch dychryn" – sy'n gallu eu deffro. Er y dylen nhw fynd yn ôl i gysgu ar eu pennau eu hunain, bydd ffactorau eraill yn eu hatal rhag setlo weithiau.

Gwirio		Datrys
Gwylia dy fabi wrth iddo gysgu i weld pryd mae ei "atgyrch dychryn" yn cychwyn (fel arfer yn fuan ar ôl iddo fynd i gysgu) a pha mor dda mae'n setlo wedyn.	→	O dan bedwar mis oed, rhwymo mewn cadachau yw'r ffordd fwyaf effeithiol o leihau'r atgyrch dychryn (gweler tudalen 100). Ceisia ddistewi dy fabi neu rho law dyner ar ei ben neu ar ei frest pan fydd yn dychryn ei hun yn effro. Cyflyma'n byd byddi di'n ymateb, mwyaf tebygol bydd dy fabi o fynd yn ôl i gysgu.
Os yw dy fabi'n edrych o gwmpas yn hytrach na chau ei lygaid a mynd yn ôl i gysgu'n raddol, mae'n bosib fod gormod o ysgogiadau gweledol yn ei lofft.	→	Mae angen cael gwared ar bethau sy'n tynnu sylw, fel symudyn uwchben y crud/cot a theganau meddal o'r ardal gysgu. Chwaraea sŵn gwyn i'w helpu i dawelu a mynd yn ôl i gysgu.

Llwglyd

Dyma'r rheswm anoddaf i'w nodi o bell ffordd, yn enwedig os yw dy bartner yn bwydo ar y fron, gan ei bod yn anodd gwybod faint o laeth yn union mae'r babi yn ei gael bob tro. Yn gyffredinol, fe ddylai babi edrych yn hamddenol ac yn fodlon ar ôl bwydo (h.y. ddim yn crio am fwy), ac fe ddylai fwynhau o leiaf 45 munud o gwsg da. Os nad yw hyn yn wir, mae'n bosib bod angen newid y drefn.

Gwirio		Datrys
Cyfeiria at restr wirio'r cerrig milltir ar dudalen 216 i weld a yw dy fabi ar fin profi pwl o dyfu neu lam datblygiadol. Os felly, mae ei batrymau cwsg yn siŵr o gael eu heffeithio, ac fe fydd angen ei fwydo'n amlach nag arfer.	→	Anoga dy fabi i fwydo ar y fron yn hirach, neu mae'n werth rhoi cynnig ar fwydo clwstwr (gweler tudalen 184) cyn iddo fynd i gysgu.
Os na fydd dy fabi'n cysgu am gyfnodau hirach yn ystod y nos wedi iddo droi'n dri mis oed (ar ôl diystyru'r holl achosion posib eraill a nodwyd yn gynharach), mae'n bosib bod stumog wag yn ei ddeffro'n gynamserol.	→	Rho gynnig ar "fwydo breuddwydiol" (gweler tudalen 184), i lenwi ei fol â llaeth cyn i ti fynd i'r gwely. A chofia hefyd am unrhyw ffactorau allanol a allai fod ar fai. Er enghraifft, mewn tywydd poeth, fe fydd angen i dy fabi yfed mwy nag arfer cyn iddo gael ei ddigoni.
Os yw dy fabi wedi bod yn sâl yn ddiweddar neu'n dioddef o adlif, mae'n debygol o fod eisiau bwyd yn gynt ar ôl bwydo, gan effeithio ar ei gwsg.	→	Ceisia fwydo'r babi mewn osgo mwy cefnsyth, gan godi ei wynt yn ystod ac ar ôl bwydo, ac oeda ychydig mwy ar ôl bwydo cyn ei roi i lawr i gysgu.

TADNODYN

Os wyt ti'n poeni nad yw dy fabi'n dal i gael digon i'w yfed, rho gynnig ar fwydo o botel gan ddefnyddio llaeth a dynnwyd o'r fron. Drwy wneud hynny, fe fydd hi'n haws i ti gael syniad cywir o faint mae'n ei yfed yn ystod pob sesiwn fwydo.

Os yw popeth arall yn methu, gallech ystyried newid i laeth fformiwla ar gyfer rhai neu bob un o'r adegau pan fyddi di yng ngofal y bwydo (os nad wyt ti wedi gwneud hynny eisoes). Mae'n gallu gwneud i'r babi deimlo'n fwy llawn, gyda hynny'n ei helpu i gysgu am gyfnodau hirach.

Sefydlu trefn

Does dim byd all dy baratoi ar gyfer y diffyg cwsg eithafol y byddi di'n ei brofi yn ystod wythnosau a misoedd cyntaf bywyd dy fabi. Gyda'r babi yn bwydo ar alw ac yn cysgu am awr neu ddwy bob tro, fe fydd yr amserlen 24 awr hon yn gwneud i unrhyw riant deimlo fel brechdan.

Fe fydd perthnasau, yn llawn bwriadau da, yn dweud wrthot ti a dy bartner i "gysgu pan fydd y babi yn cysgu". Er mor wych mae hynny'n swnio, anaml y bydd hynny'n bosib yn ymarferol. Yn y cyfnodau byr pan fydd y babi'n cysgu, fe fydd yna bethau di-ri eraill sydd angen eu gwneud fel bwyta, cael cawod, golchi dillad a delio ag ymwelwyr, ac mae hynny'n golygu bod cwsg yn aml yn cael ei aberthu.

Ond ar ryw bwynt, mae'r rhan fwyaf o rieni yn sylweddoli nad yw gweithredu gyda chyn lleied o gwsg yn gynaliadwy yn y tymor hir, a'r unig ateb yw sefydlu rhyw fath o drefn i'r babi.

Does yna ddim ateb hawdd. Fe all gymryd wythnosau, hyd yn oed misoedd, o waith caled, cysondeb, gwaith tîm ac amynedd. Ond mae'n werth yr ymdrech er mwyn adennill amser i chi'ch hunain a sicrhau eich bod chi'n cael digon o orffwys.

OEDDET TI'N GWYBOD?

Dydy distawrwydd ddim bob amser yn llesol. Os wyt ti'n mynd o gwmpas y tŷ ar flaenau dy draed pan fydd dy fabi'n cysgu, mae'n bosib y bydd yn dysgu bod angen distawrwydd llwyr arno i gysgu. Ond os wyt ti'n poeni llai am synau arferol y cartref, boed yn sŵn sugnydd llwch y tu allan i'w ystafell, sŵn y teledu yn yr ystafell nesaf neu rywun yn golchi'r llestri, mae dy fabi'n fwy tebygol o allu cysgu gyda rhywfaint o sŵn cefndir, a dysgu i setlo ei hun os oes rhywbeth yn ei ddeffro.

"Mae'n anhygoel sut gall rhywun fod mor flinedig ac mor hapus ar yr un pryd."

Ryan Reynolds

Pryd i ddechrau

Mae babanod yn dysgu'n gyflym, ac ar y cyfan, maen nhw'n hoff iawn o drefn. Fe all gwybod pryd maen nhw'n mynd i gael eu bwydo a chysgu fod yn gysur go iawn iddyn nhw, gan leddfu gorbryder ac annog cwsg gwell (iddyn nhw ac i chi).

Ar gyfer mis cyntaf bywyd dy fabi, yr argymhelliad yw bwydo ar alw. Ond o bedair wythnos ymlaen, mae'n bosib rheoli amserlen bwydo a chysgu'r babi yn well, i roi rhywfaint o strwythur i'r diwrnod a dechrau gosod sylfaen i drefn fwy cyson wrth i dy fabi dyfu'n hŷn.

Creu ciwiau cysgu i'r babi

Gweithredoedd corfforol, synau neu wrthrychau sy'n arwydd i dy fabi ei bod hi'n bryd iddo fynd i gysgu – dyna yw ciwiau cysgu. Maen nhw'n cynnwys:

- Chwarae sŵn gwyn.
- Canu cân benodol neu chwarae darn penodol o gerddoriaeth.
- Rhoi cysurwr arbennig neu dedi sy'n ffefryn i dy fabi (yn achos babanod o dan 12 mis, y cyngor yw ei dynnu o'r crud/basged Moses/gwely wedi iddo fynd i gysgu).
- Rhwymo'r babi mewn cadachau neu ei roi mewn sach gysgu.

Cysondeb ac ailadrodd yw'r gyfrinach. Os ydych chi'n defnyddio'r un ciwiau cysgu bob tro, buan iawn y bydd dy fabi'n dysgu beth maen nhw'n ei olygu, a bydd hynny'n ei baratoi'n feddyliol ar gyfer cwsg.

Dechrau defod amser gwely

Mae'r un rhesymeg yn berthnasol wrth greu defod amser gwely i dy fabi, sef rhoi gwybod iddo pan mae'r dydd wedi dod i ben ac i'w baratoi ar gyfer cwsg hirach yn ystod y nos. Yn wahanol i'r ciwiau cysgu rheolaidd cyn cyfnod byr o gwsg, mae'r ddefod amser gwely yn digwydd unwaith y dydd, tua'r un amser ac yn yr un ffordd bob nos. Fe allai hynny gynnwys:

- Creu amgylchedd tawel hanner awr cyn amser gwely, gan bylu goleuadau a chael gwared ar bethau a allai dynnu sylw dy fabi.
- Rhoi bath cynnes i dy fabi.
- Tylino dy fabi (defnyddio olew neu eli babi i dylino coesau a breichiau dy fabi'n dyner, gan ganolbwyntio'n bennaf ar ei fferau, arddyrnau a bysedd).
- Rhoi clwt glân amdano a'i newid i'w ddillad gwely.
- Darllen stori amser gwely neu ganu suo-gân.
- Cau'r llenni neu'r bleindiau.
- Bwydo dy fabi am y tro olaf mewn ystafell weddol dywyll cyn defnyddio'r ciwiau cysgu arferol (rhwymo mewn cadachau/cysurwr/sŵn gwyn).

TADNODYN

Os yw hynny'n bosib, mae'n werth trefnu amser gwely newydd dy fabi ar adeg pan fyddi di a dy bartner gartref. Mae'n gyfle gwych i ti greu cwlwm â dy fabi, ond fe fydd dy fabi hefyd yn cael budd os yw'r ddau riant yn ei roi yn ei wely – gyda'i gilydd ac yn unigol – fel nad yw'n mynd yn orddibynnol ar un rhiant yn unig amser gwely.

Y drefn hawsaf i rieni tro cyntaf

TADNODYN

Mae yna sawl trefn wahanol y gelli di roi cynnig arnyn nhw – o amserlenni llym sy'n cynnwys amseru manwl a gweithgareddau o hyd penodol, i ddewisiadau amgen mwy hyblyg a hamddenol – ac mae llyfr i gyd-fynd â phob dull, i'w ddarllen a'i ddysgu cyn rhoi'r drefn ar waith. Fodd bynnag, o brofiad, y dull hawsaf i'w ddilyn, a'r un sy'n cynnwys tadau orau, yw'r dull "EASY" gan Tracy Hogg, a dyna'r dull rwy'n ei argymell amlaf.

Yn wahanol i rai o'r systemau caeth iawn sydd ar gael, sy'n ceisio cael y babi i wneud pethau ar adegau penodol, mae'r dull EASY yn llawer mwy hyblyg, gan ganolbwyntio yn hytrach ar y drefn rwyt ti a'r babi yn gwneud gweithgareddau penodol drwy gydol y dydd.

Mae'r dull EASY yn broses ailadroddus sy'n cynnwys bwyta, chwarae a gorffwys, yn y drefn honno (mae EASY yn sefyll am *Eating*, *Activity*, *Sleep* a *You Time*):

Bwyta – pan fydd dy fabi'n deffro ar ôl cwsg byr, fe fydd angen ei fwydo ar unwaith nes ei fod wedi'i ddigoni. Er bod babanod bach yn aml eisiau mynd yn ôl i gysgu yn syth ar ôl bwydo, gwna beth bynnag gelli di i'w gadw'n effro ar gyfer elfen hanfodol nesaf y drefn hon.

Gweithgaredd – gwna ryw weithgaredd gyda dy fabi nes ei bod hi'n amser iddo gysgu eto. Fe allai hynny gynnwys newid clwt, chwarae gyda'r babi ar fat chwarae, canu cân neu ddarllen iddo.

Cwsg – pan mae'n dechrau dangos arwyddion o flino, rho dy fabi i lawr yn y cot a'i setlo i gysgu.

Amser i ti dy hun – unwaith y bydd dy fabi'n cysgu, dyma dy amser di, i'w dreulio fel y mynni di – i gysgu am ychydig, i roi dy draed i fyny, i wylio rhaglen neu gyfres neu ddal i fyny gyda gwaith gweinyddol, tan ei fod yn deffro eto ac yn amser gwneud yr un peth eto.

Un o brif amcanion y dull hwn yw diddori a diddanu'r babi ar ôl bwydo (yn y gobaith o'i flino), a'i ddysgu ar yr un pryd i beidio â "bwydo er mwyn cysgu" yn ystod oriau golau dydd.

Gyda'r nos, rhwng 7 p.m. a 7 a.m., pan wyt ti eisiau i'r babi gysgu cyn hired â phosib er mwyn i ti a dy bartner gael gorffwys digonol, mae'r dull EASY yn newid ychydig.

Mae'n argymell "bwydo clwstwr" ar gyfer cymal ola'r diwrnod cyn amser gwely swyddogol y babi, er mwyn llenwi ei fol ac atal deffro cyn y dylai. Mae hyn yn golygu bwydo'r babi unwaith rhwng 5 p.m. a 7 p.m., ymgymryd ag un gweithgaredd olaf tawel (mae cael bath yn ddelfrydol), yna *ei fwydo unwaith* eto cyn ei roi i lawr i gysgu.

Yna, tua 10 p.m., fe fydd angen codi'r babi yn ofalus a chynnig bwyd iddo (y fron neu botel) *tra mae'n dal i gysgu* – rhywbeth sy'n cael ei alw'n fwydo 'breuddwydiol' (*dream feed*). Fe ddylai'r llaeth ychwanegol yma ei annog i gysgu am gyfnod hirach yn ystod y nos (pedair awr neu fwy mewn rhai achosion), gan eich galluogi chi i gael mwy o gwsg hefyd.

Yn ystod gweddill y nos, mae angen hepgor elfen gweithgaredd y drefn (ar wahân i unrhyw angen i newid clwt), gan nad wyt ti eisiau deffro'r babi mwy nag sydd rhaid yn ystod yr oriau mân. Canolbwyntia ar fwydo, ac osgoi tynnu sylw'r babi cyn ei setlo'n ôl i gysgu.

Yn y bore, mae'n fater o ailafael yn y dull EASY, gan ailadrodd y pedwar cam yn eu trefn tan amser gwely unwaith eto.

Mewn mater o wythnosau, fe ddylet ti sylwi ar gynnydd amlwg a rhywfaint o gysondeb yn nhrefn ddyddiol y babi, ac fe allai hyd yn oed fod yn cysgu am gyfnodau hirach yn ystod y nos.

GAIR I GALL

I fanteisio i'r eithaf ar y dull EASY

- Paid â mynd i banig os nad wyt ti'n gweld gwelliant ar unwaith. Mae'n cymryd amser i unrhyw drefn newydd fwrw gwreiddiau, ac fe all gymryd rhai wythnosau cyn cael unrhyw "amser i ti dy hun" o safon.
- Gwna gofnod ysgrifenedig o'r amserlen 'EASY', gan nodi amser pob sesiwn fwydo, hyd pob cwsg a pha weithgaredd i'w wneud rhyngddyn nhw. Edrycha'n ôl ar hen nodiadau gan bwyso a mesur llwyddiant yn ôl gwelliannau bach o wythnos i wythnos yn hytrach nag o ddydd i ddydd.
- Gofala am y bwydo 'breuddwydiol' dy hun os medri di – nid yn unig mae'n gyfle gwych i greu cwlwm â'r babi, ond fe fydd hefyd yn caniatáu i dy bartner fynd yn syth i'r gwely ar ôl y bwydo clwstwr olaf, tua 7 p.m., gan roi cyfle da iddi gael cwsg adferol a di-dor bob nos.
- Dydy bwydo 'breuddwydiol' ddim yn addas i bob babi, felly mae'n bwysig peidio â'i orfodi. Rho gynnig ar y dechneg am dair neu bedair noson, ac os nad yw dy fabi'n cysgu am gyfnodau hirach ar ôl pob sesiwn fwydo 'breuddwydiol', neu os yw'n deffro/yn gwrthod mynd yn ôl i gysgu wedyn, rho'r gorau iddi yn gyfan gwbl.

Hyfforddiant cysgu

Os yw dy fabi'n brwydro yn erbyn cwsg bob tro wyt ti'n ei roi i lawr neu'n cael trafferth cysuro ei hun (h.y. cwympo i gysgu ar ei ben ei hun), beth am roi cynnig ar hyfforddiant cysgu? Mae hyn yn golygu dilyn trefn fwy caeth ar ôl rhoi dy fabi i lawr i gysgu, i'w helpu i ddod i arfer â chysuro'i hun a chysgu ar ei ben ei hun.

Dydy hyfforddiant cysgu ddim yn briodol ar gyfer babanod ifanc iawn. Mae eu cyrff yn dal i addasu i gylchoedd cwsg naturiol, ac maen nhw'n ffynnu ar gofleidio a'r cysur a'r ymdeimlad o ddiogelwch o dy gael di'n agos. Mae'r rhan fwyaf o weithwyr gofal iechyd proffesiynol yn argymell aros nes bod dy fabi tua chwe mis oed, pan fydd patrymau cwsg yn fwy sefydledig, cyn dechrau hyfforddiant cysgu (er bod rhai rhieni yn penderfynu dechrau ychydig yn gynt).

Mae pedair prif dechneg y gelli di roi cynnig arnyn nhw. Dewis personol yw pa un wyt ti a dy bartner yn ei ffafrio:

Gadael y babi i grio

Setla dy fabi, ei roi i lawr yn effro yn ei got a dwed “nos da” cyn gadael yr ystafell. Os yw'r babi'n dechrau crio, paid â mynd yn ôl i mewn i'w gysuro ar unwaith. Arhosa'r tu allan i'r drws i weld a fydd y babi'n tawelu ar ei ben ei hun. Os oes deng munud yn pasio a dy fabi'n dal i grio, dos yn ôl i mewn, ei setlo eto (edrycha rhag ofn bod angen newid ei glwt a gwna'n siŵr nad yw mewn poen), cyn rhoi cynnig arni eto.

TADNODYN

Fe all fod yn broses anodd iawn i rieni, gan nad oes neb yn hoffi clywed eu babi mewn trallod. Ond cyhyd nad oes rheswm penodol dros fod dy fabi'n crio, rheswm sydd angen sylw, dydy ei adael i grio ddim yn mynd i achosi unrhyw niwed parhaol i dy fabi nac i'ch perthynas. Yn ogystal, mae llawer o rieni'n hoffi'r dull hwn gan ei fod yn gweithio'n gyflymach fel arfer.

Dull Ferber

Dull tebyg i adael i dy fabi grio, ond yn hytrach na'i adael ar ei ben ei hun am ddeng munud i ddysgu drosto'i hun, mae dull Ferber yn *cynyddu'n raddol* faint o amser wyt ti'n aros cyn mynd yn ôl i'r ystafell i'w helpu i setlo.

Am yr ychydig nosweithiau cyntaf, fe alli di fynd i mewn cyn gynted ag y mae'r babi'n dechrau crio ar ôl cael ei roi i lawr. Ond, dros amser, rwyt ti'n cynyddu'r amser ymateb yn raddol o funud ar y tro (hyd at uchafswm o ddeng munud) i helpu'r babi i ddysgu cysuro ei hun.

Y dull gwirio a lleddfu

Mae'r dull hwn yn helpu i roi sicrwydd i'r babi dy fod ti yno ac nad oes ganddo ddim i'w ofni o fynd i gysgu. Os yw dy fabi'n crio ai peidio, dos i mewn i'w ystafell bob ychydig funudau i'w wirio, gan ei fwytho neu ei batio'n ysgafn i'w dawelu.

Dros gyfnod o fis, cynydda'r bwlch rhwng pob gwiriad yn raddol nes bod tua chwarter awr rhwng pob un. Os wyt ti'n sylwi bod dy fabi'n deffro neu'n cyffroi'n ormodol wrth i fi fynd i mewn ato, mae angen i ti wneud hynny'n llai rheolaidd.

Y dull cadair

Gyda'r dull hwn, setla dy fabi fel arfer a'i roi i lawr pan mae'n gysglyd ond yn dal yn effro. Arhosa wrth ochr y cot i gynnig sicrwydd tawel os oes angen, ond paid â chyffwrdd yn dy fabi na'i godi.

Bob nos, symuda'n raddol ymhellach i ffwrdd o'r cot wrth ei gysuro ar lafar, os oes angen, neu eistedda mewn cadair gyfagos wrth aros iddo fynd i gysgu. Mewn rhyw bythefnos, fe fydd y rhan fwyaf o fabanod yn dysgu sut i gysuro'i hunain drwy ddefnyddio'r dull hwn.

OEDDET TI'N GWYBOD?

Gellir addasu uchder matres y rhan fwyaf o gotiau wrth i'r babi dyfu. Pan fydd babi'n fach ac nad yw'n symud neu'n rholio drosodd yn ei gwsg, mae'n well gosod y fatres ar ei lefel uchaf i arbed dy gefn.

Ond unwaith y bydd dy fabi'n ddigon cryf i godi ei hun ar ei eistedd ar ei ben ei hun, mae'n arwydd i ti ostwng lefel y fatres i'w atal rhag dringo allan a brifo ei hun.

Cwsg neu ryw

Wrth geisio ymdopi â bywyd gyda babi newydd-anedig, mae'n bosib mai rhyw fydd y peth olaf ar eich meddyliau chi. Ond fe ddaw yna amser pan fyddi di'n dyheu am rywbeth mwy na chwsg. Fel arfer, ni dadau yw'r cyntaf i'w awgrymu. Ond paid â synnu os nad yw dy bartner yn rhannu dy frwdfrydedd – mae'n ddigon posib y bydd hi angen mwy o amser cyn teimlo'n barod i gael rhyw eto.

Gad i ni edrych ar rai o'r rhesymau pam mae hi'n teimlo fel hyn, a beth gelli di ei wneud i gael ochr gorfforol eich perthynas yn ôl ar y trywydd iawn.

Mae wedi ymlâdd

Mae blinder yn lladd ysfa rywiol, a does neb yn fwy blinedig na mam newydd. Mae gofalu am fabi newydd-anedig yn waith blinedig, felly os yw hi'n cael dewis rhwng rhyw a chwsg, cwsg fydd yn cario'r dydd bob tro.

Os wyt ti eisiau helpu dy bartner i adfer ei 'mojo', yr ateb gorau fel arfer yw mwy o gwsg. Mae hynny'n golygu gwely cynharach, mwy o help gen ti ar yr aelwyd a gweithio gyda'ch gilydd i sefydlu trefn a chael y babi i gysgu drwy'r nos.

Mae'n poeni y bydd yn brifo

Yn ddigon naturiol, mae llawer o famau newydd yn ofni y bydd rhyw yn boenus neu'n anghyfforddus. Mae'n bosib ei bod hi wedi cael pwythau sydd angen amser i wella, neu ei bod yn dal i brofi chwydd ac anghysur yn y wain, felly arhosa tan ar ôl archwiliad chwe wythnos dy bartner, pan fydd hi'n cael newyddion da gobeithio. Hyd yn oed wedyn, fe allai hi deimlo'n bryderus, yn dibynnu ar ei hadferiad.

Pan fydd hi'n teimlo'n barod, fe fydd angen bod yn bwyllog a stopio os yw hi'n teimlo unrhyw fath o anghysur. A chofia, mae yna sawl ffordd arall o gael perthynas glos o natur rywiol.

Mae wedi ei llethu gan ormod o gyffwrdd

Yn ystod ei dyddiau cynnar o fod yn fam, fe fydd y babi ym mreichiau dy bartner am ran helaeth o'r dydd, yn bwydo oddi arni, yn cysgu arni ac yn closio ati, ac fe allai'r holl gyffwrdd yma wneud iddi deimlo'n anniddig, wedi'i llethu ac yn arswydo wrth feddwl am ragor o gyswllt corfforol.

Mae'n deimlad cyffredin iawn ymhlith mamau newydd, felly paid â'i gymryd yn bersonol. Rho ddigon o lonydd i dy bartner, cynigia dy fod yn mynd â'r babi er mwyn iddi hi gael seibiant corfforol, a phaid â rhoi unrhyw bwysau arni i gael perthynas gorfforol tan y bydd hi'n barod.

Mae'n teimlo'n ansicr

Mae beichiogrwydd a geni yn newid corff menyw. Efallai y bydd gan dy bartner olion ymestyn, croen llipa, gwythiennau chwyddedig neu greithiau corfforol sy'n gwneud iddi deimlo'n anghyfforddus, yn fregus ac yn ansicr am fod yn noeth o dy flaen.

Dangosa iddi nad yw unrhyw un o'r newidiadau hyn yn effeithio ar sut rwyt ti'n ei gweld hi. Dwed wrthi ei bod hi'n brydferth. Dwed wrthi dy fod ti'n caru ei holion ymestyn gan roi sicrwydd iddi fod ei chorff yn rhywiol. Mae'r olion gweladwy ei bod hi'n fam yn golygu dy fod ti'n ei charu hi, a'i chorff, hyd yn oed yn fwy.

Mae angen iddi deimlo cariad

Yng nghanol prysurdeb magu a gofalu am fabi, fe all deimlo rhyw fymryn eich bod chi'n ffrindiau sy'n rhannu tŷ yn hytrach na phartneriaid cariadus. Er nad yw'r cysylltiad corfforol agos wedi mynd am byth, fe all ei adfer gymryd amser.

Gwna'n siŵr bod dy bartner yn teimlo'i bod hi'n cael ei charu a'i gwerthfawrogi a rho amser iddi gynhesu at y syniad o ryw. Treuliwch gymaint o amser da gyda'ch gilydd ag sy'n bosib. Gofynna iddi sut mae hi'n teimlo ac a oes yna unrhyw beth y medri di ei wneud iddi. Drwy wneud hynny, fe fydd hi'n teimlo'n llawer mwy fel dy bartner yn hytrach na'r fenyw sy'n gofalu am dy fabi.

TADNODYN

Gair o rybudd am gyfathrach rywiol yn ystod misoedd cyntaf magu plant. Mae'n gred gyffredin nad yw mamau newydd yn gallu beichiogi eto wrth fwydo ar y fron neu cyn i'w mislif ailddechrau ar ôl geni. Fel mae llawer o rieni wedi darganfod, ac er mawr syndod iddyn nhw, dydy hyn ddim bob amser yn wir. Felly, os ydych chi eisiau osgoi cael dau fabi yn agos at ei gilydd, mae'n werth bod yn ofalus (os ydych chi'n fy neall i)!

Symud dy fabi i'w lofft ei hun

Fe fyddi di wedi deall erbyn hyn mai'r argymhelliad yw bod dy fabi yn cysgu yn yr un llofft â chi nes ei fod tua chwe mis oed. Yna, yn dibynnu ar ba mor dda mae'ch babi'n cysgu a pha mor gyfforddus ydych chi gyda'r trefniant hwn, fe fydd rhai rhieni yn dewis cyflwyno'r newid hwn yn gynt.

Fe all hyn fod yn dipyn o newid i fabanod, gan arwain at drafferth setlo neu darfu ar gwsg, ond mae yna lawer o bethau y medri di wneud i baratoi dy fabi.

Cyfnodau byr o gwsg yn y llofft newydd – unwaith mae llofft dy fabi'n barod, dechreua ei roi lawr am un pwl o gwsg yno, cyn gwneud hynny'n fwy rheolaidd nes bod holl gwsg y dydd yn digwydd yno. Fe ddaw'r babi'n gyfarwydd â'r llofft newydd, a chreu cysylltiad rhwng bod yno a chysgu.

Cynefino – siarada am yr ystafell gyda dy fabi, gan ddangos pob dim iddo a threulio ychydig o amser da yno gyda'ch gilydd, er mwyn i'r babi adnabod y lle'n dda cyn cysgu yno drwy'r amser.

Cot newydd – os wyt ti'n symud dy fabi i got newydd ar yr un pryd, mae'n werth gadael iddo dreulio amser yn y gwely newydd yn ystod y dydd. Rho gyfle iddo chwarae yno gyda'i hoff deganau, er mwyn i'r cot ddod yn lle diogel a chyfarwydd.

Defod amser gwely – mae'n syniad gwneud llofft y babi yn rhan allweddol o'r ddefod amser gwely, gan wneud cymaint o'ch ciwiau cysgu dewisol yno cyn ei roi lawr i gysgu yn eich llofft chi.

Bod yn gyson – unwaith y byddwch chi wedi penderfynu symud eich babi i'w lofft newydd, gwnewch y trawsnewidiad doed a ddel. Hyd yn oed os yw'r babi'n cael trafferth addasu ar unwaith, peidiwch â rhoi'r gorau iddi a'i symud yn ôl i'ch llofft chi. Dim ond achosi dryswch fydd hynny.

Yn y pen draw, rydych chi eisiau i'ch babi hoffi ei lofft. Fe fydd unrhyw gysylltiad cadarnhaol sy'n cael ei feithrin yn helpu'ch babi i gysgu'n well yn ei lofft, ond fe fydd hefyd yn dod yn lle diogel i chwarae ac ymlacio pan fydd yn ddigon hen i ddechrau eistedd i fyny a symud o gwmpas.

Pan na fydd eisiau cael napyn mwyach

Unwaith y bydd gan dy fabi drefn sefydledig, fe fydd fel arfer yn cael rhyw dri napyn y dydd. Bydd y cyfnodau cwsg hyn amrywio o ran hyd, gan ddibynnu ar ei ddewisiadau cwsg. Fe fydd un napyn penodol yn datblygu'n ffefryn, sef yr un lle bydd yn cysgu orau a hiraf, gyda un neu ddau napyn byrrach cyn ac ar ôl.

Wrth i'w flwydd oed agosáu, fe fydd hi'n normal i dy fabi gwyno mwy wrth gael napyn byr yn ystod y dydd, a bydd naill ai'n gwrthod mynd i gysgu neu'n crio am gyfnod hirach cyn cysgu. Mae hyn fel arfer yn arwydd bod dy fabi'n barod i roi'r gorau i un napyn yn ystod y dydd. Ar y cyfan, rhywbryd rhwng 12 a 24 mis, fe fydd y rhan fwyaf o fabanod wedi setlo i drefn o gael dim ond un napyn yn ystod y dydd.

Fe all y newid hwn fod yn dipyn o ergyd i rieni, wrth iddyn nhw golli cyfnodau sylweddol o'r amser rhydd a oedd ganddyn nhw yn ystod y dydd. Wrth gwrs, mae yna bethau positif hefyd – er enghraifft, heb amserlen mor gyfyngedig na dim i'ch clymu i'r tŷ, fe allwch fynd allan, cwrdd â ffrindiau, neu fynd o gwmpas eich pethau heb boeni am ddeffro'r babi.

Ond fe ddaw yna amser – fel arfer pan fydd dy blentyn rhwng dwy a thair oed – pan fydd yn rhoi'r gorau i gysgu yn ystod y dydd yn gyfan gwbl. Dim mwy o gysgu yn ystod y dydd, dim ond cyfnod effro yr holl ffordd o amser brecwast i amser bath. Fe allai meddwl am hynny godi arswyd arnat ti, ond paid â phoeni. Mae yna sawl ffordd o geisio cadw rhywfaint o gydbwysedd yn dy faich magu plant, ond gan gadw'r amser segur sydd ei angen arnat ti a'r plentyn.

Napyn ategol

Pan fydd dy blentyn yn dechrau rhoi'r gorau i'w unig napyn yn ystod y dydd, fydd hynny ddim yn golygu troi cefn ar gysgu yn y dydd yn gyfan gwbl. Cynigia napyn iddo bob yn eilddydd, neu ddwywaith yr wythnos, oherwydd fe allai rhagor o gwsg wneud lles iddo yr un fath.

Mynd allan o'r tŷ

Os yw dy fabi wedi rhoi'r gorau i gael cyfnodau byr o gwsg yn ei got, mae'n werth mynd ag o am dro yn y pram neu yn y car. Os yw dy fabi'n wirioneddol flinedig, fe fydd fel arfer yn cysgu, a bydd hynny'n rhoi ychydig o amser ychwanegol i ti ar gyfer ti dy hun.

Gweithredu amser tawel

Er nad yw dy blentyn eisiau cysgu, dydy hynny ddim yn golygu na fydd ychydig o amser tawel i segura yn llesol iddo. Mae gweithredu amser tawel – dim ond am awr neu ddwy ar ôl cinio – yn ffordd wych i bawb orffwys, a chreu seibiant ar ganol diwrnod hir o fagu plant.

I blant iau, fe allai hynny olygu gorwedd ar y gwely yn darllen straeon neu wrando ar lyfr sain gyda'ch gilydd, neu wneud dim byd mwy na gweithgareddau tawel fel lliwio neu wneud pos. Wrth iddyn nhw dyfu'n hŷn, fe elli di ddangos ffilm neu, yn well fyth, ymuno â dy blentyn ar y soffa a napyn byr.

Amser gwely cynharach

Pan fydd dy blentyn yn rhoi'r gorau i gymryd napyn, fe all fynd yn sobor o flinedig erbyn amser gwely, ac fe fydd yr awr anodd (rhwng 5 a 6 p.m. fel arfer, pan fydd pawb wedi blino'n lân a'r amynedd yn pallu) hyd yn oed yn fwy heriol nag mae angen iddi fod.

Yn hytrach na glynu'n gaeth at yr hen drefn ddiwedd dydd, byddai'n syniad symud amser gwely ymlaen rhyw awr ar ôl ffarwelio'n swyddogol â'r napyn olaf. Unwaith y bydd dy fabi wedi arfer mynd drwy'r dydd heb gwsg, a'i lefelau egni yn amlwg yn fwy cyson drwy gydol y dydd, mae'n bosib symud amser gwely ymlaen yn raddol i ba amser bynnag sydd orau i chi.

“PAM NAD YW PLANT YN DEALL NAD AR EU CYFER NHW MAE NAPYN, OND AR EIN CYFER NI?”

Alyson Hannigan

Symud o'r cot i'r gwely

Mae gan bob babi berthynas wahanol â'i got. Mae rhai yn hoffi swatio, ac wrth eu bodd gyda chysur a diogelwch bod mewn lle caeedig. Mae eraill yn anturiaethwyr sy'n hoffi dringo ac archwilio, yn eneidiau anodd eu cyfyngu. Ond fe ddaw'r adeg ym mywyd pob plentyn bach pan fydd eu chwilfrydedd naturiol yn drech na phopeth, adeg pan na fydd cyfyngu arnyn nhw.

Unwaith y bydd dy blentyn bach yn datblygu'r elfen anturus hon, a thithau'n ei ddal yn ceisio dringo allan o'r cot (yn llwyddiannus ai peidio), mae'n bryd gwneud y symudiad mawr o got i wely, er diogelwch dy blentyn yn anad dim. Os yw hi'n bosib symud ochrau'r cot, fe elli di dynnu un panel fel bod dy blentyn bach yn gallu mynd i mewn ac allan yn hawdd heb orfod dringo'r bariau. Fel arall, mae'n bosib ei symud i wely bach pwrpasol neu anwybyddu'r cam hwnnw a'i roi i gysgu mewn gwely sengl safonol. Ond mae angen i ti ystyried gosod paneli dros dro ar yr ochrau i'w atal rhag rholio allan o'r gwely yn ei gwsg.

Sut bynnag, mae angen i ti fod yn barod am rai ymddygiadau reit ryfedd pan fydd dy blentyn yn cysgu ac yn ystod y nos, wrth iddo wthio hyd a lled ei ryddid. Dyma rai ymddygiadau cyffredin y byddi di'n sylwi arnyn nhw:

- Codi o'r gwely droeon i chwarae ac edrych o gwmpas y llofft.
- Dianc o'i ystafell i chwilio amdanoch chi.
- Troi'r prif olau ymlaen neu edrych allan drwy'r ffenestr.
- Cymryd mwy o amser i fynd i gysgu.
- Dod i mewn i'ch llofft chi a/neu eich gwely chi yng nghanol y nos.
- Cwympo/rholio allan o'r gwely.
- Cysgu ar lawr ei ystafell.
- Deffro'n gynharach na'r arfer yn y bore, ac aros ar ei draed yn hwyrach fin nos.

Mae'r holl ymddygiadau hyn yn hollol normal ac fe ddylai'r babi setlo ar ôl ychydig wythnosau (ddeufis fan bellaf) unwaith y bydd wedi cynefino â'r drefn newydd. Ond mae rhai pethau y gelli di eu gwneud i hwyluso'r symud hwn i bawb ...

- Wrth newid y trefniadau cysgu am y tro cyntaf, mae'n syniad osgoi dweud pethau fel "arhosa yn y gwely" a "paid â chodi o'r gwely". Mae siawns nad yw'r babi erioed wedi ystyried bod ganddo ddewis yn y mater, felly paid â phlannu'r syniad yn ei ben yn ddiangen. Wrth gwrs, wrth iddo dyfu'n hŷn, fe fydd y rhain yn troi'n ymadroddion nosweithiol ... ond ceisia osgoi eu dweud ar y dechrau fel hyn.
- Gosoda gamera pwrpasol yn ystafell dy blentyn er mwyn cadw llygad ar ei symudiadau o bell. Os yw dy fabi'n gallu dy weld di'n sbecian heibio'r drws, mae'n fwy tebygol o godi o'r gwely ac ymateb i ti.
- Gad iddo edrych o gwmpas ei ystafell ar ôl ei roi i lawr (os yw eisiau). Ond os yw'n treulio amser hir allan o'r gwely, yn rhedeg o gwmpas neu'n gwneud rhywbeth anniogel, mae'n bryd camu i mewn. Dos i mewn yn dawel *heb ddweud gair*. Arweinia'r plentyn yn ôl i'w wely, ei roi o dan y dillad cyn gadael. Ailadrodda'r broses hon tan ei fod yn cysgu.
- Paid â phoeni os wyt ti'n dod o hyd i dy blentyn yn cysgu ar y llawr. Os yw'n ddiogel ac yn ddigon cyfforddus i gysgu, does dim byd i ti boeni yn ei gylch. Coda'r plentyn a'i roi'n ôl yn ei wely heb ffwdanu. Mewn ychydig wythnosau, fe fydd y newydd-deb wedi cilio, ac fe fydd yn sylweddoli bod y gwely'n lle llawer mwy cyfforddus i gysgu.
- Os yw'r plentyn bach yn dod allan o'i ystafell pan ddylai fod yn cysgu, gosoda giât babi ar ffrâm ei drws. Mae'n dal yn mynd i allu agor y drws, ac os yw'r plentyn yn ddringwr wrth reddf, mae'n dal yn bosib iddo ddianc. Ond fe fydd yn rhwystr ychwanegol, ac mae'n mynd i gael llond bol yn y pen draw.
- Does gan blant bach ddim cysyniad go iawn o amser, felly maen nhw'n dueddol o ddeffro'n hurt o gynnar yn y bore. Er mwyn osgoi hyn, gwna ystafell y bychan mor dywyll â phosib gan ddefnyddio llenni trwchus neu fleindiau blacowt fel nad yw'n deffro gyda'r haul. Os yw dy blentyn yn cysgu gyda golau nos, ceisia ei ddiffodd pan fyddi di'n mynd i'r gwely er mwyn iddo ddysgu aros yn ei wely pan mae hi'n dywyll.

PENNOD 7

MENTRO ALLAN O'R TŶ

Cyn cael plant, does dim byd cymhleth am adael y tŷ. Os wyt ti wedi gwisgo ac yn cofio dy allweddi, waled a ffôn cyn i ti gau'r drws y tu ôl i ti, dyna'r cyfan sydd ei angen. Ond ychwanega fabi i'r gymysgedd, ac yn sydyn mae tasg syml fel mynd allan yn galw am gynllunio manwl ymlaen llaw.

Teithiau byr fydd y rhai cyntaf – teithiau cerdded byr o gwmpas y bloc, i'r parc neu'r archfarchnad, gyda dy fabi'n glyd ac yn ddiogel yn ei bram neu gludwr. Fydd gen ti mo'r egni am lawer mwy na hynny. Ond paid ag anghofio effaith emosiynol y gwibdeithiau cyntaf hyn ar dy bartner. Fe fydd ei greddfau amddiffynnol fel mam ar dân wrth adael diogelwch cymharol y swigen ddomestig, felly pwyll piau hi, a chofia fod yn ystyriol o'i hanghenion hi.

Cyn i ti droi, fe fydd y nerfau wedi diflannu ac fe fydd mentro allan o'r tŷ yn ddefod ddyddiol, er yn ddefod sy'n gofyn am gynllunio, trefn a mwy o gyfarpar nag y gelli di ei ddychmygu.

Hira'n byd fyddi di allan, mwya'n byd bydd ei angen arnat ti. Mae'r llwyth enfawr o bethau sydd eu hangen ar gyfer nosweithiau i ffwrdd a gwyliau yn chwalu pen pob tad newydd. Wrth gwrs, fe elli di fynd i ffwrdd gyda dim ond yr hanfodion. Ond os bydd yna rywbeth yn mynd o'i le (ac mae hynny'n digwydd yn amlach na pheidio), dwyt ti ddim eisiau cael dy ddal allan. Yn waeth byth, dwyt ti ddim eisiau bod yr un ddywedodd, "na, dwi'm yn meddwl byddwn ni angen y peth a'r peth" wrth drafod beth i'w bacio.

Er mwyn lleddfu mymryn ar y straen, dwi wedi trefnu'r bennod hon fel cyfres o restrau gwirio, sy'n cynnwys popeth mae angen i ti ei ystyried (a'i bacio) pryd bynnag y byddwch chi'n gadael y tŷ, gan gynnwys pwysigrwydd cynnal trefn y babi pan fyddwch chi oddi cartref (fy argymhelliad pennaf).

Po fwyaf parod ydych chi, po fwyaf y gallwch chi fwynhau diwrnodau allan fel teulu heb orfod poeni'n gyson am y pethau sydd wedi cael eu gadael ar ôl mewn camsyniad.

Allan am y dydd

Os wyt ti'n mynd allan am ychydig oriau neu am y diwrnod cyfan, mae'n well bod yn barod ar gyfer unrhyw beth. Clwt sy'n gorlenwi'n annisgwyl efallai, babi'n chwydu llond bol o fwyd drosot ti, neu daith adref sy'n cymryd yn hirach na'r disgwyl. Felly mae gormod o bethau yn llawer gwell na dim digon.

Pethau ar gyfer y babi

- Bag babi neu sgrepan – sy'n llawn o'r holl bethau hanfodol sydd eu hangen ar fabi, gan gynnwys:
    - Clytiau a weipiau sbâr
    - Bag clytiau budr er mwyn eu cario nhw adref
    - Mat newid i'r babi orwedd arno wrth newid clwt
    - Eli brech clwt ar gyfer pen-ôl dolurus
    - Digon o ddillad sbâr rhag ofn damweiniau – o'r ddau ben
    - Bibiau driblo rhag i laeth ollwng wrth fwydo neu os yw'r babi yn torri dannedd
    - Dymi, os yw dy fabi'n cael cysur wrth ei sugno
    - Het – un gynnes ar gyfer dyddiau oerach a het haul gydag ymyl ar gyfer dyddiau heulog
    - Hoff gysurwr dy fabi (mae angen cadw llygad barcud arno neu ei glymu i'r pram – mae ei golli'n mynd i fod yn drychineb erbyn amser cysgu)
    - Ychydig o deganau i ddiddanu a diddori dy fabi
    - Poteli a llaeth fformiwla os nad yw dy fabi yn bwydo ar y fron (fel arfer, fe fydd caffi neu fwyty'n barod i roi dŵr wedi'i ferwi i chi pan fyddwch chi allan, ond, rhag ofn, caria fflasg o ddŵr berw yn lle hynny)
    - Lliain mwslin – ar gyfer glanhau unrhyw lanast neu i warchod dy ddillad wrth fwydo

- Blanced babi – un gynnes neu un ysgafn, yn dibynnu ar y tywydd
- Byrbrydau – defnyddiol i ddenu babi sydd wedi dechrau diddyfnu
- Pram neu fygi – i gadw'r babi yn ddiogel, ar gyfer cwsg byr ac i storio'r holl offer angenrheidiol am drip gyda babi, neu unrhyw beth wyt ti'n ei brynu yn ystod y dydd
- Gorchudd pram sy'n dal dŵr – rhag ofn iddi fwrw glaw a bod angen cadw'r pram a'r babi yn sych
- Cludwr babi neu sling – ar gyfer pan fydd dy fabi yn anfodlon yn y pram, eisiau cysgu arnat ti neu os byddi di angen dy ddwylo'n rhydd ar unrhyw adeg
- Gorchudd pram neu liain rhwymo mwslin i orchuddio'r pram yn ysgafn yn ystod cyfnod o gwsg

Eitemau ychwanegol i'w pacio i ti dy hun

- Potel ddŵr neu fflasg i sicrhau dy fod yn yfed digon
- Byrbrydau i dy gynnal rhwng prydau
- Poncho dal dŵr ar gyfer glaw annisgwyl

TADNODYN

Mae gadael i dy fabi gysgu yn ei bram unwaith neu ddwy yn gwbl bosib, yn enwedig o greu amgylchedd clyd a thywyll iddo, a chael y cymhorthion cysgu arferol i'w helpu i setlo. Ond os ydych chi'n mynd i dŷ ffrind neu berthynas am y diwrnod, mae'n werth mynd â chot teithio i'r babi gysgu ynddo. Mae'n fwy tebygol o gysgu'n hirach ac yn well ynddo nag mewn pram, ac yn y tymor hir, mae'n llesol iddo arfer â chysgu mewn cot teithio.

Noson i ffwrdd

Ar ôl meistroli'r daith undydd, y cam nesaf yw bod yn barod am noson oddi cartref. O aros gyda pherthnasau a ffrindiau neu wobrwyo'ch hun gyda phenwythnos i ffwrdd, mae'r teithiau hyn mor bwysig, nid yn unig o ran eich iechyd meddwl chi eich dau ond hefyd er mwyn i'r babi ddechrau arfer gyda chwmni pobl eraill a chynefino â chysgu mewn llefydd gwahanol.

Fe all y teithiau cyntaf yma fod yn dipyn o straen (a'r agwedd anoddaf yn aml fydd pacio a gadael y tŷ). Ond os ydych chi'n cofio mynd â phopeth sydd ei angen a chadw at y drefn arferol gystal ag y gallwch chi, fe all seibiant bach o undonedd magu plant fel rhieni newydd fod yn llesol ar y naw i'r teulu cyfan.

Beth i'w bacio

Yn amlwg, fe fydd angen digon o ddillad arnoch chi ac ar eich babi am ddeuddydd, a dillad sbâr rhag ofn y bydd yna ddamweiniau, ond mae'r eitemau eraill hollbwysig yn cynnwys:

- Cot teithio a chynfas addas
- Sach gysgu neu gadach rhwymo a blanced
- Cysurwr/tegan meddal
- Peiriant sŵn gwyn
- Llieiniau mwslin
- Monitor babi – er mwyn gallu mwynhau'r noson heb orfod mynd i edrych byth a hefyd a yw dy fabi'n cysgu
- Bleind blacowt i gadw ystafell y babi'n dywyll, os oes angen
- Thermomedr a pharasetamol hylif – rhag ofn salwch annisgwyl
- Poteli, diheintydd a llaeth fformiwla (os nad yw dy fabi'n bwydo ar y fron)
- Gwerth deuddydd o glytiau (ac ychydig o glytiau ychwanegol rhag ofn), weipiau gwlyb ac eli brech clwt
- Bag clytiau sy'n dal dŵr i gadw clytiau budr (os wyt ti'n defnyddio clytiau defnydd)

- Brwsh dannedd babi a phast dannedd os yw'r babi wedi dechrau torri dannedd
- Pram a/neu gludwr babi

TADNODYN

Os nad wyt ti'n siŵr, mae'n well pacio gormod. Mae eisiau i'r teithiau hyn fod mor hwylus â phosib, felly mae'n well bod yn rhy ofalus (hyd yn oed os nad yw hanner y pethau'n cael eu defnyddio).

Cyngor ar ddefnyddio trafnidiaeth gyhoeddus gyda babi

- Cofia adael digon o amser os wyt ti eisiau dal trên neu fws penodol – mae bob amser yn cymryd mwy o amser na'r disgwyl i adael y tŷ, mynd drwy dorf gyda bygi llawn a chyrraedd lle mae angen i ti fod.
- Mae gan y rhan fwyaf o fysiau a threnau lefydd dynodedig ar gyfer pramiau a chadeiriau olwyn, er mwyn sicrhau bod pawb yn gallu teithio'n ddiogel. Ond os yw'r llefydd hyn eisoes wedi'u cymryd gan ddefnyddwyr eraill, efallai y bydd angen aros am y bws neu drên nesaf neu blygu'r pram a chario'r babi yn lle hynny.
- Paid ag anghofio rhoi'r brêc ar y pram cyn i'r bws neu'r trên ddechrau symud!
- Os wyt ti'n gorfod mynd i fyny neu i lawr llawer o risiau ar y daith, paid â bod yn rhy falch i ofyn am help i gario'r pram. Er y gallet ti wneud hynny dy hun mae'n siŵr, dydy o mo'r syniad mwyaf diogel ac fe fydd yna riant arall yn fwy na bodlon cynnig help llaw fel arfer.

Gwyliau cyntaf y babi

Os oes unrhyw un yn haeddu gwyliau, ti a dy bartner yw'r rheiny. Mae magu plant yn brofiad can milltir yr awr, ac fe fydd seibiant yn gwneud byd o les i ti a dy bartner. Er na fyddi di'n gallu ymlacio hanner cymaint ag ar unrhyw wyliau cyn dod yn rhiant, fe fydd wythnos neu ddwy i ffwrdd o realiti bywyd bob dydd yn dal i wneud byd o les.

Cynllunio dy daith

Mae teithio gyda babi yn gamp a hanner ynddi'i hun. Dyma'r prif bethau sydd angen eu hystyried cyn trefnu gwyliau:

Pa mor bell ydych chi'n fodlon teithio?

Po hiraf yw'r daith a'r dulliau teithio sydd eu hangen i gyrraedd rhywle, fwyaf blinedig fyddwch chi wrth gyrraedd. Ar y cyfan, dydy babanod ddim yn deithwyr da, ac mae'n anodd dilyn unrhyw drefn arferol ar deithiau hir. Mae angen i chi baratoi eich hunain am y posibilrwydd na fydd y babi'n cysgu nes i chi gyrraedd diwedd y daith, felly mae'n syniad dechrau gyda gwyliau heb fod yn rhy bell o gartref.

Pa mor addas i fabi yw'r lle rydych chi eisiau aros?

Cyn trefnu unrhyw le i aros, gwna'n siŵr dy fod ti'n gwirio'r canlynol:

- Ydyn nhw'n darparu cot yn yr ystafell neu a fydd angen dod â chot teithio?
- Oes yna rywle i storio llaeth neu gyfleusterau i ddiheintio poteli a pharatoi llaeth fformiwla?
- Os wyt ti'n defnyddio clytiau defnydd, oes yna beiriant golchi ar gael i'w ddefnyddio?
- Pa mor swnllyd yw hi yn ystod y nos, ac yw hi'n bosib cael ystafell mewn ardal dawelach?
- Oes yna weithgareddau addas i fabanod yn yr ardal?
- Oes yna archfarchnad gerllaw i brynu bwyd babi ac eitemau hanfodol eraill ar fyrder?
- Oes yna fath yn yr ystafell er mwyn dilyn y drefn amser bath arferol?

Faint o seibiant hoffech chi ei gael?

Os ydych chi wir eisiau seibiant go iawn, mae'n syniad chwilio am westai sy'n cynnig crèche, clwb plant neu wasanaeth gwarchod babi. Mae hyd yn oed awr yma ac acw o amser di-blant neu bryd rhamantus i ddau yn werth y byd. Yn well fyth, holwch a fyddai dy rieni di neu rieni dy bartner yn hoffi ymuno â chi – fe fyddan nhw wrth eu bodd i gael y cynnig, a does yna neb gwell na nain a thaid i helpu gyda gofal plant.

Sut ydych chi'n bwriadu cyrraedd yno?

Os ydych chi'n bwriadu gyrru, mae angen caniatáu awr neu ddwy ychwanegol at eich amser teithio. Ddylai babanod ddim bod mewn sedd car am fwy na dwy awr ar y tro, felly fe fydd angen ychwanegu seibiau rheolaidd ar hyd y daith.

Os ydych chi'n mynd ymhellach i ffwrdd ac angen mynd ar awyren, mae hynny'n gofyn am lefel fwy dwys fyth o drefnu (gweler tudalen 206 am fanylion llawn). Yn bwysicaf oll, os oes angen pasbort ar eich babi i deithio, gall y broses ymgeisio fod yn faith felly bydd angen mynd i'r afael â hynny mewn da bryd.

Beth i'w bacio ar gyfer y babi

Fe wnei di synnu faint o fagiau sydd ei angen ar dy fabi. Mae angen pacio mwy na dim ond dillad ... mae'n golygu meddwl am bopeth gallai fod ei angen arnoch am gyfnod estynedig oddi cartref.

Oni bai dy fod ti'n gwybod i sicrwydd fod yna siopau cyfleus sy'n gwerthu cyflenwad da o nwyddau hanfodol, fe fydd angen mynd â phopeth gyda chi.

Eitemau swmpus

- Pram neu fygi
- Sedd car (os wyt ti'n llogi car neu'n bwriadu cael tacsi)
- Cot teithio (os nad yw'r llety'n darparu cot)

Prif eitemau

- Cysgu
  - Cadachau rhwymo neu sachau cysgu (tog addas ar gyfer y gyrchfan)
  - Cysurwyr/hoff dedi
  - Peiriant sŵn gwyn
  - Monitor babi
  - Bleindiau blacowt
- Newid
  - Digon o glytiau a weipiau (mwy nag wyt ti'n feddwl bydd eu hangen)
  - Eli brech clwt
  - Mat newid
  - Powdr golchi a bag dillad gwlyb (os wyt ti'n defnyddio clytiau defnydd)
- Bwydo
  - Gobennydd bwydo os yw dy bartner yn bwydo ar y fron
  - Poteli a llaeth fformiwla ychwanegol (neu bwmp y fron) os yw dy bartner yn bwydo o botel
  - Offer diheintio os nad yw'r cyfleusterau ar gael yn y llety (tabledi diheintio dŵr oer yw'r opsiwn sy'n pwyso leiaf, a'r opsiwn mwyaf diogel fel arall)
- Eitemau penodol ar gyfer gwyliau yn yr haul
  - Dillad nofio babi – mae siwt haul neu fest llewys hir yn ddelfrydol ar gyfer amddiffyn rhag yr haul
  - Clytiau nofio – clytiau pwrpasol ar gyfer dal pw (dwyt ti ddim eisiau bod y person mwyaf amhoblogaidd yn y pwll nofio cymunedol)
  - Cymhorthion hynofedd – siaced achub babi, cylch rwber neu fandiau braich, yn dibynnu ar oedran dy blentyn

- Eli haul – ffactor 50 neu uwch o chwe mis oed (fe ddylai plant iau na hynny aros yn y cysgod)
- Hetiau haul – mwy nag un gan eu bod yn anochel yn gwlychu neu'n cael eu colli
- Gorchudd pram – i gadw y tu mewn i'r pram yn ddigon oer i'r babi gysgu (ystyria fuddsoddi mewn leinin pram gwlân dafad ar wahân i'r babi orwedd arno, sy'n ffordd wych o gadw'r rhai bach yn oer mewn hinsawdd boeth)
- Pabell babi – gwych ar gyfer y traeth, i gadw'r babi allan o'r haul a'i atal rhag bwyta llond llaw o dywod

OEDDET TI'N GWYBOD?

Mae clytiau nofio amldro gwych ar gael erbyn hyn, sy'n golygu nad oes angen i ti bacio llwyth o glytiau tafladwy. Maen nhw'n hawdd i'w golchi mewn sinc ac yn sychu'n gyflym, felly maen nhw'n ddewis gwyrdd ardderchog. Cofia nad yw clytiau nofio wedi'u cynllunio i ddal pi-pi (dim ond pw!), felly mae'n bwysig i dy blentyn eu gwisgo pan mae ar fin mynd i'r dŵr.

Hedfan gyda babi

Mae'n werth paratoi am daith gythryblus wrth fynd ar awyren gyda babi. Hyd yn oed os yw dy fabi'n un bach hawdd sy'n cysgu'n ddidrafferth ac yn plygu'n ufudd i unrhyw drefn, does dim sicrwydd y bydd hynny'n wir unwaith mae'r awyren yn codi.

Amynedd piau hi. Fe fydd dy fabi yn dy freichiau am y rhan fwyaf o'r daith, felly paid â disgwyl y byddi di â dy ben mewn llyfr neu'n gwylio ffilm ac ati. Un dasg sydd gen ti, sef diddanu'r babi a'i gadw'n hapus ac yn dawel nes i chi lanio. Mae paratoi'n allweddol er mwyn cyflawni hyn.

Gwiriadau cyn hedfan

- Os wyt ti'n hedfan yn bell, mae fel arfer yn bosib archebu seddi pared blaen a basined heb orfod talu'n ychwanegol i'w cadw. Hyd yn oed os yw'r babi yn rhy fawr i gysgu yn y basined, mae'n dal yn ddefnyddiol fel lle chwarae neu i roi seibiant i ti rhag gafael ynddo. Mae mwy o le i'r coesau gyda'r seddi hyn hefyd, sy'n bendant yn rhywbeth i'w groesawu.
- Pryna yswiriant teithio. Mae gan fabanod ddawn arbennig o ddal haint neu salwch ar yr adeg fwyaf anghyfleus, a dwyt ti ddim eisiau wynebu costau meddygol sylweddol ar ben cost y gwyliau eisoes.
- Os medri di, mae'n syniad cael tacsi neu lifft i'r maes awyr. Mae trefnu parcio aros hir, gyrru ac yna cael bws i'r derfynfa gyda phram, sedd car a mwy na llond dy ddwylo o fagiau yn straen ychwanegol a diangen.
- Mae'r rhan fwyaf o gwmnïau awyrennau yn gadael i ti fynd â'r pram arferol yr holl ffordd at y gât, cyn mynd â fo i ffwrdd a'i ddychwelyd ar ôl i chi lanio (ond gwna'n siŵr dy fod ti'n tynnu unrhyw eiddo oddi ar y bar gwthio os nad wyt ti eisiau eu colli nhw yn ystod y daith).

Bagiau llaw

Mae gan y rhan fwyaf o gwmnïau hedfan gyfyngiadau llym ar faint a phwysau bagiau llaw, ond fel arfer fe fyddan nhw'n caniatáu bag i fabi hyd yn oed os nad oes ganddo ei sedd ei hun. Fe fyddi di'n bendant angen y bag hwn, ac mae'n bosib y bydd yn rhaid i ti aberthu lle yn dy fag dy hun ar gyfer mwy o gyfarpar babi hefyd.

Beth i'w bacio

- Bwydo
    - Os wyt ti'n bwydo o botel, mae'n amlwg bod angen yr holl gyfarpar arferol. Mae'r rhan fwyaf o feysydd awyr yn gadael i rieni gario llaeth a diodydd eraill yn eu bagiau llaw, heb unrhyw gyfyngiadau (o fewn rheswm), gan eu sganio wrth i chi fynd drwy'r trefniadau diogelwch.
- Digon o fyrbrydau
    - Os yw'r babi yn diddyfnu, fe fydd angen bwyd babi, bibiau, llwy a digon o gadachau sychu neu weipiau wrth law, achos mae llanast yn sicr.
- Newid
    - Y bag clytiau arferol yn llawn o'r eitemau hanfodol
    - Bag aerglos sy'n dal dŵr, hanfodol er mwyn osgoi drewi'r awyren gyfan
    - Weipiau gwlyb ychwanegol
    - Set ychwanegol o ddillad i'r babi
    - Set ychwanegol o ddillad i ti, rhag ofn i'r babi wneud pi-pi, baeddu neu chwydu arnat ti (mae'n digwydd!)
- Adloniant i'r daith
    - Ar gyfer babi, detholiad o'i hoff deganau (yn ddelfrydol, rhai sydd ddim yn rholio o gwmpas y lle, rhag ofn iddyn nhw ddianc i ben draw'r awyren).
    - Ar gyfer plant bach, amrywiaeth o weithgareddau tawel fel deunydd lliwio, sticeri, posau a chylchgronau. Yn well fyth, beth am baratoi pecyn o bethau newydd cyffrous i'w cadw'n brysur.
    - Fe fydd plant hŷn yn fwy parod i eistedd a gwylio rhywbeth ar ffôn, cyfrifiadur llechen neu system adloniant yr awyren. Paid â phoeni am amser sgrin yma – mae eu diddanu a'u cadw'n dawel yn llawer pwysicach. Gwna'n siŵr dy fod ti'n dod â chlustffonau cyfforddus sy'n briodol i oedran dy blentyn.

Cofrestru ar gyfer y daith

- Hola a yw'r awyren yn llawn ac, os nad yw hi, gofynna a oes modd cadw'r sedd wrth ymyl dy un di'n wag er mwyn rhoi ychydig o le ychwanegol i ti. Fel arall, gwna dy orau i gael sedd wrth yr eil er mwyn gallu codi a symud o gwmpas yn haws.
- Mae'n syniad trin staff y desgiau cofrestru fel ffrindiau mynwesol. Eu canmol nhw. Cael dy fabi i wenu arnyn nhw. Gwneud iddyn nhw syrthio mewn cariad â dy deulu bach, er mwyn cael eich trin fel aelodau o'r teulu brenhinol.

Cyn mynd ar yr awyren

- Rho glwt glân am dy fabi. Mae'n llawer haws gwneud hynny nawr nag mewn tŷ bach cyfyng ar awyren.
- Newid dy fabi i'w ddillad nos, i'w annog i feddwl am gysgu.

Ar yr awyren

- Ar gyfer dechrau'r daith, mae'n syniad bwydo ar y fron neu fwydo dy fabi o botel (llaeth fformiwla neu ddŵr) fel ei fod yn yfed pan fydd yr awyren yn esgyn. Mae'r weithred o sugno yn helpu eu clustiau bach i bopio, gan osgoi oriau o sgrechian poenus os nad yw hynny'n digwydd. Os wyt ti'n diddyfnu, mae'n syniad cael cwdyn o stwnsh ffrwythau wrth law gan fod llyncu hefyd yn help i'r clustiau bopian.
- Dydy bwydo babi ar awyren ddim yn hawdd, felly ceisia wneud hyn cyn i'r troli arlwyo ddod o gwmpas. Ar hediadau pellter hir, gofyn i griw yr awyren ddod ag un hambwrdd o fwyd i ti ar ddechrau'r cyfnod gweini a'r ail ar y diwedd. Drwy wneud hyn, fe fydd dy bartner yn gallu bwyta mewn heddwch cymharol wrth i ti ddiddanu'r babi, ac yna gall hi wneud yr un peth i ti.
- Mae'n werth meithrin perthynas gyfeillgar â'r criw. Maen nhw fel arfer yn fwy na pharod i ddal dy fabi weithiau er mwyn rhoi hoe i ti.

Diddanu dy fabi ar yr awyren

- Rho un tegan ar y tro i dy fabi nes ei fod wedi diflasu cyn gwneud yr un peth gydag un arall, fel nad yw'n colli diddordeb yn rhy gyflym.
- Mae'r cylchgronau a'r llawlyfrau cyfarwyddiadau diogelwch yn ffordd dda o dynnu sylw babi aflonydd (rhed gadach gwrthfacterol drostyn nhw yn gyntaf, dyn a ŵyr pa germau sydd drostyn nhw).

- Dos â'r babi am dro bach i lawr yr eil i ardal y gegin, gan dynnu sylw at bob twll a chornel o'r awyren ar y ffordd a rhoi'r argraff mai dyma'r peth mwyaf cyffrous i ti ei weld drwy'r flwyddyn.
- Sefwch yn yr ystafell ymolchi gyda'ch gilydd, gan wneud wynebau hurt yn y drych.
- Rho dy fabi i un o'r criw neu i unrhyw berson caredig sy'n eiddgar i'w ddal.
- Edrycha i weld a yw'r babi'n barod i wylio iPad neu deledu sedd yr awyren am bum munud.
- Glyna blastr neu sticeri ar dy law ac ymlacia wrth i dy fabi dreulio oes yn ceisio eu tynnu i ffwrdd.

Cadw plant bach yn dawel ar awyren

- Blina nhw cyn cychwyn – dos â nhw am dro o gwmpas y maes awyr neu gad iddyn nhw redeg o gwmpas.
- Os yw hynny'n bosib, trefna eich bod yn teithio pan mae hi bron yn amser cysgu neu'n amser gwely, fel bod dy blentyn bach yn fwy tebygol o gysgu ar yr awyren.
- Os oes gen ti gyfrifiadur llechen, llwytha apiau, rhaglenni teledu a ffilmiau cyfarwydd arno, a phaid ag anghofio'r gwefrydd.
- Gad i dy blentyn wylio fideos a sgrolio drwy luniau ar dy ffôn.
- Pacia fag ar wahân o lyfrau newydd, cylchgronau, llyfrau pos a theganau rhad i'w ddiddanu ar y daith.
- Gad iddo dynnu llun a lliwio ar nodiadau Post-it a'u gludo unrhyw le mae o eisiau. Fe fydd yn brofiad newydd sydd ddim yn creu gormod o lanast, ac mae'n hawdd iawn eu clirio.
- Pryna lond gwlad o fyrbrydau, ond gan osgoi unrhyw beth rhy felys.

TADNODYN

Rwyt ti'n siŵr o deimlo straen os yw dy blentyn yn gwneud llawer o sŵn, ond ceisia beidio â phoeni'n ormodol. Rwyt ti'n gwneud dy orau, ac mae'n werth cofio bod llawer o'r teithwyr eraill ar yr awyren yn rhieni neu'n neiniau a theidiau eu hunain. Maen nhw'n gwybod yn union sut wyt ti'n teimlo, ac maen nhw fel arfer yn llawn cydymdeimlad ac yn gefnogol iawn.

PENNOD 8

CERRIG MILLTIR

Dros y blynyddoedd nesaf, fe fyddi di a'r babi yn profi llawer o brofiadau cyntaf gyda'ch gilydd. Cymaint o gerrig milltir, pob un yn newid bywyd fwy na'r ddiwethaf, yn creu posibiliadau newydd (a chur pen newydd) a'r angen i ti a'r babi addasu iddyn nhw.

Fe fydd rhai cerrig milltir yn digwydd yn naturiol heb unrhyw gyfraniad gen ti. Fe fydd eraill efallai'n tynnu dagrau, yn cymryd misoedd o ymarfer ac yn gofyn am arweiniad gofalus. Yn ystod y flwyddyn gyntaf, fe fydd dy fabi yn tyfu yn rhyfeddol o sydyn. Fe fydd ei ymennydd yn datblygu ar wib wrth iddo ddechrau dirnad a deall y byd o'i gwmpas, gan gaffael sgiliau iaith, a dechrau meddwl a rhesymu a chreu atgofion. Fe fydd hefyd yn gyfnod o ddatblygu sgiliau cymdeithasol, creu cwlwm a meithrin ymddiriedaeth wrth ddysgu sut i ryngweithio ag eraill. A dydy hynny ond megis dechrau ...

Yn y bennod hon, fe fyddwn ni'n ymdrin â holl gerrig milltir pwysig tair blynedd gyntaf bywyd dy fabi, gyda chyngor ar beth i'w ddisgwyl ac awgrymiadau ymarferol i gefnogi'r bychan drwy bob un.

Y peth mawr i'w gofio yw nad ras yw magu plant. Mae bob amser yn demtasiwn cymharu cynnydd dy fabi di â chynnydd plant eraill tua'r un oedran. Ond gwna ffafr â ti dy hun a gwna dy orau i beidio. Mae pob babi yn datblygu ar ei gyflymder ei hun. Mae rhai'n cymryd ychydig yn hirach nag eraill, ond maen nhw i gyd yn cyrraedd y cerrig milltir allweddol yn y pen draw. Ac fe elli di fod yn hollol sicr o un peth; mae yna systemau ar waith ar ffurf ymwelwyr iechyd, meddygon teulu a meithrinfeydd i wneud yn siŵr bod cerrig milltir datblygiadol mawr dy blentyn i gyd ar y trywydd iawn.

Fy mhrif gyngor yw ceisio bod mor bresennol ag y medri di yn ystod y blynyddoedd cynnar ffurfiannol hyn. Mae yna gymaint o lawenydd i'w gael wrth wylio personoliaeth dy fabi yn dechrau disgleirio wrth iddo feistroli pob sgil newydd. Fe fyddi di'n cicio dy hun rhyw ddydd os nad oeddet ti o gwmpas i weld hynny. Yn olaf, cofia dynnu digonedd o luniau a fideos o bob carreg filltir wrth iddyn nhw ddigwydd. Pan fyddi di'n hen a dy wallt yn wyn, dyma'r atgofion y byddi di'n edrych yn ôl arnyn nhw dro ar ôl tro.

NID RAS YW MAGU PLANT

Gofynna i unrhyw riant
I ddweud y gwir yn blaen,
Fod trio magu plentyn
Yn brofiad sy'n llawn straen.

Mae darllen yr holl lyfrau,
Do, wedi cymryd oes.
Tudalen ar dudalen
O gyngor cwbl groes.

Mae'n ymdrech i ddal ati
Ar gwsg o bedair awr;
Rhoi'r argraff 'mod i'n gwenu,
Tra'n mygu dagrau mawr ...

Prin yw'r swyddi eraill
Lle mae'r baich yr un mor drwm,
Lle mae'n anodd mesur llwyddiant,
Lle mae'r pwysau'n fwy na phlwm.

Mae'n naturiol i ti boeni,
Neu wylltio a bod yn gas,
Pan mae cymaint o fabanod
Yn cymryd camau bras.

Tra bod dy fabi dithau
Yn cwtshio yn dy gôl,
Heb gyrraedd cerrig milltir,
Ac yn teimlo'n bell ar ôl.

"O waw, mae Siw'n ffantastig,
Mae hi yn cysgu drwy'r nos!"
(Tra bod amser gwely yn tŷ chi
Fel rhyfela mewn rhyw ffos.)

"Wel wir, llond ceg o ddannedd
Sydd gan yr hyfryd Ann!"
(Does gen d'un di ddim ond y tri —
Un ar top, a dau o dan.)

"Ac mae Wil 'di dechrau cropian
A chodi ar ddau ben-glin?!"
('Mond gorwedd mae dy un bach di
A syllu'n ddigon blin.)

"Ac mae Nel yn bwydo'i hunan
Heb unrhyw fath o gŵyn?!!"
(Bob dim ti'n rhoi o'i flaen o,
Mae d'un di yn troi ei drwyn.)

"Waw, mae Cai 'di dechrau siarad,
A chyfri un dau tri!!!"
(Pan mae d'un di yn gwichian
Neu'n udo fel hen gi.)

"Mae Siân 'di dechrau cerdded,
Ac yn mynd a mynd ar frys!!!"
(Mae tric diweddara' dy un di
Yn ymwneud â thrwyn a bys.)

Ond gawn ni oedi, bobol.
Nid ras 'di hyn, 'mwyn dyn.
Mae pob plentyn yn datblygu
Ar ei gyflymdra fo ei hun.

Beth am beidio â chymharu
Pob plentyn yn y wlad?
Mae rhieni'n gwneud eu gorau
Un ac oll — pob mam, pob tad.

Paid â thrin dy hun na'r babi
Yn galed ar y naw;
Mae pob dim yn berffaith sicr
O ddigwydd maes o law.

Er bod babanod eraill
I'w gweld ar y blaen o stryd,
Mae'n debyg iawn nad ydyn nhw.
Ti sy'n meddwl, dyna'i gyd.

Ac ymhen blynyddoedd eto
Pan fyddi'n edrych nôl,
Fe fydd poeni'n fawr am
   bwy wnaeth beth
Yn teimlo o mor ffôl.

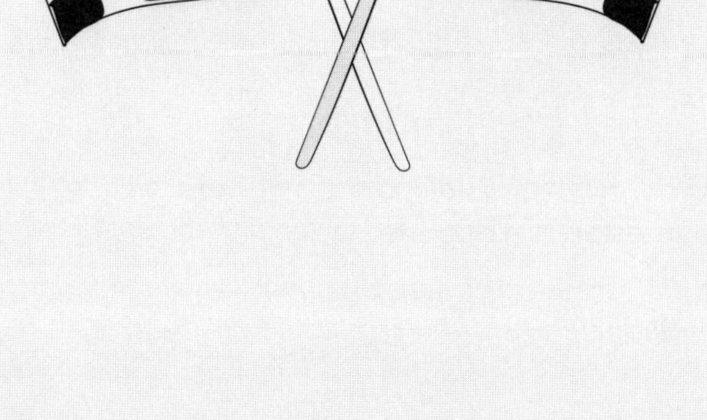

Rhestr wirio cerrig milltir

Mae'r rhestr ganlynol yn nodi'r prif gerrig milltir corfforol a meddyliol y dylai babi eu cyflawni yn ystod y 18 mis cyntaf, ond amcan go fras yw'r gwahanol oedrannau. Mae pob babi yn wahanol, gyda'i gryfderau a'i heriau personol ei hun, felly paid â phoeni os yw dy fabi di ychydig ar y blaen neu ar ei hôl hi. Ar y cam hwn, y cyfan mae babi ei angen yw cariad, cefnogaeth ac anogaeth gan ei rieni.

2-4 mis

- Dechrau gwenu ar bobl
- Dechrau dilyn pethau gyda'i lygaid
- Troi ei ben i gyfeiriad synau
- Adnabod ac ymateb i lais a gwên
- Dechrau estyn am deganau a gwrthrychau
- Datblygu crio gwahanol ar gyfer anghenion gwahanol
- Agor a chau ei ddwylo
- Dechrau dal ei ben i fyny wrth orwedd ar ei fol

4-6 mis

- Dechrau piffian chwerthin (ddim chwerthin llawn eto)
- Estyn yn fwriadol am deganau
- Siarad â'i hun
- Dal ei ben i fyny heb gymorth
- Copïo edrychiadau
- Gwthio i fyny ar ei ddwy benelin wrth orwedd ar ei fol
- Ceisio troi drosodd

6-8 mis

- Chwerthin
- Adnabod ei hun yn y drych
- Gwthio breichiau i lewys dillad wrth newid
- Estyn ac ymestyn am deganau
- Copïo ystumiau a synau
- Deall geiriau syml

- Aros ar ei eistedd gydag ychydig iawn o gefnogaeth
- Troi drosodd o'i fol i'w gefn (ddim yn rholio'n llawn eto, fel arfer)
- Pasio eitemau o un llaw i'r llall
- Dannedd cyntaf (er bod hyn yn gallu digwydd yn gynt neu'n llawer hwyrach)

8-10 mis

- Gwneud synau ailadroddus fel ba-ba-ba-ba
- Pwyntio at bethau y mae arno eu heisiau
- Sgiliau echddygol manwl cynnar (codi eitemau bach rhwng y bawd a'r mynegfys)
- Codi ar ei eistedd heb gymorth
- Rholio drosodd yn llawn heb gefnogaeth
- Camau cynnar cropian (llusgo ei hun ymlaen ar ei bedwar neu ar ei ben-ôl)
- Mae ganddo hoff deganau
- Mwy gochelgar o ddieithriaid
- Parod i gofleidio a chusanu
- Dal potel ac yfed ohoni
- Dechrau chwarae ar ei ben ei hun

10-12 mis

- Cropian gan ddefnyddio coesau a breichiau
- Pwyso ar rywbeth a chodi ei hun ar ei draed
- Sgiliau echddygol manwl mwy datblygedig
- Bwydo ei hun â bwyd bys a bawd
- Geiriau clir fel "dad" a "mam"
- Yfed o gwpan
- Ymateb i "na"

12-18 mis

- Codi ar ei draed o fod ar ei eistedd
- Dechrau cerdded (gan afael mewn dodrefn ar y dechrau)
- Mwy o eirfa (dim ond geiriau unigol ar hyn o bryd)
- Ymateb i'w enw

Pyliau tyfu a llamau datblygiadol

Pyliau tyfu

Y tu hwnt i'r cerrig milltir corfforol ac emosiynol, fe fydd dy fabi'n tyfu'n aruthrol yn ystod ei flwyddyn gyntaf – cynnydd o tua 25cm (10 modfedd) yn ei daldra ar gyfartaledd, gan dreblu o ran pwysau. Er y bydd hyn yn digwydd yn raddol ar y cyfan, fe fydd dy fabi'n profi pyliau sydyn o dyfu weithiau.

Er y gall y pyliau yma ddigwydd ar unrhyw adeg, mae'r rhan fwyaf o fabanod yn dilyn amserlen debyg o ran pyliau tyfu, sydd fel arfer yn digwydd yn ystod y cyfnodau canlynol:

- 1–3 wythnos
- 6–8 wythnos
- 3 mis
- 6 mis
- 9 mis

Mae arwyddion bod dy fabi'n profi pwl tyfu yn cynnwys awydd i fwydo yn amlach, methu dilyn ei batrwm dyddiol arferol a deffro'n fwy rheolaidd yn ystod y nos. Fe fydd hefyd wrth gwrs yn magu pwysau yn ystod ei byliau tyfu, er na fyddi di o reidrwydd yn sylwi ar hynny. Yr arwyddion mwyaf amlwg yw symud i faint clwt mwy neu dyfu allan o'i ddillad arferol.

Llamau datblygiadol

Fe fydd dy fabi hefyd yn profi tua deg llam datblygiadol yn ystod ei ddwy flynedd gyntaf. Mae'r llamau datblygiadol hyn yn fwy meddyliol eu natur, wrth i'r ymennydd dyfu'n gynt ac yn gynt, gan ddefnyddio llawer iawn o egni yn y broses. Yn sydyn, mae'n bosib y bydd dy fabi eisiau glynu'n agos atat ti, ac yn cwyno pan fyddi di'n gollwng gafael arno. Fe allai fod yn biwis, a ddim ond yn ddiddig yn dy freichiau di neu ym mreichiau dy bartner. Neu fe allai ei batrwm bwydo a chysgu arferol fynd i'r gwynt heb unrhyw reswm amlwg.

Yn ffodus, mae'n weddol hawdd rhagweld pryd mae'r llamau yma'n digwydd:

- 5 wythnos
- 8 wythnos
- 12 wythnos
- 19 wythnos
- 6 mis
- 8 mis
- 10 mis
- 12 mis
- 14 mis
- 16 mis
- 18 mis

Mae angen bod yn ymwybodol bod yr amseroedd hyn yn dechrau o ddyddiad disgwyliedig geni'r babi. Os cafodd ei eni'n gynnar neu'n hwyr, mae angen eu haddasu'n unol â hynny (er enghraifft, ar gyfer babi a gafodd ei eni bythefnos yn gynnar, fe fydd y llam datblygiadol cyntaf yn digwydd pan fydd tua saith wythnos oed).

Er y byddi di'n ymwybodol o hyn i gyd, fe fydd pob llam datblygiadol yn dy synnu di bron bob tro, felly mae'n werth edrych yn ôl ar y rhestr hon yn ystod 18 mis cyntaf dy fabi. Naw gwaith allan o ddeg, fe fydd newid sydyn yn ymddygiad dy fabi yn cyfateb i un o'r llamau hyn, ac fe gei di gysur o wybod nad oes unrhyw beth o'i le. Yn hytrach, mae yna reswm gwyddonol dros yr hyn rwyt ti'n ei brofi.

Paid chwaith â digalonni. Dydy pob llam datblygiadol ddim yn para'n hir ... fel arfer, mater o ddyddiau neu ychydig wythnosau ar y mwyaf. Er eu bod nhw'n creu straen, yn enwedig os wyt ti newydd ddod i arfer â chael ychydig mwy o gwsg yn ystod y nos, mae yna gysur o wybod eu bod nhw'n pasio ac y bydd dy fabi'n dychwelyd i'w batrwm arferol cyn bo hir.

TADNODYN

Fedri di ddim gwneud dim byd i brysuro llamau datblygiadol. Mae'n rhaid i ti aros a rhoi'r holl gariad a sylw sydd ei angen ar dy fabi nes eu bod nhw'n digwydd. Fe allai hyn olygu llacio rhywfaint ar y drefn arferol, gadael i dy fabi gysgu arnat ti'n amlach a mynd yn ôl i fwydo ar alw (hyd yn oed os nad ydych chi wedi gwneud hynny ers tro).

Cerrig milltir deallusrwydd emosiynol

Wrth i dy fabi dyfu'n blentyn bach ac wrth i'w ymennydd ddechrau prosesu popeth mae wedi'i ddysgu, gwna bwynt o sylwi ar unrhyw fuddugoliaethau bach sy'n gysylltiedig â'i ddeallusrwydd emosiynol. Y cerrig milltir amgen hyn yw'r ganmoliaeth sydd ei hangen ar rieni i ddangos bod y gwersi bywyd rydych chi wedi'u rhoi i'ch plentyn wedi talu ar eu canfed:

- Dweud "plis" a "diolch"
- Ffurfio cyfeillgarwch
- Rhannu teganau
- Gafael yn dy law
- Cofleidio yn dynn
- Gofyn cwestiwn personol i ti
- Trin anifeiliaid yn garedig (yn hytrach na'u procio/tynnu eu cynffonnau!)
- Chwarae'n hapus ar ei ben ei hun
- Ymgolli mewn llyfr
- Cysuro rhywun sydd mewn gofid
- Dweud "Caru ti"

"Yn y pen draw, chewch chi ddim tlws, na modrwy, na baner. Ond beth gewch chi, o'i wneud yn iawn, yw fersiwn fwy cariadus, caredig, clyfar a gwell ohonoch chi eich hun."

John Stamos

Eistedd

Os wyt ti'n meddwl bod misoedd cynnar magu plant yn flinedig, fe fyddi di wrth dy fodd pan fydd dy fabi'n dechrau eistedd ar ei ben ei hun. Mae'n bosib na fyddi di'n sylweddoli hynny ar y pryd, ond mae'r cyfnod byr hwn cyn i'r babi ddysgu cropian yn un i'w drysori.

Pan mae'n gallu eistedd heb gymorth, mae'n bosib ei amgylchynu â theganau a'i adael i ddiddanu'i hun am gyfnodau hirach, gan roi cyfle am seibiant haeddiannol i ti a dy bartner. Fydd y babi ddim yn dibynnu arnoch chi am gymaint neu angen i chi afael ynddo mor aml. Yn well fyth, yn wahanol i'r cyfnod cropian, os wyt ti'n rhoi dy fabi i lawr yn rhywle, fe fydd dal yno pan ei di nôl.

Mae'r rhan fwyaf o fabanod yn dechrau datblygu digon o gryfder craidd i eistedd heb gymorth rhwng chwech ac wyth mis oed, ond mae yna lawer o bethau y medri di eu gwneud i'w baratoi ar gyfer y cam cyntaf hanfodol hwn cyn iddo ddysgu cropian a cherdded.

Pan fydd dy fabi'n hyblyg ac yn ddigon hapus i eistedd yn gefnsyth, a phan fyddi di'n sylwi ei fod yn eistedd yn weddol dalsyth mewn cadair babi neu fygi, rho gynnig ar yr ymarferion canlynol i feithrin ei gryfder craidd:

- Rho dy fabi ar ei eistedd gydag ychydig o glustogau y tu ôl iddo a phob ochr iddo (rhag ofn iddo simsanu) a dos i lawr ar y llawr ato.
- Rho ddwylo dy fabi ar ei bengliniau i'w roi mewn ystum mwy cadarn ac annog cydbwysedd.
- Chwifia ei hoff deganau o gwmpas, a'i annog i edrych i'r chwith a'r dde, i fyny ac i lawr, er mwyn iddo gynefino â symud ei ben heb simsanu.
- Ymarfer eistedd i fyny, drwy ei rolio'n ofalus o fod ar ei orwedd i fod ar ei eistedd.
- Dal dy fabi ar ei bengliniau gyda chlustogau o dan ei fol, a'i gael i estyn i fyny i afael neu chwarae gyda theganau ar y soffa.
- Rho dy fabi i eistedd ar arwyneb ansefydlog (fel clustog neu'n eistedd ar dy draed wrth i ti afael ynddo) er mwyn iddo ddysgu sut i sefydlogi ei hun.

Cropian

Mae cropian yn ymdrech gorfforol enfawr i unrhyw fabi, un sydd angen cryfder, hyblygrwydd a chydsymud er mwyn ei wneud yn iawn. Ond cyn iddo hyd yn oed feddwl am gropian, fe fydd angen i dy fabi fagu digon o gryfder yn ei freichiau, coesau a chefn i allu dal ei bwysau llawn. Fe fydd angen iddo symud y cluniau, pengliniau ac ysgwyddau i godi ei hun yn gorfforol oddi ar y llawr. Ac yn llawn mor bwysig, fe fydd angen rheswm arno dros fod eisiau symud yn y lle cyntaf.

Fe fydd babi sy'n treulio'r rhan fwyaf o'i ddiwrnod wedi'i gyfyngu mewn rhyw ffordd – mewn cludwr, pram, sedd car, sedd fownsio, sedd babi, cadair uchel neu wedi'i ddal i fyny gan glustogau – fel arfer yn cymryd mwy o amser i ddarganfod sut i symud ar ei ben ei hun (cyfeirir at hyn yn Saesneg fel *container baby syndrome* neu 'syndrom babi wedi'i gyfyngu'). Ar y llaw arall, po fwyaf o ryddid wyt ti'n ei roi i fabi a pho fwyaf o amser y bydd yn ei dreulio yn gorwedd ar ei fol ar y llawr ('amser bol') – cyflyma'n byd y dylai ddysgu cropian.

Cam 1 – Amser bol

Argymhellir nad wyt ti'n dechrau ymarfer amser bol nes bod gwddf y babi'n ddigon cryf i ddal a symud ei ben yn hawdd (pan fydd tua chwe wythnos oed, fel arfer).

Pan fydd yn gallu gwneud hynny, rho dy fabi ar ei fol ar fat chwarae meddal am ychydig funudau bob dydd pan fydd mewn hwyliau da (ddim pan mae'n flinedig neu newydd gael ei fwydo). Os yw'r babi'n dechrau cwyno, does dim pwynt ei orfodi ... coda'r babi neu ei rolio ar ei gefn fel ei fod yn fwy cyfforddus.

Ar y dechrau, mae'n mynd i orwedd yno fel morfil wedi'i olchi ar draeth. Ond dros amser, mae cryfder ei wddf a'i symudiadau breichiau yn gwella'n raddol, ac mae'n bosib ymestyn yr amser mae'n ei dreulio ar ei fol, a chyflwyno teganau cyfagos iddo geisio eu cyrraedd.

Cam 2 – Rholio drosodd

Rholio drosodd fydd profiad go iawn cyntaf dy fabi o symud ei gorff cyfan ar ei ben ei hun, ac mae'n garreg filltir gyffrous. Mae yna sawl mantais ddatblygiadol i hyn hefyd, oherwydd fe fydd yn addysgu dy fabi am gydbwysedd a chydsymud, yn cryfhau ei gyhyrau ac yn hybu ei hyblygrwydd.

Mae'r rhan fwyaf o fabanod yn dechrau ceisio rholio drosodd o tua phedwar mis oed ymlaen. Rholio o'u bol i'w cefn sy'n dod gyntaf fel arfer, ond mae'n bosib i ti helpu'r babi i rolio o'i gefn i'w fol hefyd. I wneud hynny, rho degan allan o gyrraedd dy fabi ar yr ochr rwyt ti am iddo rolio. Pan fydd yn estyn am y tegan gyda'i fraich bellaf, gafaela yn ei gluniau'n dyner a'i siglo yn ôl ac ymlaen nes ei fod yn llwyddo i rolio drosodd.

Erbyn tua chwe mis, fe fydd y rhan fwyaf o fabanod yn gallu rholio drosodd i'r ddau gyfeiriad ar eu pennau eu hunain

Cam 3 – Annog symud

Er bod cropian yn digwydd yn naturiol i fabi, fe all gymryd peth amser iddo feistroli'r grefft newydd hon. I roi dy fabi ar ben ffordd:

- Yn ystod amser bol, rho dy fabi i orwedd ar ei ddwylo neu ar ei ddwy benelin, gan roi pwysau ysgafn ar ei ddwylo, a'i annog i wthio i lawr a chynnal ei bwysau ei hun.
- Penlinia o'i flaen, gan ddal tegan uwchben lefel ei lygaid, nes ei fod yn codi ei ben, ei wddf a'i ysgwyddau ac yn crymu ei gefn. Os yw ei freichiau'n cael trafferth dal ei bwysau, rho obennydd bach o dan ei frest i'w gynnal.
- Pan fydd dy fabi yn gorwedd ar ei fol, gwthia'i bengliniau ymlaen yn dyner o dan ei gorff, fel ei fod yn dod i arfer â gorffwys ar ei ddwylo a'i bengliniau. Yn yr ystum yma, helpa dy fabi i siglo yn ôl ac ymlaen, gan hwyluso symudiadau'r cluniau a'r cefn.

TADNODYN

Er y bydd y rhan fwyaf o fabanod yn mynd ymlaen i ddeall sut i gropian ar eu pennau eu hunain yn y pen draw, fe fydd ychydig o help gen ti yn talu ar ei ganfed. Mae astudiaethau wedi dangos bod dysgu cropian yn hynod fuddiol i ddatblygiad gwybyddol babi, gan helpu gyda chydbwysedd, cydsymud, datrys problemau a chryfder craidd (y cyfan yn bethau fydd o werth mawr iddyn nhw wrth iddyn nhw dyfu'n hŷn). Ond paid â synnu os oes gan dy fabi syniadau eraill ... mae llawer yn dewis hepgor y cam cropian yn gyfan gwbl, gan symud o gwmpas ar eu pen-olau cyn penderfynu cerdded mwya' sydyn!

Diogelu'r cartref ar gyfer dy fabi

Os mai ennyd o dawelwch cymharol yw'r cyfnod lle mae'r babi'n codi ar ei eistedd, mae'r cyfnod cropian fel un storm ar ôl y llall. Ac yn union fel storm, fe fydd babi sy'n cropian yn mynd ble y mynn, yn gyflym fel mellten ac fe all adael llanast ar ei ôl. Does dim byd yn ddiogel rhag ei chwilfrydedd naturiol. Fe fydd unrhyw gwpwrdd neu ddrôr o fewn cyrraedd yn cael ei agor. Fe fydd unrhyw beth ar y llawr yn cael ei godi a'i gnoi. Ar ben hynny, dydy babanod ddim yn deall perygl o gwbl; fe fydd socedi trydanol, drysau popty, grisiau, cyllyll cegin, diodydd poeth a gwrthrychau gwerthfawr o fewn cyrraedd yn bethau i'w byseddu, felly mae angen gofal mawr.

Y funud y bydd dy fabi'n dangos unrhyw arwydd o gropian, fe fydd angen:

- Rhoi cloeon babi ar ddrysau cypyrddau a droriau (os yw dolenni cwpwrdd yn agos at ei gilydd, mae bandiau elastig yn gweithio'n wych).
- Gosod gatiau diogelwch ar dop a gwaelod y grisiau.
- Symud cynnyrch glanhau o gyrraedd dy fabi neu eu cadw mewn cwpwrdd dan glo.
- Mae angen gofal arbennig gyda magnetau a batris (yn enwedig rhai bach siâp disg, sy'n gallu bod yn angheuol o'u llyncu) ac unrhyw eitemau bach a allai fod yn berygl tagu.
- Gosod caeadau ar socedi trydanol.
- Glanhau lloriau yn aml – fe fydd unrhyw ollyngiadau neu eitemau naill ai'n mynd ar ddillad neu i geg dy fabi.
- Clymu unrhyw geblau, cortynnau bleindiau a gwifrau rhydd y gellid eu tynnu neu eu cnoi.
- Symud bwyd a dŵr anifail anwes i ystafell arall neu allan o gyrraedd.

TADNODYN

Un o'r newidiadau mawr sydd angen eu gwneud pan fydd dy fabi'n dechrau cropian yw ffarwelio ag unrhyw breifatrwydd a fu gen ti ar un adeg. Pan fydd yn dechrau symud, fyddi di byth eto'n gallu sleifio i ystafell arall am ychydig o seibiant neu eiliad i ti dy hun. Ble bynnag fyddi di'n mynd, fe fydd yn siŵr o ddod o hyd i ti ...

MUNUD I FEDDWL

Os oes gen ti blantos bach
Sy'n cropian neu yn cerdded,
Mae'n anodd ffeindio munud rydd
Er mwyn cael mynd i'r toiled.

Dim ond un peth maen nhw eisiau,
Sef dy fod ti o hyd yno.
Does 'na nunlle i ti ddianc,
Does 'na nunlle i ti guddio ...

Cyn y plant, fe oedd y bathrwm
Yn stafell llawn tangnefedd,
Yn lle i olchi wyneb,
Yn lle i frwsio dannedd ...

Yn lle i dreulio amser
Dan gawod chwilboeth weithiau,
Neu lolian mewn bath diog poeth
A chynnau myrdd ganhwyllau.

Neu hyd yn oed ymlacio
Ar dy eistedd, yn y bôn.
Cyfle bach i wneud dy fusnes
A phori drwy dy ffôn.

Ond nawr, ers dechrau teulu,
Mae pethau yn wahanol;
Mae mynd i'r toiled erbyn hyn
Yn broses afresymol ...

Fel chwarae cuddio'n ddistaw,
A symud fatha cysgod,
A thrio gwneud dy fusnes
Cyn i'r bychan dy ddarganfod.

Mae'n digwydd bron yn ddyddiol –
Ti'n teimlo'r ysfa'n taro,
Yr angen i ddiflannu ar frys,
A'r blys i gael dy weithio.

Ti'n rhoi Cyw ar y teledu,
Neu eu gadael nhw yn chwara',
Cyn sleifio ffwrdd yn dawel bach
Fel croes rhwng rhiant a ninja ...

Er mwyn cael ista'n dawel
Ar orsedd gain seramig,
Yn gweddïo am gael llonydd
Am ddau funud cysegredig.

Ond ust, sŵn traed tu allan
Yn prysur agosáu,
A hen grafu annymunol
Ar y drws sydd wedi'i gau ...

Cyn troi yn ddyrnu cyson
A sgrechian ac wylofain uchel,
A drws yn agor gyda chlec
I chwalu'r ennyd dawel ...

A gwenu neu wgu bob yn ail
Ar y rhiant druan yno,
Sydd â'i drowsus am ei fferau.
Ar ganol cael ei weithio.

Ond ydyn nhw yn gadael?
Dim peryg, dyna ffaith.
Maen nhw'n sefyll yno'n syllu
Mewn rhyw berlewyg maith.

Rwyt tithau'n gorfod gorffen
Ar frys, yn llawn o stŵr,
A'th urddas yn diflannu
I lawr 'run twll â'r dŵr.

Os yw'ch plant rhy fach
i gnocio drws,
Dyma gyngor i rieni:
Mae'n syniad gosod gât yn sownd,
A chlo i'r 'stafell molchi.

Geiriau cyntaf

Fe fydd dy fabi'n dechrau dysgu sut i gyfathrebu o'r eiliad mae'n cael ei eni, drwy fynegi ei hun yn yr unig ffordd mae'n gwybod sut – crio – pryd bynnag y bydd arno eisiau neu angen rhywbeth. Dros amser, fe fydd ei ddulliau cyfathrebu yn datblygu'n sylweddol, gan ychwanegu torri gwynt, ochneidio, cŵan a gwneud stumiau i roi gwybod i ti pan mae'n hapus, yn drist neu'n anghyfforddus.

Ond fel arfer fe fydd yn cymryd tua chwe mis i'r cyhyrau angenrheidiol i'r lleferydd ddatblygu digon i ti adnabod unrhyw synau a geiriau penodol. Ar y cyfan, fe fydd popeth yn swnio fel parablu hyfryd ond annealladwy wrth i'r babi ddirnad sut i roi dau sŵn at ei gilydd (a mwynhau ei hun yn arw wrth ailadrodd yr un rhai dro ar ôl tro).

Mae'r cyfnod siarad babi hwn nid yn unig yn hynod o giwt, ond dyma'r amser pan fydd y rhan fwyaf o rieni yn cyffroi'n arw, gan mai 'mama' a 'dada' yw dau o'r geiriau amlwg cyntaf fyddwch chi'n eu clywed yn aml. Ond peidiwch â mynd dros ben llestri ... mae'n annhebygol mai cyfeirio atat ti a dy bartner yn benodol mae'r babi, ac rwyt ti'n siŵr o sylwi arno'n galw pob math o bethau'n 'mama' neu 'dada' dros y misoedd nesaf.

Y gwir amdani yw bod y rhan fwyaf o fabanod dros eu blwydd oed cyn dechrau cysylltu geiriau penodol â phethau penodol. Fe fydd dy blentyn dros 18 mis oed cyn i'w eirfa ehangu go iawn, ac ar y pwynt hwnnw, fe fydd ganddo tua 20 gair dealladwy yn ei 'repertoire'.

OEDDET TI'N GWYBOD?

Nid dim ond ar gyfer babanod ag amhariad ar eu clyw y mae iaith arwyddion. O chwe mis oed, fe elli di ddysgu arwyddion sylfaenol i dy fabi (fel 'llaeth', 'mwy', 'chwarae', 'newid clwt' a 'coda fi'), gan hybu cyfathrebu ymhell cyn iddo ddysgu siarad.

Mae'r amseru'n amrywio o un plentyn i'r llall, ond po fwyaf wyt ti'n ymgysylltu a siarad â dy fabi wyneb yn wyneb, cyflymaf dylai ei leferydd ddatblygu.

Dyma ambell beth y gelli di roi cynnig arnyn nhw i geisio annog datblygiad lleferydd:

- Sylwebu cyson ar bopeth rydych chi'n ei wneud gyda'ch gilydd drwy gydol y dydd, gan ddisgrifio pob gweithgaredd ac enwi unrhyw beth wyt ti'n ei weld neu'n ei gyffwrdd.
- Symud yn agos a sgwrsio â dy fabi wyneb yn wyneb, er mwyn iddo weld sut mae dy geg yn symud wrth ddweud geiriau gwahanol.
- Canu i'r babi, yn enwedig caneuon ailadroddus (fel "Mae gan Ewythr Ifan Fferm") neu ganeuon gyda geiriau disgrifiadol sy'n annog symudiadau (fel "Pen, Ysgwyddau, Coesau, Traed").
- Edrych drwy lyfrau gyda'ch gilydd a thynnu sylw at y lluniau, gan ddweud beth yw pob dim.
- Dechrau dysgu dy fabi i gysylltu gwahanol weithredoedd â geiriau gwahanol, fel codi llaw a dweud "hwyl fawr", rhoi dy law at dy geg a dweud "eisiau bwyd", neu rwbio dy lygaid a dweud "wedi blino".
- Copïo'r synau mae dy fabi yn eu gwneud a chael sgwrs siarad babi gyda'ch gilydd. Er mor wirion mae hynny'n teimlo ar y pryd, mae babi'n wirioneddol fwynhau hynny, ac yn gwrando ar yr hyn sydd gen ti i'w ddweud cyn ymateb yn ei ffordd garbwl ei hun.

OEDDET TI'N GWYBOD?

Yn ôl astudiaeth gan Brifysgolion Washington a Connecticut yn 2014, mae sgyrsiau un-i-un gan ddefnyddio siarad babi yn arwain at ddatblygiad iaith gwell ymhlith plant bach. Yn y cyfamser, wrth i rieni orliwio'r siarad ac amrywio goslef y llais fwy a mwy, fe fyddai plant blwydd oed yn yr astudiaeth yn fwy tebygol o glebran, o ran ymateb ac yn gyffredinol. Erbyn troi'n ddwy oed, roedd y babanod hynny a oedd wedi profi sgwrsio o'r fath gyda'u rhieni yn gwybod mwy o eiriau na babanod eraill.

Ehangu ei eirfa

Unwaith mae dy fabi wedi dysgu ei eiriau cyntaf tua 12 mis oed, bydd arno angen dy gefnogaeth a dy anogaeth o hyd i ehangu ei eirfa drwy'r blynyddoedd nesaf. Rhan allweddol o hynny yw ei annog i siarad a rhoi'r hyder sydd ei angen arno i ddysgu:

- Wrth ddysgu geiriau newydd i dy blentyn, mae angen eu hailadrodd nhw sawl gwaith yn yr un frawddeg i'w sodro nhw yn eu lle.
- Gofynna i dy blentyn bach lle mae pethau yn yr ystafell neu ar ei gorff a'i annog i bwyntio atyn nhw. Buan iawn y gweli di pa eiriau mae'n eu gwybod, hyd yn oed os nad yw'n gallu eu dweud nhw eto.
- Dalia ati i ganu i dy blentyn, yn enwedig unrhyw ganeuon gyda symudiadau corfforol a geiriau ailadroddus i'w copïo (fel "Olwynion ar y Bws"), gan y bydd hyn yn ei helpu i gofio ymadroddion yn haws.
- Pan fyddi di'n rhoi cyfarwyddiadau i dy blentyn, cadwa nhw'n fyr ac yn gryno. Po fwyaf o eiriau y byddi di'n eu defnyddio, anoddaf fydd hi iddo'u deall.
- Paid â'i feirniadu na'i gywiro os yw'n cael gair yn anghywir, ond yn hytrach, defnyddia'r gair yn gywir fel rhan o dy ateb. Mae rhoi rhyddid i blentyn ymarfer defnyddio geiriau (hyd yn oed geiriau anghywir neu eiriau wedi eu bathu) yn bwysicach o lawer na'u cael yn iawn bob tro. Unwaith mae'n barod, fe fydd yn newid yn naturiol i ddefnyddio'r geiriau a'r ynganiad cywir.
- O tua dwyflwydd oed ymlaen, fe ddylai dy blentyn ddechrau rhoi geiriau at ei gilydd i ffurfio brawddegau byr o ddau neu dri gair. Helpa dy blentyn i ddysgu strwythur brawddegau drwy lenwi'r bylchau ac ailadrodd ei frawddeg yn ôl iddo.

Camau cyntaf

Mae'r foment pan fydd dy fabi yn cymryd ei gamau cyntaf yn un na fyddi di eisiau ei cholli. Mae'n llam datblygiadol enfawr i bob plentyn, yn pontio'r cyfnod o fod yn fabi i fod yn blentyn bach, ac mae ei weld yn brofiad anhygoel.

Fe fydd pryd yn union mae dy fabi'n gwneud y llam datblygiadol hwn yn dibynnu ar lawer o ffactorau. Ei bersonoliaeth yw'r ffactor mwyaf. Mae cymeriadau bach eofn, chwilfrydig ac egnïol fel arfer yn symud yn gynnar. Os ydyn nhw'n fwy gofalus, yn fodlon chwarae yn eu gofod eu hunain, mae'n bosib y byddan nhw'n cymryd mwy o amser. Ond ar y cyfan, erbyn tua 18 mis oed, fe fydd y rhan fwyaf o fabanod ar eu ffordd i feistroli'r dasg greiddiol hon. Mae dysgu cerdded fel arfer yn dilyn y camau hyn:

Cam 1 – Sefyll

Y cam cyntaf yw babi'n gallu tynnu ei hun i fyny ar ei draed a chynnal ei bwysau. Mae'r rhan fwyaf o fabanod yn dechrau gwneud hyn rhwng naw a 12 mis, gan godi eu hunain i fyny gyda chymorth dodrefn neu riant, cyn bownsio ar eu coesau i gryfhau'r cyhyrau a'r cydsymud sydd eu hangen i gerdded.

Cam 2 – Dringo

Mae llawer o fabanod yn cael hwb mawr i'w hyder wrth ddechrau cropian, ac yn defnyddio'r gallu newydd hwn i archwilio rhannau o'r tŷ nad ydyn nhw wedi'u gweld o'r blaen. Maen nhw'n dringo dodrefn, yn ceisio dringo allan o'r cot neu'n straffaglu dros riant wrth iddyn nhw ddarganfod sut mae eu corff yn gweithio a magu cryfder craidd.

Cam 3 – Crwydro

Wrth iddyn nhw ddod yn fwy hyderus ar eu traed, maen nhw'n dechrau cerdded o gwmpas yr ystafell gan ddefnyddio'r waliau, cypyrddau a dodrefn i'w cynnal. Mae'r cam hwn yn eu dysgu sut i gynnal eu cydbwysedd wrth symud eu pwysau o un goes i'r llall. Un ffordd o annog plentyn i grwydro yw drwy adael teganau yma ac acw ar y soffa iddo eu casglu.

Cam 4 – Cerdded â chymorth

Gan afael yn dy ddwylo neu degan gwthio i'w helpu i aros ar ei draed, fe fydd dy fabi yn meistroli rhoi un droed o flaen y llall wrth ddysgu sut i yrru ei hun ymlaen. Unwaith mae wedi arfer gyda hynny, fe elli di wneud pethau'n fwy heriol drwy afael yn un llaw yn unig.

Cam 5 – Sefyll ar ei ben ei hun

Pan fydd dy fabi yn gallu sefyll ar ei ben ei hun heb unrhyw gymorth – y prawf eithaf o gydbwysedd – fe fyddi di'n gwybod nad yw'r camau cyntaf yn bell. Fe allwch chi ymarfer hyn gyda'ch gilydd drwy afael yn ei ddwylo a'i helpu i sefyll cyn gollwng yn ofalus a gweld am ba mor hir mae'n gallu sefyll ei hun.

Cam 6 – Gorau arf, arfer

Gafaela yn dy gamera ... mae dy fabi'n barod i gymryd ei gamau cyntaf! Fe fydd rhai babanod fymryn yn nerfus ar y dechrau, felly gwna'n siŵr dy fod ti'n canmol a chymeradwyo ei lwyddiant newydd. Yn yr un modd, os yw dy fabi'n edrych yn benderfynol, paid â chynnig dy law i'w helpu yn rhy fuan, dim ond ei helpu pan fydd gwir angen. Fel arfer, fe fydd yn cymryd rhyw wythnos neu ddwy i dy fabi feistroli'r ddawn newydd hon. Mae'n siŵr o gwympo, mae dagrau fwy neu lai'n anochel, felly cysura dy blentyn pan fydd hynny'n digwydd a'i annog i godi'n ôl ar ei draed a rhoi cynnig arall arni.

TADNODYN

Wrth ddysgu cerdded, y ffordd orau yw gwneud hynny'n droednoeth. Mae'n helpu i gryfhau'r cyhyrau yn ei draed, yn helpu gyda chydbwysedd ac yn cynyddu ei afael ar y llawr. Felly, arbeda dy bres ac aros nes bod y babi wedi dechrau cerdded cyn buddsoddi mewn pâr o esgidiau. Pan fyddi di'n gwneud hynny, gwna'n siŵr dy fod ti'n prynu esgidiau meddal ar gyfer plant bach sydd newydd ddechrau cerdded, gan eu bod nhw wedi'u cynllunio'n benodol ar gyfer y cam hwn o'u datblygiad.

Torri dannedd

Fe fydd profiad pob babi o dorri dannedd yn wahanol. Fe fydd rhai'n lwcus, ac yn mynd drwy'r broses gyfan heb deimlo fawr ddim poen neu anghysur. Ond i'r mwyafrif, fe all ymddangosiad pob dant babi arwain at ddeintgig dolurus, diffyg cwsg, anhawster yn bwyta a llu o symptomau annisgwyl na fyddet ti byth yn disgwyl y bydden nhw'n gysylltiedig â dannedd sy'n tyfu. Diolch byth, dim ond am ychydig ddyddiau y bydd y symptomau trafferthus hyn yn cael effaith (tra bod y dant yn torri drwy ddeintgig dy fabi), ac fe fyddan nhw'n lleddfu'n reit sydyn wedi gwneud hynny.

Does dim amser penodol pan fydd dant cyntaf dy fabi yn torri drwodd, ond y blaenddannedd canolog isaf (y ddau ddant blaen ar y gwaelod) sy'n ymddangos gyntaf fel arfer, o tua'r chwe mis oed ymlaen. Mae'r rhan fwyaf o ddannedd babi wedyn yn ymddangos mewn trefn eithaf cyson, yn unol â'r diagram isod.

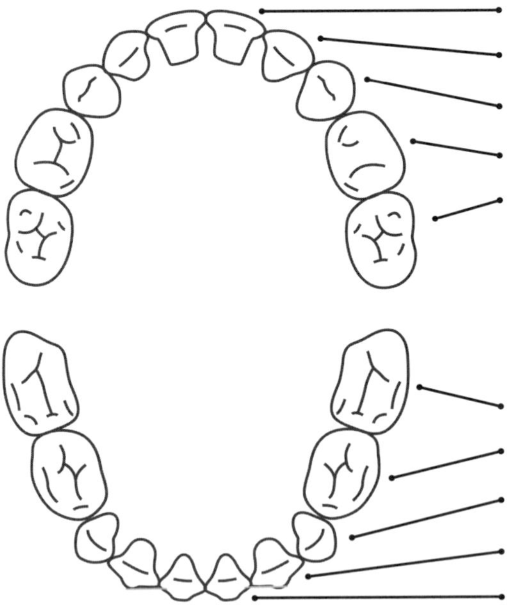

DANNEDD UCHAF

Blaenddant canolog	(8–12 mis)
Blaenddant ochrol	(9–13 mis)
Dant llygad	(16–22 mis)
Cilddant	(13–19 mis)
2il gilddant	(25–33 mis)

DANNEDD ISAF

2il gilddant	(23–31 mis)
Cilddant 1af	(14–18 mis)
Dant llygad	(17–23 mis)
Blaenddant ochrol	(10–16 mis)
Blaenddant canolog	(6–10 mis)

Mae'r arwyddion bod dy fabi yn torri dannedd a bod dant newydd ar y ffordd yn cynnwys:

- Rhoi bysedd yn ei geg neu eisiau cnoi pethau o hyd
- Glafoerio gormodol
- Bochau poenus, coch (dolurus weithiau)
- Tarfu ar gwsg
- Glynu'n dynn atat ti a dy bartner neu'n fwy drwg ei hwyl
- Bwyta ffyslyd neu golli archwaeth
- Pen-ôl dolurus, pw mwy dyfrllyd weithiau
- Tymheredd uchel

Sut i gysuro dy fabi sy'n torri dannedd

Mae'n brofiad ofnadwy gweld dy fabi mewn poen, ond mae yna rai pethau y medri di eu gwneud i liniaru ei ddioddefaint nes bod dant newydd wedi torri trwodd, ac fe ddylai unrhyw boen leddfu ar ôl hynny:

- Defnyddia gynnyrch meddyginiaethol fel gel torri dannedd (ei rwbio i mewn i ddeintgig dy fabi) neu ronynnau/crisialau torri dannedd (sy'n toddi yn ei geg, gan leddfu poen).
- Rho barasetamol babi iddo os yw mewn poen neu os oes ganddo wres.
- Pryna deganau torri dannedd (fel arfer wedi'u gwneud o silicon, pren neu rwber) sydd wedi'u cynllunio'n arbennig i'w cnoi. Mae rhai ohonyn nhw wedi'u llenwi â hylif neu gel sy'n rhewi, gan ddefnyddio oerfel i leddfu'r poen.
- Os yw dy fabi'n diddyfnu, mae'n werth osgoi unrhyw fwydydd caled a allai waethygu deintgig dolurus (mae ffyn ciwcymbr oer yn llesol iawn).
- Bydd cwtsio mewn da bryd yn gwneud byd o les yn aml.

Gofal dannedd

Unwaith y bydd dant cyntaf dy fabi wedi dod i'r golwg, y cyngor yw dechrau ei frwsio'n ysgafn ddwywaith y dydd gyda brwsh dannedd babi silicon a phast dannedd priodol i'w oedran, er mwyn atal plac rhag cronni ar yr wyneb (mae hyn yn bwysig, oherwydd fe all dannedd babi pwdr amharu ar ddatblygiad lleferydd).

Os yw dy fabi'n gwrthwynebu, sy'n digwydd yn aml, rho gynnig ar y canlynol:

- Eistedda'r babi ar dy ben-glin a'i ben yn gorffwys ar dy frest.
- Mae angen i ti esgus brwsio dy ddannedd dy hun yn gyntaf, fel ei fod yn gwybod beth i'w ddisgwyl.
- Ceisia ganu cân i dynnu ei sylw.
- Gad iddo chwarae gyda'r brwsh dannedd cyn ac ar ôl brwsio er mwyn cynefino ag ef.

Paid â phoeni os yw'r babi'n llyncu'r past dannedd. Pan fydd yn fwy – tua dwy oed – fe fydd fel arfer yn gallu deall cyfarwyddyd i boeri.

Wrth iddo dyfu'n hŷn ac yn fwy annibynnol, mae'n debygol y bydd eisiau brwsio ei ddannedd ei hun. Gad iddo roi cynnig arni, ond bydd angen i ti eu brwsio wedyn i sicrhau bod y gwaith wedi'i wneud yn iawn. Fydd plentyn ddim yn barod i frwsio ei ddannedd ar ei ben ei hun yn gyfan gwbl nes ei fod tua saith oed.

OEDDET TI'N GWYBOD?

Mae'n bosib dechrau glanhau deintgig babi cyn i unrhyw ddannedd dorri drwodd (er nad oes amser gan y rhan fwyaf o rieni i wneud hynny!). Os wyt ti'n dewis gwneud, defnyddia liain glân a llaith, brwsh dannedd babi o silicon meddal neu frwsh bys silicon, a glanha'r deintgig yn dyner ar ôl bwydo a chyn amser gwely. Mae rhai deintyddion pediatrig yn dweud fod hyn yn gallu lleihau twf bacteriol a hyrwyddo iechyd y geg.

Dysgu sut i ddefnyddio poti

Y rhieni sydd i benderfynu pryd a sut i ddysgu eu plentyn i ddefnyddio poti. Fe fydd pob rhiant yn mynd ati'n wahanol, ac anaml y bydd yna amser delfrydol i ddechrau arni. Rhaid wrth amynedd, ymateb cyflym, meddylfryd cadarnhaol a gwaith tîm (felly fe fydd angen i ti a dy bartner fod ag amser ac yn y lle iawn yn feddyliol i roi cynnig iawn arni).

Pryd i ddechrau

Mae pob plentyn yn wahanol. Fe fydd rhai yn ei gwneud hi'n glir nad ydyn nhw eisiau gwisgo clytiau mwyach. Fe fydd angen ychydig mwy o berswâd ar eraill. Ond mae yna rai arwyddion fod eich plentyn yn barod i ddechrau dysgu sut i ddefnyddio poti:

- Rwyt ti'n sylwi ei fod yn cael ei weithio'n rheolaidd ar adegau penodol o'r dydd.
- Mae'n dweud pan mae wedi baeddu ei glwt.
- Mae'n teimlo'n anghyfforddus am wisgo clwt neu gael ei newid.
- Mae'n mynegi diddordeb mewn defnyddio'r toiled neu'r poti.
- Mae'n tynnu ei glwt ei hun (boed yn lân neu'n fudr).

Os wyt ti'n sylwi ar yr arwyddion hyn ac eisiau rhoi cynnig ar ddysgu defnyddio'r poti, dewisa wythnos pan fyddi di a dy bartner gartref a lluniwch gynllun gweithredu.

Cyfarpar angenrheidiol

Diolch byth, mae'r rhestr o gyfarpar ar gyfer dysgu defnyddio'r poti yn weddol fyr. Dyma sydd ei angen:

- Poti
- Digon o ddillad isaf newydd (er mwyn i'r plentyn gyffroi wrth ddod allan o'i glytiau)
- Dillad llac sy'n hawdd i dy blentyn eu tynnu ar ei ben ei hun
- Sandalau (Crocs neu rywbeth tebyg fel nad ydyn nhw'n gorfod dioddef esgidiau gwlyb)

- Diheintydd gwrthfacterol i lanhau'r poti ar ôl ei ddefnyddio
- Clytiau nos
- Sedd hyfforddi sy'n ffitio y tu mewn i sedd toiled i'w hatal rhag syrthio i mewn (er y bydd hyfforddi plentyn ar y sedd oedolyn o'r dechrau yn arbed amser maes o law)
- Gris, er mwyn i dy blentyn allu eistedd ar sedd y toiled yn hawdd

Dulliau gwahanol

Mae sawl ffordd o ddysgu plentyn i ddefnyddio poti, ond mae'r rhan fwyaf o ddulliau yn perthyn i un o'r categorïau canlynol:

Mynd amdani doed a ddel

Dull sy'n cael ei argymell pan fydd plentyn yn ddwyflwydd oed neu'n hŷn. Mae'n ddull poblogaidd gan rieni sydd eisiau dysgu eu plentyn yn gyflym, oherwydd fe all gymryd cyn lleied â thri diwrnod i'w gyflawni.

- Mae angen siarad â dy blentyn ymlaen llaw am dy fwriad, a rhoi dillad isaf newydd iddo er mwyn gwneud iddo deimlo'n gyffrous am y trawsnewid.
- Anghofia unrhyw gynlluniau eraill er mwyn canolbwyntio ar ddim byd ond dysgu dy blentyn i ddefnyddio'r poti am dri diwrnod yn olynol.
- Ar y diwrnod cyntaf, cadwa unrhyw glytiau o'r neilltu a gwisga dy blentyn mewn crys-t ac yn ei ddillad isaf newydd.
- Dangosa'r poti neu'r toiled iddo, ac esbonia iddo sut i'w ddefnyddio. Gofynna i dy blentyn roi gwybod i ti pan fydd o angen mynd i'r toiled a'i herio i gadw'i ddillad isaf newydd yn sych.
- Drwy gydol y dydd, rho ddigon i'w yfed i'r plentyn er mwyn iddo gynefino â'r teimlad o fod eisiau pi-pi. Os wyt ti'n dewis poti, fe fydd angen ei gadw wrth law drwy'r amser er mwyn ei ddefnyddio ar fyr rybudd.
- Anoga dy blentyn i ddefnyddio'r poti neu'r toiled yn rheolaidd, gan ei **ganmol i'r cymylau** bob tro y bydd yn ceisio cyflawni'r naill gamp neu'r llall.
- Mae damweiniau yn anochel dros y tri diwrnod, felly fe fydd angen digon o ddillad isaf sbâr a chynnyrch glanhau wrth law. Os yw dy blentyn yn cael damwain, gafaela ynddo'n gyflym a'i wibio at y poti/i'r toiled i orffen ei 'fusnes'.

- Mae angen cadw'n bositif a defnyddio damweiniau fel cyfle i ddysgu, a thrafod sut mae'n teimlo pan fydd angen iddo "fynd".

Dan arweiniad rhieni

Mae hyn i gyd yn ymwneud â chadw at amserlen dynn o ymweliadau â'r ystafell ymolchi drwy gydol y dydd, ac mae'n bosib rhoi cynnig arni cyn gynted ag y bydd plentyn yn dechrau dangos arwyddion o fod yn barod i ddysgu defnyddio'r poti. Ac os oes sawl person gwahanol yn gofalu am dy blentyn, fe fydd y dull hwn yn hawdd i unrhyw un ei ddilyn.

- I sicrhau'r canlyniadau gorau, fe fydd angen rhoi'r clytiau o'r neilltu yn ystod y dydd a gwisgo dillad isaf bachgen mawr/merch fawr am y plentyn.
- Yn hytrach nag aros iddo ddweud ei fod angen mynd i'r toiled, fe fydd angen i ti fynd â dy blentyn at y poti/i'r toiled yn rheolaidd drwy gydol y dydd, gan aros gydag o a'i annog i "fynd". Fe allai hynny fod bob awr, neu bob dwy neu dair awr. Y peth pwysig yw cadw at yr un amserlen bob dydd. Fel arall, mae'n bosib llunio amserlen sy'n fwy seiliedig ar weithgareddau, er enghraifft, ei gael i ddefnyddio'r poti pan mae'n deffro, cyn ac ar ôl pob pryd, rhwng gweithgareddau a chyn mynd i'r gwely.
- Fe fydd ambell ddamwain yn siŵr o ddigwydd, ond fe fydd ymweliadau rheolaidd â'r ystafell ymolchi yn golygu bod llai ohonyn nhw. Dros amser, fe ddylai'r plentyn ddysgu i'w ddal i mewn a sylweddoli pryd mae angen iddo "fynd".
- Y dull hwn fydd yn cymryd hiraf fel arfer, oherwydd fe fydd gallu adnabod ei ysfeydd corfforol ei hun yn fwy o gamp i dy blentyn, wrth i rywun arall sbarduno'r ymweliadau â'r ystafell ymolchi.

Aros hyd nes y bydd dy blentyn yn gofyn

Os nad wyt ti na dy blentyn ar unrhyw frys i ddysgu defnyddio poti, fe elli di aros hyd nes y bydd yn dweud ei fod yn barod i gyfnewid ei glytiau am y poti. Fel arfer, fe fydd plant yn sylweddoli hyn yn naturiol pan fyddan nhw tua thair oed, ar ôl iddyn nhw dy weld di a'u cyfoedion yn defnyddio'r toiled a'u bod eisiau ymuno â'r clwb.

Os wyt ti'n penderfynu dilyn y trywydd hwn, rho gynnig ar y dulliau "mynd amdani doed a ddel" neu "dan arweiniad rhieni" ac fe ddylai'r plentyn ddysgu ei hun mewn chwinciad. Gan dy fod ti wedi aros tan fod dy blentyn ychydig yn hŷn, fe allai ymateb yn dda i siart wobrwyo, gan dderbyn sticer neu wobr fach bob tro mae'n defnyddio'r poti neu'n cael diwrnod hollol sych. Mae'n werth cadw gwobrau mwy ar gyfer llwyddo i fynd am wythnos gyfan heb unrhyw ddamweiniau.

TADNODYN

Dyma'r dull mwyaf llwyddiannus fel arfer, ac oherwydd bod dy blentyn yn hŷn, yn ddoethach ac yn ei ysgogi ei hun, fe fydd yna lai o wrthwynebiad a llai o siawns o lithro'n ôl. Er y bydd angen defnyddio clytiau am gyfnod hirach, dyma'n bendant yr opsiwn hawsaf o ran straen (a llanast).

Pethau allweddol i'w cofio

- Mae angen mynd dros ben llestri i'w ganmol bob tro mae'n rhoi cynnig ar ddefnyddio'r poti/toiled. Dy anogaeth di fydd y ffactor pwysicaf yn ei lwyddiant.
- Paid byth â dangos unrhyw siom, rhwystredigaeth neu ddicter os yw dy blentyn yn cael damwain. Yr unig beth bydd hynny'n ei wneud ydy troi'r cloc yn ôl ar unrhyw gynnydd.
- Gwisga dy blentyn mewn dillad llac, sy'n hawdd iddo eu tynnu i ffwrdd ei hun, a chadwa ddillad sbâr wrth law rhag ofn y bydd yna ddamweiniau.
- Golcha'i ddwylo ar ôl iddo ddefnyddio'r toiled, er mwyn iddo ddysgu bod hynny'n rhan bwysig o'r broses.
- Os yw dy blentyn yn dal i wrthsefyll dysgu defnyddio'r poti ar ôl wythnos, neu'n mynd yn fwyfwy rhwystredig neu flin, paid â'i orfodi. Mae'n well troi'n ôl at ddefnyddio clytiau a rhoi cynnig arall arni pan fydd fymryn yn hŷn.

Clytiau nos

Hyd yn oed os yw dy blentyn wedi dysgu sut i ddefnyddio poti, fe fydd angen iddo wisgo clwt yn ystod y nos am sbel eto (dydy hi ddim yn anarferol i blant hyd at saith oed eu defnyddio). Gwna'n siŵr ei fod yn newid o glytiau confensiynol i glytiau nos pwrpasol, sy'n caniatáu i blentyn ddefnyddio'r poti/toiled ar ei ben ei hun yn ystod y nos, gan feithrin teimlad o annibyniaeth.

Unwaith y bydd dy blentyn wedi aros yn sych am saith noson, fe elli di fentro a chael gwared ar glytiau nos yn gyfan gwbl. Fe fydd yna ambell ddamwain o hyd, mae'n siŵr, ond dim byd sy'n drech na gorchudd matres sy'n dal dŵr.

Diwrnod cyntaf mewn gofal plant

Fe fydd amseriad y garreg filltir hon yn dibynnu ar faint o absenoldeb rhiant sydd gen ti a dy bartner yr hawl iddo, a phryd y bydd angen i ti a/neu dy bartner ddychwelyd i'r gwaith. Os yw dy fabi yn ddeufis neu'n ddwyflwydd, fe fydd ei adael yng ngofal rhywun arall am y tro cyntaf yn garreg filltir emosiynol i chi'ch tri.

Os ydych chi'n ddigon ffodus i fod â pherthnasau gerllaw sy'n gallu ymgymryd â dyletswyddau gofal plant, dyma'r opsiwn sy'n achosi'r lleiaf o straen fel arfer. Ond i'r rhan fwyaf o rieni, yr unig ddewis arall yw gadael eu babi yng ngofal gwarchodwr plant, nani neu feithrinfa. Fe fydd ymddiried yn rhywun cymharol ddieithr fel hyn yn gofyn am lam i'r tywyllwch, felly gwna dy waith ymchwil a gwna'n siŵr dy fod ti a dy bartner yn gyfforddus gyda'r dewis.

Yn y sefyllfa hon, mae euogrwydd rhieni a gofid gwahanu yn brofiadau cyffredin iawn. Ond po fwyaf gallwch chi baratoi ar gyfer y diwrnod mawr, lleiaf poenus ddylai'r newid fod i bawb.

Gofid gwahanu

Mae gofid gwahanu yn gwbl normal, ac mae'n gallu effeithio ar rieni a phlant fel ei gilydd. Yn gyffredinol, mae oedolion yn addasu'n gynt i fod ar wahân i'w plant am gyfnod. Ond i blant ifanc, yn enwedig rhai rhwng chwe mis a thair oed, fe all gofid gwahanu gymryd peth amser i gilio.

Mae gofid gwahanu fel arfer yn amlygu ei hun ar ffurf:

- crio a sgrechian cyn ac yn ystod cael ei adael mewn lleoliad gofal plant.
- glynu mwy dwys a gwrthod gadael rhiant wrth gael ei adael mewn lleoliad gofal plant.
- tymer ddrwg tuag at riant wrth gael ei gasglu ac yn ystod yr oriau sy'n dilyn.

Fe all pob un o'r ymatebion hyn fod yn hynod ofidus i unrhyw riant sy'n gadael ei blentyn, gan wneud i ti gwestiynu a wyt ti wedi gwneud y peth iawn. Ond mae yna bethau y medri di eu gwneud fel bod dy blentyn yn fwy cyfforddus wrth gael ei adael ac i liniaru gofid gwahanu.

Paratoi ar gyfer gadael plentyn

Ymarfer cyn y diwrnod mawr

Fe fydd mynd o fod yn gyfan gwbl yn dy ofal di a dy bartner i gael gofal gan rywun cymharol ddieithr yn brofiad gofidus i unrhyw blentyn, felly paid â'i roi mewn meithrinfa heb ymarfer rhywfaint o amser ar wahân yn gyntaf.

Dechreua drwy adael dy blentyn am awr neu ddwy gyda pherthynas neu ffrind agos mewn lleoliad cyfarwydd. Yr amcan yma yw dangos i dy blentyn ei bod hi'n bosib bod yn ddiogel ac yn hapus yng ngofal rhywun arall, a rhoi sicrwydd iddo hefyd mai rhywbeth dros dro yw unrhyw amser ar wahân ac y byddi di'n dod i'w nôl bob tro. Fe allwch chi ymestyn yr amser rydych chi ar wahân yn raddol, cyn ei adael mewn lleoliadau gwahanol ac yng ngofal pobl newydd. Mwya'n byd y gwnewch chi hyn, hawsa'n byd fydd hi, gyda dy blentyn yn teimlo llai o ofid gwahanu pan ddaw ei ddiwrnod cyntaf yn y feithrinfa.

Pacio hoff deganau

Wrth gael ei daflu i sefyllfa anghyfarwydd, mae'n naturiol i dy blentyn fod eisiau dal gafael ar ei brif ffynhonnell gysur pan fydd yn cael ei adael – chi. Ond drwy wneud yn siŵr fod ganddo rai teganau cyfarwydd, yn enwedig tegan meddal neu gysurwr mae'n hoff ohonyn nhw fe fydd y trawsnewid yn haws, ac yn rhoi ffordd effeithiol i'r gofalwr dawelu dy blentyn os yw'n teimlo'n ansicr ar ôl i ti adael.

Gadael cyfarwyddiadau clir

Os oes gan dy blentyn drefn sefydlog, pethau penodol mae'n eu hoffi neu'n eu casáu, neu os yw'n mwynhau gweithgareddau, teganau neu ganeuon penodol, gwna'n siŵr dy fod ti'n rhoi gwybod i'r gofalwr ymlaen llaw. Po fwyaf o wybodaeth sydd gan y gofalwr, hawsaf fydd hi i gadw at drefn ddyddiol arferol dy blentyn, gan ddileu unrhyw batrymau anghyfarwydd a straen diangen.

Paid â sleifio i ffwrdd

Er cymaint y demtasiwn i sleifio i ffwrdd pan fydd sylw dy blentyn ar rywbeth arall, mae'n syniad peidio â gwneud hynny. Os nad wyt ti wedi ffarwelio'n iawn, fe fydd dy blentyn yn fwy tebygol o deimlo'n orbryderus wrth iddo sylwi dy fod ti wedi gadael.

Yn lle hynny, treulia amser yn sgwrsio â'r sawl sy'n rhoi gofal i ddangos i dy blentyn dy fod ti'n ei adnabod ac yn ymddiried ynddo. Yna, ffarwelia'n hapus, rho gwtsh a chusan i dy blentyn, a dwed wrtho pryd y byddi di'n dod i'w gasglu, cyn mynd allan drwy'r drws. Mae'n bosib y bydd yna ddagrau – gen ti neu dy blentyn – ond fe fydd pethau'n mynd yn haws gydag amser.

Bydd yno ar gyfer dy bartner

Sut bynnag wyt ti'n teimlo am y garreg filltir bwysig hon yn dy fywyd magu plant, fe fydd y gwahanu sydyn oddi wrth ei babi o bosib yn anodd iawn i dy bartner. Paid â diystyru'r effaith emosiynol arni hi, na'r rhestr hir o bryderon a fydd yn rhedeg drwy ei meddwl yr eiliad hon.

Ceisia ofalu eich bod chi'ch dau'n gadael eich plentyn ar y dechrau er mwyn bod wrth law i fod yn gefn iddi. Darllena'r gerdd sydd ar y dudalen nesaf iddi os yw hi'n poeni ac yn pryderu. A chofia, nid gwaith y fam yn unig yw trefnu a diweddaru trefniadau gofal plant, felly mae angen i ti gymryd cyfrifoldeb a blaenoriaethu:

- dod i adnabod y sawl sy'n gofalu am dy blentyn a dangos diddordeb yn y ffordd mae dy blentyn yn dygymod;
- ymuno â grŵp WhatsApp y feithrinfa a gwneud ymdrech gyda'r rhieni eraill;
- helpu i wneud yn siŵr bod popeth sydd ei angen ar dy blentyn ganddo cyn ei ollwng yn y lleoliad gofal plant bob bore; ac
- os yw hynny'n bosib, dy fod yn rhannu'r gwaith o ollwng a chasglu dy blentyn.

CERDD I MAM AR EI DIWRNOD CYNTAF YN ÔL YN Y GWAITH

Rwyt ti wedi gofalu amdana i
Ers i fi gyrraedd y byd.
Dwi wedi mwynhau bob un munud;
Dwi'n ymwybodol o hynny o hyd.

Ond nawr mae hi'n amser dychwelyd
I'r yrfa oedd gen ti o'r blaen.
Mae'n siŵr fod ti'n poeni rhyw fymryn,
Ond fe wnei di frasgamu ymlaen.

Meddylia am y rhyddid fydd gen ti
Pan fyddi di nôl yn y gwaith –
Neb yno i dynnu dy wallt di,
Neb angen clwt glân yno chwaith.

Cael rhyddid i yfed dy goffi
Cyn ei fod o yn oerach nag iâ;
Cael delio â chriw o oedolion
Sy'n gwrando yn blantos bach da.

Neu pan ddaw'r awr ginio o gwmpas,
Mwynhau brechdan gyfan ddi-strach,
Heb orfod ei thorri yn ddarnau
Bwytadwy i gegau bach bach.

Gwisgo dillad sy'n lân
drwy'r dydd cyfan
(na ches i unrhyw gyfle i'w staenio);
Treulio amser yng nghwmni oedolion
Sy'n deall sut mae toiled yn gweithio.

Gyda llaw, mi fydda i'n iawn, Mam;
Does yna wir ddim rhaid i ti boeni.
Rwyt ti wedi fy magu i'n gadarn,
Wedi dysgu pob mathau o wersi.

Dwi'n addo i ti na wna'i sgrechian;
Mi wna i wenu pan dwi fod i roi gwên,
Mi wna i fwyta fy nghinio bob tamaid,
A chysgu yn fodlon a chlên.

Mi welaf dy golli, wrth reswm,
Ond mae'r oriau yn sicr o hedfan.
Dwi'n addo bod yn ddewr.
Wnei di, Mam?
Wnei di beidio â chrio dy hunan?

Ti'n fy ngadael i mewn dwylo diogel,
A dwi'n siŵr o gael fy niddanu.
Mi gei di yr holl hanes gen i heno
Pan fyddai'n cael bath cyn fy ngwely.

Rhag ofn bod ti'n hwyr diwrnod cynta',
Mae'n well i ti gychwyn yn fuan.
Gwna dy orau i gofleidio y profiad
A ti'n sicr o joio dy hunan.

Mi wyt ti yn nerfus, mae'n amlwg,
Ond mi fyddwn ni'n iawn, dim cybôl.
Pen i lawr, gên i fyny, ti'n clywed?
Fe wela i di pan ddoi di'n ôl.

“DYDY CALON MAM BYTH YN GADAEL EI PHLENTYN, WAETH LLE MAE HI’N GORFFOROL.”

Dienw

CHAPTER 9

MAGU PLENTYN BACH

Os oeddet ti'n meddwl bod gofalu am fabi yn daith antur a hanner, mae angen i ti baratoi dy hun am daith fwy anturus a gwylltach nag erioed, un sy'n llawn hwyl a hafoc, wrth i'r bychan gyrraedd blynyddoedd y plentyn bach.

Y farn gyffredinol yw bod hynny'n dechrau yn fuan ar ôl troi'n flwydd oed ac yn para am o leiaf dwy flynedd arall, ac mae'n gyfnod o newid enfawr i bawb. Fe fydd dy blentyn bach yn dod yn fwy ymwybodol a chwilfrydig am ei amgylchedd, ac eisiau archwilio, cyffwrdd a blasu unrhyw beth o fewn cyrraedd. Fe fydd yn ehangu ei eirfa, yn dysgu sut i reoleiddio ei emosiynau, ac yn sylweddoli bod gwneud fel mae'n mynnu yn fwy o hwyl na gwneud fel wyt ti'n ei ddweud. Fel sbwng bach, fe fydd yn copïo ymddygiad (da a drwg) y bobl o'i gwmpas, yn enwedig ei rieni. O ganlyniad, fe fydd angen i ti addasu dy ymddygiad, bod yn ymwybodol o'r hyn wyt ti'n ei ddweud a'i wneud pan mae o yno, cadw rheolaeth ar dy emosiynau ac atgoffa dy hun yn gyson mai ti yw'r oedolyn yn yr ystafell.

Fyddi di ddim synnu clywed bod llawer o rieni, y fi yn eu plith, o'r farn mai dyma un o gyfnodau mwyaf heriol magu plant. Oherwydd er mor ddel, annwyl, cariadus a doniol yw plant bach, maen ganddyn nhw duedd hefyd o ffrwydro'n hollol ddirybudd. Fe fyddi di'n clywed rhieni eraill yn sôn am y "terrible twos' a'r "threenagers" a'u dawn ddiamheuol i bwyso botymau eu rhieni. Ond mae'n amhosib dal hynny yn eu herbyn. Maen nhw'n gwneud yn union beth dylen nhw fod yn ei wneud yn yr oedran hwn.

Yn ystod y blynyddoedd cynnar hyn, fy nghyngor i yw treulio ychydig o amser yn ystyried pa fath o riant rwyt ti eisiau ei fod i dy blentyn. Er bod arferion a ffiniau yn bwysig, paid â cheisio rheoli popeth. Os wyt ti'n sylwi dy fod ti'n dweud "na" neu "paid â gwneud hynny" drosodd a throsodd, cama'n ôl am eiliad i feddwl. Weithiau mae'n well cadw hynny ar gyfer yr adegau lle mae dweud hynny'n wirioneddol bwysig.

Canolbwyntia ar y pethau positif (niferus) a phaid â gadael i'r anhrefn fynd yn ormod o faich. Gwna amser i dy blentyn ac i wrando go iawn. Cadwa nodiadau o'r pethau doniol mae'n ei ddweud. Mwynha bob gwên, cusan a chwtsh. Mwynha'i wylio'n dysgu siarad, cerdded, dawnsio a chwarae. Ac ymfalchïa yn y buddugoliaethau bach. Maen nhw'n brawf bod popeth rwyt ti wedi'i ddysgu iddo yn dechrau creu argraff.

Dewis dy arddull magu plant

Er y medri di benderfynu pa fath o dad wyt ti am fod, mae'n rhaid i'r penderfyniad am sut rydych chi am fagu eich plentyn ddigwydd ar y cyd â dy bartner. Er mwyn i unrhyw arddull magu plant fod yn effeithiol, fe fydd angen i'r ddau ohonoch chi gytuno ar y math o blentyndod rydych chi am i'ch plentyn bach ei gael, sut rydych chi am siarad â'ch plentyn a pha ffiniau i'w gosod.

Unwaith i chi benderfynu ar eich arddull magu plant, mae'n bwysig ei dilyn fel tîm a chadw ati gymaint ag y gallwch chi.

Ystyried gwahanol arddulliau magu plant

Magu ar sail gwerthoedd

Mae pawb yn cael eu geni gyda'u personoliaeth unigryw eu hunain, ac mae hynny'n dylanwadu ar sut berson fyddan nhw. Ond ar y cyfan, rydyn ni'n dysgu'r gwerthoedd sy'n sail i'n bywyd gan y bobl agosaf atom ni. Yn achos magu plant ar sail gwerthoedd, y nod yw trosglwyddo i'ch plentyn – drwy eich geiriau a'ch gweithredoedd eich hun – y gwersi bywyd a'r gwerthoedd pwysicaf yn eich tyb chi.

Ceisia ddod o hyd i dir cyffredin gyda dy bartner drwy holi'r cwestiynau allweddol canlynol:

- O ran gwerthoedd, pa rai yw dy dri uchaf a pham?
- O ran dy blentyndod, beth wyt ti eisiau ei ailadrodd a beth wyt ti eisiau ei wneud yn wahanol?
- Beth wyt ti'n ei ystyried fel dy gyfrifoldebau di yn y teulu hwn a beth wyt ti'n ei weld fel fy rhai i?
- Beth wyt ti eisiau ei ddysgu i'n plant ni am fywyd?
- Beth yw dy freuddwyd di ar gyfer ein teulu ni?

Gwnewch nodyn o'ch atebion i'r cwestiynau hyn a chyfeiriwch yn ôl atyn nhw bob yn hyn a hyn er mwyn gwneud yn siŵr eich bod chi'n dangos y gwerthoedd hyn i'ch plentyn yn eich bywyd bob dydd.

Rhianta tyner

Mae rhianta tyner yn annog perthynas gadarnhaol rhwng y rhieni a'r plentyn, ac yn dilyn y syniad bod caredigrwydd yn caniatáu i blant ddilyn rheolau allan o gariad yn hytrach nag ofn.

Y myth mawr sy'n gysylltiedig â rhianta tyner yw nad yw rhieni tyner byth yn dweud "na" wrth eu plant. Fel rhieni, mae angen i ni i gyd ddweud na yn aml, er mwyn atal ein plant rhag gwneud rhywbeth peryglus, torri rhywbeth, brifo rhywun neu am nad oes amser yn y fan a'r lle i drafod. Fe fydd plentyn i rieni tyner yn crio, dadlau a gwrthryfela cymaint ag unrhyw blentyn arall; ond yr hyn sy'n allweddol yw sut ydych chi'n gefn i'ch plentyn drwy'r dagrau hynny, a sut ydych chi'n ei helpu i ddeall pam ei fod wedi cynhyrfu.

Mae pum elfen allweddol i rianta tyner:

- **Empathi** – ystyried beth sy'n mynd drwy feddwl dy blentyn cyn ymateb i'w weithredoedd
- **Parch** – trin dy blentyn fel yr hoffet ti gael dy drin yn yr un sefyllfa
- **Ffiniau** – gosod ffiniau syml sy'n hawdd eu deall, annog sgyrsiau agored amdanyn nhw a bod yn barod i'w haddasu wrth i dy blentyn dyfu
- **Deall** – ceisio deall emosiynau a theimladau dy blentyn, hyd yn oed os nad oes ganddo'r deallusrwydd emosiynol i wneud hynny drosto'i hun
- **Disgyblaeth a chanmoliaeth** – defnyddio llais digynnwrf yn hytrach na gweiddi fel math o ddisgyblaeth, a chanmol ymddygiadau da yn hytrach na chosbi rhai drwg

O ystyried nad yw'r rhan fwyaf ohonom fel oedolion yn reddfol ddigynnwrf a phwyllog mewn sefyllfaoedd lle rydyn ni'n dan straen, dydy rhianta tyner ddim yn hawdd yn ymarferol. Ond o'i wneud yn iawn, fe wnei di ddysgu dy blentyn i ymddwyn yn bwyllog, deall ei emosiynau yn well ac i gymryd cyfrifoldeb am ei weithredoedd gan liniaru gorbryder ac ofn ar yr un pryd.

Rhianta hyd braich

Fel rhieni am y tro cyntaf, mae'n demtasiwn lapio dy blentyn mewn gwlân cotwm, osgoi unrhyw berygl a phob perygl posib, dilyn dy blentyn fel cysgod i bob man, gafael ynddo bob tro mae'n crio a gwneud popeth drosto i bob pwrpas – mewn geiriau eraill, bod yn or-ofalus. Ond fe all magu plant fel hyn fod yn achos o dorri ffon i guro dy hun, gan wneud dy blentyn yn ddibynnol arnat ti ddydd a nos, gan amharu ar ei allu i gysuro'i hun, caffael sgiliau newydd, asesu risgiau a dysgu bod yn annibynnol; yr holl sgiliau hanfodol fydd eu hangen arno wrth dyfu i fyny.

Mae'r arddull hyd braich hon yn ffordd hynod effeithiol o fagu plant ac fel arfer fe fydd yn cael ei dewis gan rieni mwy profiadol, sydd wedi dysgu o brofiad (gyda'u plentyn cyntaf) beth yw effeithiau maldodi plentyn. Mae sawl ffordd o roi'r arddull hon ar waith, gan gynnwys:

- **Paid â rhuthro at dy blentyn pan fydd yn dechrau swnian** – gad lonydd iddo am ychydig funudau bob tro i weld a yw'n gallu datrys y broblem ar ei ben ei hun (yn hytrach na'i fod yn dibynnu arnat ti i wneud hynny bob tro).
- **Paid â gafael yn dy blentyn a'i godi byth a hefyd** – unwaith mae o yn dy freichiau, fydd o ddim eisiau i ti ei ollwng, gan ddysgu – ar gam – mai dim ond wrth i rywun afael ynddo y bydd o'n teimlo'n ddiogel a chysurus.
- **Ceisia annog chwarae annibynnol** – pan mae'n fach, rho dy blentyn ar ei gefn ar fat chwarae gyda theganau neu gampfa babi iddo edrych arnyn nhw tra'r wyt ti'n bwrw 'mlaen â gwaith arall gerllaw. Wrth iddo dyfu ac eistedd i fyny/cropian, paid â threulio *dy holl amser* yn chwarae yn ei gwmni ar lawr; cama'n ôl a gad iddo ddewis o'r gwahanol deganau o'i gwmpas, fel ei fod yn creu ei hwyl ei hun a datblygu'i ddychymyg.
- **Gad iddo wneud camsyniadau** – paid ag ymyrryd oni bai ei fod mewn perygl go iawn o anafu ei hun neu rywun arall.

Rhianta niwtral o ran rhywedd

Mae rhianta niwtral o ran rhywedd yn ymwneud â chaniatáu i dy blentyn dyfu i fyny mewn cartref sy'n rhydd o ystrydebau cymdeithasol seiliedig ar rywedd, gan roi'r rhyddid iddyn nhw fynegi eu hunain a ffurfio eu hunaniaethau eu hunain y tu allan i'w rhyw fiolegol.

Yn ymarferol, mae yna raddau amrywiol o rianta niwtral o ran rhywedd. Ar y pen eithaf, mae yna rieni sydd ddim yn cydnabod rhywedd eu plentyn hyd nes y bydd yn ddigon hen i benderfynu drosto'i hun. Ond mae'r dull meddalach yn fwy cyffredin, lle mae rhieni yn gadael i'w plant ddewis pa deganau maen nhw'n chwarae gyda nhw, pa liw dillad maen nhw'n eu gwisgo a pha weithgareddau maen nhw eisiau cymryd rhan ynddyn nhw – yn hytrach na gwneud y penderfyniadau drostyn nhw ar sail rhyw fiolegol.

Rhianta seiliedig ar drefn

Mae sefydlu a chynnal trefn gyson i blentyn bach yn llawer o waith, ond fe fydd yn esgor ar fanteision enfawr a pharhaol i'r teulu cyfan. Yn union fel babanod, mae plant bach wrth eu bodd â natur gyson trefn. Mae'n rhoi cysur iddyn nhw wybod beth sy'n digwydd, pryd maen nhw'n cael eu bwydo nesaf a phryd mae'n amser gwely. Fe fydd hefyd yn dy helpu i gynllunio'r diwrnod, gwybod pryd fyddi di ar dy fwyaf prysur, pryd y cei di seibiant a phryd fydd dy ddyletswyddau magu plant yn dod i ben am y noson.

Ar y llaw arall, dydy rhai rhieni ddim yn hoffi'r cyfyngiadau sy'n gysylltiedig â rhianta seiliedig ar drefn, oherwydd fe all eich atal rhag mynd allan neu wneud gweithgareddau penodol oherwydd yr ofn o darfu ar y drefn. Ond paid â gadael i hynny lywio dy benderfyniad – mae'n bosib addasu neu hepgor agweddau ar y drefn o bryd i'w gilydd, cyhyd â'u bod nhw'n newidiadau dros dro. Er enghraifft, cadw at amseroedd cysgu arferol ond bod hynny'n digwydd yn y pram yn hytrach nag yn y cot pan fyddwch chi allan am y dydd.

Trefn i blant bach

Mater i ti a dy bartner yw union strwythur y drefn ddyddiol, yn dibynnu ar eich arddull magu plant a'ch ymrwymiadau dyddiol oddi ar yr aelwyd. Llunia gynllun, gan ganolbwyntio ar y pethau sy'n bosib eu rheoli yn ystod y dydd (fel amseroedd bwyd, cysgu a'r drefn amser gwely hollbwysig) a gad y gweddill yn reit hyblyg. Pan fyddi di'n magu plant, fe fydd pob diwrnod yn wahanol, felly mae'n bwysig sicrhau bod rhywfaint o hyblygrwydd yn rhan o'r drefn.

Enghreifftiau o drefn ar gyfer plant bach

Trefn penwythnos/rhiant sy'n aros gartref	Trefn ddyddiol i blentyn sy'n cael ei warchod
Deffro (pan fydd dy blentyn yn penderfynu deffro) 7–8 a.m. – Brecwast 8 a.m.–12 p.m. – Chwarae/ gweithgareddau 12–1 p.m. – Cinio 1–3 p.m. – Napyn prynhawn/ amser tawel 3–5 p.m. – Chwarae/ gweithgareddau 5–6 p.m. – Swper 6–7 p.m. – Ymdawelu a bath 7–7.30 p.m. – Straeon amser gwely a diffodd y golau 7.30–10 p.m. – Dy amser di (unwaith y bydd dy blentyn wedi setlo)	Deffro (pan fydd dy blentyn yn penderfynu deffro) 7–8 a.m. – Brecwast 8–9 a.m. – Gadael gyda gwarchodwr (gofyn i'r gwarchodwr gynnal trefn arferol eich plentyn pan fyddi di'n gweithio) 3–6 p.m. – Casglu o'r gwarchodwr (hyblyg, yn dibynnu ar dy amserlen waith bersonol a'r ddarpariaeth gofal plant) 5–6 p.m. – Swper (naill ai gartref neu mewn lleoliad gofal plant) 6–7 p.m. – Ymdawelu a bath 7–7.30 p.m. – Straeon amser gwely a diffodd y golau 7.30–10 p.m. – Dy amser di (unwaith y bydd dy blentyn wedi setlo)

Beth bynnag yw'r drefn, mae cysondeb yn allweddol. Po fwyaf fyddi di'n cadw ati, cyflymaf fydd dy blentyn bach yn setlo i rythm, a bydd modd rhagweld ei ymddygiad yn llawer haws. Wrth gwrs, fe fydd yna ddyddiau pan fydd angen addasu'r drefn oherwydd cynlluniau gwahanol i'r arfer. Ond ceisia gadw'r amseroedd craidd yr un fath bob dydd, hyd yn oed os yw hynny'n golygu mynd â phicnic gyda chi/bwyta allan neu gysgu yn y bygi neu'r car.

Pwysigrwydd trefn amser gwely gadarn

Os wyt ti wedi dilyn y cyngor ym Mhennod 6, fe ddylai dy blentyn bach fod â strwythur amser gwely cadarn a fydd yn parhau ar ôl iddo droi'n flwydd oed. Er bod rhai rhieni yn symud amser gwely yn hwyrach bob yn dipyn wrth i'w plentyn dyfu'n hŷn, does dim angen dechrau gwneud hyn tan ymhell ar ôl blynyddoedd y plentyn bach.

TADNODYN

Rhwng blwydd a thair oed, fe ddylai dy blentyn bach fod yn dal i gael tua 12 awr o gwsg y nos, ond (yn anffodus) dydy mynd i'r gwely'n hwyrach ddim fel arfer yn golygu y bydd yn cysgu ymlaen yn hwyrach yn y bore. Felly, mae'n well cael min nos iawn gyda dy bartner yn hytrach nag ymestyn y diwrnod magu plant yn hirach nag sydd angen.

Ond mae yna rai elfennau newydd sy'n bosib eu hychwanegu at drefn amser gwely plentyn wedi iddo droi'n flwydd oed:

Tawelu cyn amser gwely

Y cyngor yw osgoi rhoi amser sgrin i blentyn bach yn ystod yr awr cyn dechrau'r drefn amser gwely. Mae'r golau glas sy'n dod o sgriniau digidol yn tarfu ar y gwaith o gynhyrchu melatonin (cemegyn hanfodol sy'n achosi teimladau cysglyd ... ac rwyt ti am i dy blentyn gael digonedd o'r cemegion hyn wrth i amser gwely agosáu). Yn lle hynny, rho'r flaenoriaeth i weithgareddau tawel yn ystod yr awr cyn amser gwely, fel darllen, tynnu llun neu fynd am dro.

Defod amser bath

Mae'n syniad gwerth chweil gwneud amser bath yn adeg arall lle mae tawelu'n digwydd. Does dim angen brysio, fel oedd yn wir pan oedd dy blentyn yn fabi bach. Mae'n gyfle i fwynhau, chwarae, a thynnu sgwrs wrth i ti ei olchi a brwsio ei ddannedd. Dyma adeg y dydd pan fyddan nhw fwyaf agored a pharod i sgwrsio, felly gwna'r gorau o'r cyfle.

Amser stori

Unwaith y bydd yn ei ddillad nos ac yn barod i'r gwely, cymer dy blentyn i dy gôl a darllenwch stori amser gwely yn dawel gyda'ch gilydd. Fe fydd y straeon hyn yn help sylweddol gyda'i ddatblygiad iaith, yn hwb i'w ddychymyg ac yn creu cwlwm rhyngoch, ac ar yr un pryd fe fydd yn arwydd fod ei drefn amser gwely ar fin dod i ben. Paid â synnu os bydd dy blentyn yn gofyn am yr un stori bob nos – mae hyn yn normal ac yn dda ar gyfer datblygiad ei leferydd a'i gof.

Gosod ffiniau

Mae plant, yn union fel y maen nhw gyda threfn, yn ffynnu o gael ffiniau (hyd yn oed os ydyn nhw'n treulio'r rhan fwyaf o'u hamser yn eu gwthio i'r eithaf). Fe all y ffiniau yma fod yn sylweddol neu'n ansylweddol, yn amrywio o ganllawiau ar ymddygiad i gyfyngiadau corfforol sy'n eu hamddiffyn rhag niwed neu berygl.

Mae'n werth cadw ffiniau plant bach yn syml, gan egluro pam eu bod nhw'n bwysig a'u hailadrodd i wneud yn siŵr eu bod nhw wedi creu argraff. Ti sydd i ddewis pa ffiniau i'w gorfodi, ond dyma rai enghreifftiau:

Canllawiau ymddygiad

- Rydyn ni'n dweud "plis" neu "os gwelwch yn dda" wrth ofyn am rywbeth, gan mai dyna sy'n gwrtais.
- Rydyn ni'n dweud "diolch" pan fydd rhywun yn rhoi rhywbeth i ni neu yn ein helpu, gan fod hynny'n dangos ein bod ni'n ddiolchgar.
- Mae ein dwylo a'n traed yn garedig – mae taro a chicio yn brifo, a dydyn nhw ddim yn bethau braf i'w gwneud.
- Dim ond os oes angen mynd i'r tŷ bach y dylen ni fod yn codi yn y nos – amser cysgu yw'r nos, nid amser chwarae.
- Rydyn ni'n ymddiheuro os ydyn ni'n brifo neu'n cynhyrfu rhywun, gan ei fod yn eu helpu i deimlo'n well.

Rheolau diogelwch

- Rydyn ni'n cerdded ar y palmant ac yn dal llaw oedolyn wrth groesi'r ffordd, gan fod ceir yn beryglus.
- Rydyn ni'n gwisgo gwregys diogelwch yn y car, gan ei fod yn ein cadw'n ddiogel.
- Dydyn ni ddim yn cyffwrdd â ffyrnau, rheiddiaduron, haearn smwddio na thanau, achos maen nhw'n mynd i'n brifo ni.
- Rydyn ni'n aros gydag oedolion yn yr archfarchnad fel nad ydyn ni'n mynd ar goll.
- Rydyn ni'n mynd i lawr y grisiau ar ein penolau fel nad ydyn ni'n cwympo.

Pan fydd dy blentyn yn cadw o fewn unrhyw ffiniau rwyt ti wedi'u gosod, gwna'n siŵr dy fod ti'n ei ganmol ac yn cynnig sylwadau cadarnhaol er mwyn gwreiddio'r ymddygiad yn y tymor hir.

Strancio a sut i'w reoli

Mae pob plentyn bach yn strancio. Ffrwydradau swnllyd, emosiynol, treisgar weithiau hyd yn oed, i fynegi pan maen nhw'n anhapus neu nad yw rhywbeth yn iawn. Y peth cyntaf sydd angen i ti ei wybod yw bod y rhain yn hollol normal ac yn rhan naturiol o dyfu i fyny.

Does gan blant bach mo'r blynyddoedd o brofiad bywyd sydd gennym ni. Dydyn nhw ddim wedi dysgu sut i reoleiddio eu hemosiynau eto, na ble'n union mae eu ffiniau. Does ganddyn nhw mo'r eirfa i esbonio sut maen nhw'n teimlo, na'r galluoedd rhesymu i ganfod ateb rhesymegol i'w problemau. Mae'n cymryd cryn amser i ddysgu'r sgiliau craidd hyn (mae ymennydd plentyn yn dal i ddatblygu nes mae'n 28 oed), felly mae'n werth paratoi dy hun i ddelio gyda strancio rheolaidd dros y blynyddoedd i ddod.

Yn llythrennol, fe all unrhyw beth wneud i dy blentyn bach strancio. Gofyn iddo wneud tasg syml. Ei atal rhag gwneud rhywbeth peryglus. Hyd yn oed rhoi iogwrt o'r blas anghywir neu gwpan o'r lliw anghywir iddo. Mae bron yn amhosib rhagweld pryd fydd y strancio nesaf yn digwydd.

Ond pan fydd plentyn yn strancio, mae angen i ti ddeall mai'r rheswm bron yn sicr fydd rhyw fath o emosiwn eithafol neu deimlad nad yw'r plentyn yn gwybod sut i'w fynegi eto. I ni a'r byd mawr y tu allan, mae'r ffrwydradau hyn yn ymddangos fel plentyn yn camfihafio. Ond os wyt ti'n twrio o dan yr wyneb, mae'n debygol y gweli di fod y strancio'n cael ei achosi gan rywbeth y tu hwnt i reolaeth dy blentyn.

BETH RYDYN NI'N EI WELD

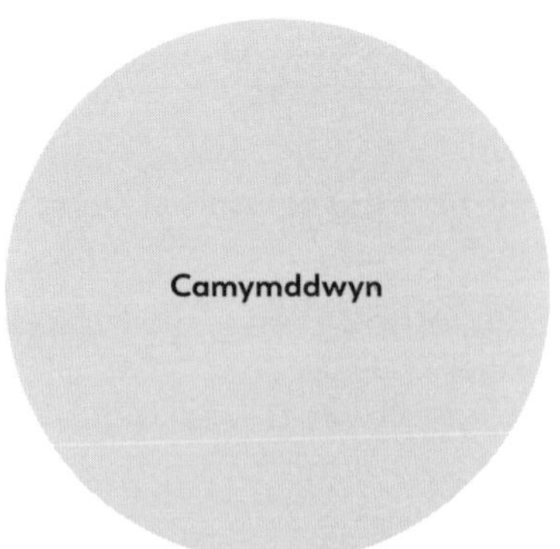

BETH MAE EIN PLENTYN BACH YN EI DEIMLO

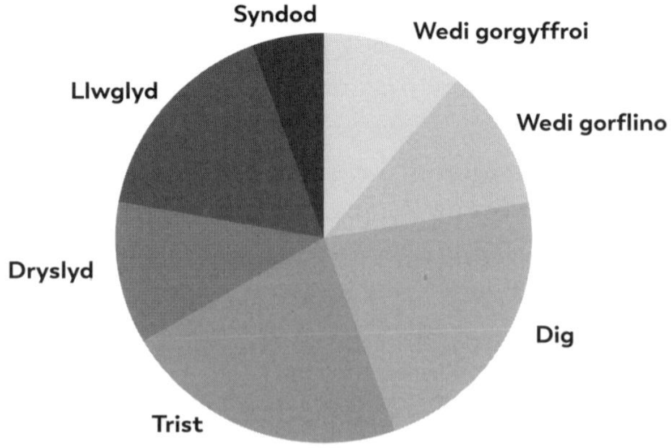

Er mwyn atal strancio rhag troi'n chwalfa go iawn, mae'n hollbwysig trin y plentyn mewn ffordd sensitif. Fe fydd angen amynedd a phwyll (dau beth sy'n gallu bod yn brin os yw'r rhieni'n flinedig). Ond haws dweud na gwneud. Ond os medri di ymateb yn gyflym, a dangos tynerwch, yna rwyt ti'n debygol o allu lliniaru unrhyw sefyllfaoedd heriol ac adfer trefn dy ddiwrnod.

Sut i reoli strancio

Os wyt ti'n ymateb yn y ffordd anghywir i blentyn bach yn strancio, mae'r pwl yn mynd i bara'n hirach, ac mae hefyd yn fwy tebygol o ddigwydd eto'n fwy rheolaidd. Ond o ymateb yn iawn, fe fyddi di'n ei chael hi'n haws lliniaru sefyllfaoedd heriol ac ar yr un pryd yn dysgu gwersi bywyd gwerthfawr i dy blentyn o ran sut i reoleiddio ei emosiynau.

Mae ein plant yn gwylio popeth rydyn ni'n ei wneud ac yn dysgu wrth ein gwylio yn rheoli gwahanol sefyllfaoedd, gan gopïo ein hymddygiad, y geiriau rydyn ni'n eu defnyddio a hyd yn oed tôn ein llais. Fe fydd ein hymateb ni wrth wynebu her anodd – strancio, yn yr achos hwn – yn pennu sut byddan nhw'n delio â gwrthdaro yn eu bywydau eu hunain.

Camsyniadau cyffredin i bawb

Sut rydyn ni'n ymateb i strancio	Beth mae ein plant yn ei ddysgu
Ildio ar unwaith i'w ofynion i geisio tawelu'r sefyllfa	Os ydw i'n strancio, dwi'n cael yr union beth dwi eisiau
Colli ein tymer, gweiddi arno i fod yn dawel a rhoi'r gorau iddi	Mae gweiddi ac ymddygiad ymosodol yn ddulliau effeithiol o gyfathrebu pan dwi'n ddig neu'n ofidus
Anfon y plentyn i ffwrdd i ymdawelu	Does gen i neb i droi ato pan dwi'n ofidus
Gwneud bygythiadau gwag	Dydy o byth yn gwneud beth mae o'n bygwth ei wneud, felly fe alla i wneud fel y mynna i

Ffordd well

Grym tynnu sylw – os wyt ti'n synhwyro bod dy blentyn ar fin strancio, ceisia dywys dy blentyn i gyfeiriad arall drwy newid y pwnc, mynd ag o allan i newid lleoliad, gwneud sŵn gwirion neu wneud rhywbeth hollol annisgwyl fel dechrau canu neu ddawnsio'n wirion. Fe fyddi di'n edrych yn hurt bost, ond mae'n gweithio.

Pwyll yw popeth – bydd yn ddigynnwrf ac yn weddol dawedog (dydy hynny ddim bob amser yn hawdd, ond mae'n werth gwneud yr ymdrech). Y cyfan y bydd gweiddi ac iaith y corff negyddol yn ei wneud yw ychwanegu tensiwn ac ofn i'r sefyllfa, ac fe fydd hynny'n cael ei adlewyrchu yn ôl atat ti yn ymddygiad dy blentyn.

Gad iddo ollwng stêm – unwaith y bydd y strancio yn ei anterth, paid â cheisio ei atal. Gan amlaf, mae'r plentyn yn profi "teimladau mawr" a'r cyfan sydd ei angen yw eu cael nhw allan. Rho'r amser a'r lle iddo wneud hynny ac fe fydd yn dysgu sut i reoleiddio ei emosiynau yn well.

Cysylltu, yn hytrach na chywiro – paid â cheisio dweud y drefn pan mae plentyn wrthi'n strancio. Naill ai fydd dy blentyn bach ddim yn dy glywed di, neu fe fydd yn styfnigo ac yn dal ati. Yn lle hynny, dangosa rywfaint o empathi. Tynna dy hun i lawr i lefel dy blentyn, ceisia gydnabod yr anhawster mae'n ei brofi a'i gofleidio, ac yna aros iddo ddod ato'i hun. Unwaith y bydd wedi tawelu, anoga dy blentyn i enwi'r emosiwn roedd yn ei deimlo, fel ei fod yn dysgu ei adnabod ar gyfer y tro nesaf.

OEDDET TI'N GWYBOD?

Yn ystod eu ffrwydradau emosiynol mwyaf dwys, mae plant bach yn gorfforol analluog i wrando a dirnad beth rwyt ti'n ei ddweud. Mae eu cyrff yn gorlifo o hormonau straen, mae parth prosesu'r ymennydd yn cau i lawr ac mae'r reddf "ymladd neu ffoi" yn llywio'u hymateb. Os bydd hyn yn digwydd, gan dybio nad ydyn nhw mewn unrhyw berygl, mae angen gadael llonydd iddyn nhw am ychydig cyn camu i mewn a'u cefnogi drwy'r emosiynau mawr maen nhw'n eu profi.

Osgoi dechrau dadl – pan fydd dy blentyn bach yn ddigon hen i ateb yn ôl, paid â chael dy dynnu i mewn i ddadl hirwyntog. Pan fyddi di wedi gwneud penderfyniad, dal dy dir, aros yn ddigynnwrf ac ailadrodd yr hyn rwyt ti wedi gofyn iddo'i wneud.

Pwysigrwydd ieithwedd – bydda'n ofalus pa eiriau rwyt ti'n eu defnyddio wrth ymateb i strancio. Fe all newidiadau bach wneud gwahaniaeth mawr wrth leddfu sefyllfa:

Paid â dweud	Dwed
Stopia grio.	Wyt ti eisiau cwtsh?
Does yna ddim byd yn bod. Mi wyt ti'n iawn.	Sut wyt ti'n teimlo?
Achos fy mod i'n dweud.	Achos mae'n bwysig.
Dwi wedi dweud wrthyt ti gant a mil o weithiau ...	Gad i fi egluro eto.
Bydd ddistaw. Stopia weiddi.	Plis defnyddia dy lais arferol. Dydyn ni ddim yn gweiddi ar bobl pan fyddwn ni'n ddig.
Dyna ddigon. Dwi'n mynd i gyfri i dri ...	Gad i ni dreulio munud i dawelu fel y galla i dy helpu di.

Yn bwysicaf oll ...

Paid â dal dig – unwaith y bydd y strancio drosodd, paid â gadael i'r profiad ddifetha'r diwrnod. Rhaid symud ymlaen, aros yn bositif a thrin dy blentyn bach fel pe bai dim byd wedi digwydd.

Dewis dy frwydrau

Er dy les meddyliol dy hun, os wyt ti'n teimlo bod dy blentyn bach yn strancio bob tro wyt ti'n gofyn iddo wneud rhywbeth, mae'n werth meddwl am y rheolau teuluol mewn tri chategori gwahanol:

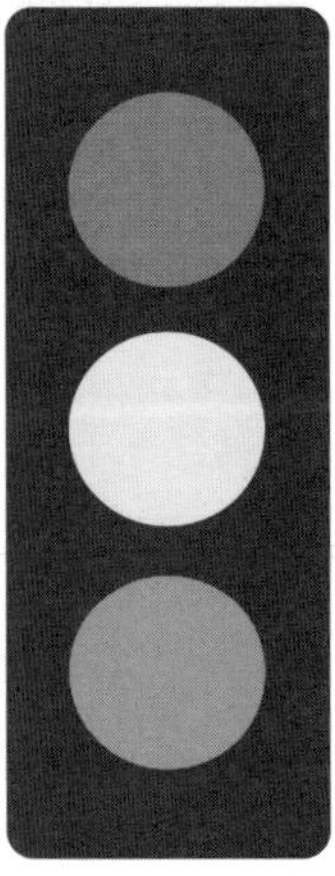

Does dim ildio gyda'r **rheolau coch** (dydyn ni ddim yn taro, crafu neu frathu, mae'n rhaid gwisgo gwregys diogelwch yn y car, mae'n rhaid mynd i'r gwely pan fydd rhywun yn dweud). Dwyt ti byth yn cyfaddawdu gyda rheol goch, ac mae'n rhaid i ti wneud yn siŵr dy fod ti'n ennill y frwydr bob tro, waeth pa mor hir fydd hynny'n ei gymryd.

Mae **rheolau oren** yn rhai hyblyg ac yn dibynnu ar y sefyllfa (fel gwisgo cot neu fwyta llysiau). Er bod rheolau oren yn berthnasol gan amlaf, fe fydd yna rai dyddiau pan fydd dy blentyn wedi blino neu'n ddi-hwyl, neu fe fyddi ar frys; bryd hynny, ti sydd i benderfynu a oes angen eu gorfodi ai peidio.

Mae **rheolau gwyrdd** yn ddymunol, ond ddim yn hanfodol (fel aros yn hirach yn y parc, beth i'w wisgo neu ofyn am fyrbrydau). Er dy fod ti eisiau i dy blentyn ddilyn cyfarwyddiadau, mae rhoi ychydig o ryddid iddo o bryd i'w gilydd yn llesol i bawb.

Mae'n iawn bod yn ddig

Mae'n rhaid i ni gofio bod dicter a rhwystredigaeth yn emosiynau hollol ddilys mewn llawer iawn o sefyllfaoedd. Fe fydd angen i bob plentyn ddysgu sut i adnabod y teimladau hyn a'u sianelu yn y ffordd iawn. Felly nid dysgu ein plant i beidio byth â bod yn ddig yw ein nod ni fel rhieni, ond yn hytrach *sut* i fod yn ddig.

Os yw dy blentyn yn cael ei blagio gan ddicter rheolaidd, rho gynnig ar rai o'r gweithgareddau canlynol i'w helpu i ryddhau tensiwn mewn ffordd fwy adeiladol:

- Taro drymiau
- Adeiladu tŵr a'i ddymchwel
- Cicio pêl
- Rhwygo papur
- Gwrando ar gerddoriaeth a neidio i fyny ac i lawr
- Taro clai gyda rholbren
- Chwythu swigod

Disgyblu plant bach

Dydy disgyblaeth a chosbi ddim yn briodol i blant bach, dyna'r gwir plaen. Dydyn nhw ddim yn mynd i ddeall y cysyniad o dda a drwg tan eu bod nhw'n ddwy oed o leiaf. Hyd yn oed wedyn, mae'n debyg na fydd ganddyn nhw'r sgiliau ieithyddol i ddeall yn iawn pam maen nhw *mewn trwbwl* tan ddiwedd eu blynyddoedd fel plant bach. Y strategaeth fwyaf effeithiol o bell ffordd ar gyfer yr oedran hwn yw cysylltu a chyfathrebu da, sy'n dysgu eich plentyn i gymryd cyfrifoldeb a dysgu o'i gamgymeriadau, yn hytrach na'i fod yn cydymffurfio â chyfarwyddiadau allan o barchedig ofn a dim byd arall.

Does dim angen ffrwyno pob ymddygiad chwaith. Elli di ddim beio plentyn bach am strancio, am beidio â gwrando neu am fethu dilyn cyfarwyddiadau. Mae'n dal i ddysgu a deall pethau, ac mae angen iddo wneud camsyniadau er mwyn dysgu oddi wrthyn nhw. Yn lle hynny, mae'n well i ti gadw dy ymyriadau ar gyfer yr adegau hynny pan fydd ymddygiad gwael yn cael ei ailadrodd, pan fydd yn effeithio'n negyddol ar fywyd teuluol, neu pan fydd dy blentyn mewn perygl o frifo ei hun neu rywun arall.

Ymyriad priodol i oedran

1-2 oed

Rhwng blwydd a dwyflwydd oed, does dim angen dweud y drefn wrth blentyn bach am wneud rhywbeth drwg neu beryglus. Y cyfan sydd ei angen yw ei fod yn rhoi'r gorau i'r hyn mae'n ei wneud. Y fantais fwyaf sydd gen ti yw ailgyfeirio.

Ceisia osgoi dweud "na", "paid" neu "stopia" drwy'r amser; fel arall, fe fyddi di'n defnyddio'r geiriau hyn o fore gwyn tan nos i'r pwynt y byddan nhw'n dechrau colli pob ystyr.

Yn lle hynny, gwna sŵn cadarn, fel pesychiad uchel neu sŵn "Y-Y", i dynnu ei sylw a gwneud iddo oedi. Os oes angen, dilyna hynny drwy syllu arno'n ddifrifol, fel ei fod yn deall dy fod ti'n cadw llygad arno a dy fod wedi sylwi ar ei ymddygiad. Gan amlaf, fe fydd hyn yn ddigon i'w atal rhag dal ati.

Os yw'n parhau gyda'r un ymddygiad, y cyngor yw ei symud i ran arall o'r ystafell a'i helpu i ymddiddori mewn gweithgaredd mwy cadarnhaol.

Rho bos iddo, darllenwch lyfr gyda'ch gilydd, neu beth am chwarae gyda blociau adeiladu ... unrhyw beth i dynnu ei sylw oddi ar yr hyn oedd yn ei wneud cyn hynny.

2-3 oed

O tua dwyflwydd oed ymlaen, fe elli di ddechrau cyflwyno'r cysyniad o "amser tawelu" ar gyfer ymddygiad gwael neu beryglus – oedi beth bynnag rwyt ti'n ei wneud, symud i le neu ystafell arall ac eistedd yn dawel *gyda'ch gilydd* am funud neu ddwy i helpu'r plentyn bach i ymdawelu a setlo. Paid â meddwl am hyn fel cosb, ond yn hytrach fel cyfle i gysylltu, i dynnu sylw a'i helpu i gynefino ag amser i ymdawelu.

Gwneud hyn gyda'ch gilydd yw'r elfen hanfodol, gan ei fod yn osgoi dryswch a brwydr bosib am bŵer, ac ar yr un pryd yn meithrin ymddiriedaeth drwy ddangos i dy blentyn dy fod ti yno'n gefn iddo.

Cywiro ymddygiad gwael

Pan fydd plentyn bach yn gwneud rhywbeth drwg sy'n gofyn am ymateb neu esboniad mwy cadarn, yr her fwyaf yw ei gael i wrando a deall beth wyt ti'n ei ddweud. Er mwyn sicrhau'r canlyniadau gorau, mae angen mynd â'r plentyn i'r naill ochr a chadw at y rhestr ganlynol o gyfarwyddiadau:

PETHAU I'W GWNEUD	PETHAU I BEIDIO Â'U GWNEUD
Plyga i lawr i lefel y bychan a'i gysuro	Paid â sefyll yn dalsyth fel cawr uwch ei ben
Gafaela yn dyner yn ei ddwylo ac edrych i fyw ei lygaid	Paid â siarad os nad yw'n gafael yn dy law neu os yw'n edrych i ffwrdd
Esbonia pam nad oedd yr hyn a wnaeth yn dderbyniol, gan siarad yn araf ac yn ddigynnwrf yn dy oslef arferol	Paid â dangos dy rwystredigaeth, defnyddio iaith rhy gymhleth, siarad yn gyflym neu ddefnyddio goslef ddig

Gofynna a yw'n deall beth wyt ti wedi'i ddweud wrtho a'i annog i esbonio yn ôl i ti yn ei eiriau ei hun	Paid â chymryd yn ganiataol ei fod wedi deall yr hyn rwyt ti wedi'i ddweud. Os wyt ti angen ailadrodd dy hun, gwna hynny unwaith yn rhagor
Cynigia gwtsh iddo a symudwch ymlaen gyda'ch gilydd	Paid â rhygnu 'mlaen am y mater ar ôl iddo gael ei ddatrys

Pethau i'w hosgoi

- Rhoi plentyn ar ris camfihafio – mae plant bach yn llawer rhy ifanc i ddeall y cysyniad hwn.
- Anfon plentyn bach i'w lofft – rwyt ti am i'w lofft fod yn lle diogel, nid cell carchar.
- Gweiddi – y cyfan fydd hynny'n ei wneud fydd annog dy blentyn i weiddi pan mae yntau'n rhwystredig.

TADNODYN

Meddylia am yr hyn rwyt ti'n ei wneud a sut wyt ti'n ymateb pan fydd dy blentyn bach yn camymddwyn. Os wyt ti bob amser yn brysur a dim ond yn rhoi rhyw hanner sylw iddo gan amlaf, ond ei fod yn cael dy holl sylw pan fydd yn camymddwyn, buan iawn y bydd yn dysgu mai camymddwyn yw'r ffordd orau o dreulio amser yn dy gwmni. I blentyn bach, mae rhyngweithio tanllyd yn well na dim rhyngweithio o gwbl.

Dysgu cwrteisi

Os wyt ti eisiau plentyn cwrtais sy'n bihafio'n dda, mae angen i ti ddeall fod honno'n dasg a hanner sydd hefyd yn ddiddiwedd. Mae'n amhosib ei chwblhau pan fydd dy blentyn yn fach, ond dyma lle mae'r gwaith caib a rhaw yn dechrau.

- Mae angen gwneud cwrteisi yn rhan o drefn ddyddiol y teulu. Cofia fod plentyn bach yn gwylio ac yn gwrando o hyd, felly fe fydd angen i ti a dy bartner arwain drwy esiampl.

- Dwed plis a diolch mor aml ag sy'n bosib wrth i ti ryngweithio â dy blentyn, dy bartner, anifeiliaid anwes, eich cymdogion, hyd yn oed y cynorthwyydd digidol os oes yna un yn y tŷ. Gorau po fwyaf mae'r geiriau'n cael eu defnyddio ar yr aelwyd, fel eu bod nhw'n dod yn rhan o eirfa ddyddiol dy blentyn.
- Tynna sylw dy blentyn pan fydd ymddygiadau penodol yn gwrtais neu'n anghwrtais, gan esbonio pam a'i ganmol bob tro mae yntau'n gwrtais.

Mae'n lladdfa, ydy, ond pan fydd dy blentyn yn dechrau dangos cwrteisi heb gael ei annog, does yna ddim arwydd gwell fod yr holl waith caled yn talu ar ei ganfed.

Pam na wnei di wrando?!

Mae plant bach yn rhai gwael iawn am wrando ar y cyfan, sy'n gallu bod yn hynod rwystredig i rieni. Pan fyddi di'n gofyn iddyn nhw eistedd i fyny wrth y bwrdd, i dacluso eu teganau, i roi'r gorau i dynnu cynffon y gath neu ddod i mewn i'r tŷ, maen nhw'n aml yn anwybyddu dy gyfarwyddiadau syml yn llwyr.

Y cyngor cyffredinol yw peidio ag ailadrodd dy hun drosodd a throsodd, gan fynd yn gynyddol rwystredig a chodi dy lais hyd nes y bydd dy blentyn yn ufuddhau yn y pen draw. Fe fydd hyn yn achosi straen diangen yn dy fywyd, ond yn fwy na hynny, fydd o ddim yn datrys y broblem. Yn lle hynny, ceisia roi cyfarwyddyd ddwywaith yn unig. Os nad yw'r plentyn wedi ymateb erbyn hynny, bydd angen i ti roi cynnig ar rywbeth gwahanol.

Dos ato, plyga i lawr i'w lefel ac edrych i fyw ei lygaid cyn dweud, yn bwyllog, beth wyt ti eisiau iddo wneud un tro olaf. Dyma'r ffordd orau, yn aml yr unig ffordd, i sicrhau ei fod wedi dy glywed di go iawn.

"Peidiwch â phoeni nad yw eich plant byth yn gwrando arnoch chi. Poenwch eu bod nhw'n eich gwylio chi o hyd."

Robert Fulghum

Darganfod eu hunain

Mae blynyddoedd y plentyn bach yn gyfnod o hunan-ddarganfod enfawr. Fe fyddan nhw'n dysgu pŵer eu lleisiau eu hunain. Sut i gerdded, rhedeg, chwarae a datrys problemau. I ddweud "na" a gofyn "pam", ynghyd â chwestiynau di-ri eraill y byddan nhw'n disgwyl i ti eu hateb.

Fel rhieni, ein gwaith ni yw darparu lle diogel i'n plant wneud y darganfyddiadau personol hyn. Nid dyma'r amser i'w magu mewn ffordd or-ofalus. Weithiau, fe fyddan nhw angen llawer iawn o gefnogaeth. Dro arall, fe fydd yn well iddyn nhw ddeall pethau ar eu pennau eu hunain. Yn aml, mentro a methu yw'r ffordd orau o ddysgu. Wrth gwrs, rwyt ti'n adnabod dy blentyn yn well na neb, felly ti sydd i benderfynu pryd i gamu i mewn a phryd i gamu'n ôl.

Rhoi hwb i'w hyder

Tra bod dy blentyn bach yn mynd drwy'r cyfnod hwn o hunan-ddarganfod, ceisia gynnal amgylchedd teuluol cefnogol a chadarnhaol. Mae plant bach yn dda iawn am ddeall hwyliau ystafell, ac os ydyn nhw'n synhwyro dy fod ti'n teimlo dan straen neu'n bryderus, fe all hynny eu haflonyddu nhw a rhoi cnoc i'w hyder. Yn lle hynny, dwed wrth dy blentyn yn rheolaidd pa mor falch wyt ti ohono. Gad iddo dy glywed di'n dweud pethau clên amdano. Atgoffa dy blentyn dy fod ti yno ar ei gyfer, doed a ddel. Mae plant bach yn elwa'n sylweddol ar sicrwydd, atgyfnerthu cadarnhaol a chanmoliaeth, felly gwna hynny'n rhan allweddol o dy drefn magu plant ddyddiol.

Ymadroddion cefnogol i roi cynnig arnyn nhw

- Dwi'n dy garu di
- Diolch am ddweud wrtha i
- Fe elli di wneud hyn
- Dwi yma i ti unrhyw bryd
- Da iawn ti. Fe wnest ti ddal ati'n dda
- Dyna ddiddorol
- Mae gen i ffydd ynot ti
- Rwyt ti mor glyfar
- Mae gen ti le i fod yn falch ohonot ti dy hun
- Fe wnest ti ddal ati ac fe ddaeth pethau'n haws
- Dwi'n credu ynot ti
- Fe elli di ddweud unrhyw beth wrtha i
- Mae pawb yn gwneud camsyniadau
- Gad i ni ddatrys hyn gyda'n gilydd

Gwrando gweithredol

Gwranda'n astud pan fydd dy blentyn bach eisiau dweud rhywbeth wrthot ti. Fel rhieni, sydd o hyd yn ceisio gwneud deg peth ar unwaith, mae'n hawdd syrthio i'r fagl o "hanner gwrando" pan fydd ein plentyn yn siarad â ni, gan ddweud "aros eiliad" neu "dal dy ddŵr" neu "yn y munud". Mae plant bach wir yn sylwi ar hyn, ac fe all arwain at amryw o wahanol broblemau, gan gynnwys:

- dod yn fwy anghenus ac eisiau bod yn agos atat ti, a mynnu sylw.
- gweiddi'n ormodol, gan eu bod nhw'n teimlo nad ydyn nhw'n cael eu clywed (felly maen nhw'n gwneud mwy o sŵn).
- dibynnu ar un rhiant (yr un sy'n gwrando) am gefnogaeth emosiynol a chau'r llall allan.
- troi'n dawedog a di-sgwrs.

Ehangu gorwelion

Er bod gan blant bach farn gref am yr hyn maen nhw'n ei hoffi neu ddim yn ei hoffi, maen nhw'n rhy ifanc i fod â syniad go iawn. Ceisia roi cymaint o brofiadau gwahanol â phosib i dy blentyn, o flasau a diddordebau newydd i wahanol ddiwylliannau, pobl a cherddoriaeth.

Mae plant bach yn hoffi pethau cyfarwydd, er enghraifft, bwyta'r un pryd bwyd, gwylio'r un ffilm neu chwarae'r un gêm, ddydd ar ôl dydd. Mae hynny nid yn unig yn ddiflas i ti, ond mae'n cyfyngu ar eu profiadau nhw. Felly mae'n syniad amrywio pethau, eu cynnwys yn dy ddiddordebau di a rhoi cynnig ar bethau newydd gyda'ch gilydd.

Chwilfrydedd am y corff

Mae plant bach yn naturiol chwilfrydig am eu cyrff (a dy gorff di hefyd). Felly, paid â dychryn os wyt ti'n eu dal nhw'n byseddu, yn tynnu neu'n chwarae gyda'u horganau cenhedlu (bechgyn yn enwedig), neu'n pwyntio, procio a gofyn cwestiynau am dy rai di. Os ydyn nhw'n gwneud hynny, gwna dy orau i beidio â chwerthin neu wneud iddyn nhw deimlo cywilydd. Mae'n gwbl naturiol a diniwed, ac mae'n cael ei gymell gan chwilfrydedd plentyn yn hytrach na'i fod yn unrhyw beth i boeni yn ei gylch.

NID TEGAN YW DY WILI

Oes, oes, mae gen ti wili.
Mae o'n arwydd bod ti'n hogyn.
Ond dydy o ddim yn degan
I chwarae â fo'n ddiderfyn.

I fachgen bach fel wyt ti,
Pi-pi yw ei unig ddiben.
Felly tria beidio'i dorri –
Sna'm pwynt cael hanner piben.

Dwi'n deall bod o'n ddoniol,
Dwi'n deall bod o'n laff
I dynnu ar dy wili
Pan wyt ti yn y bath.

Siŵr iawn, mi wyt ti'n hapus
I ymddwyn yn gynhenid,
A'i daro fo yn ysgafn
Pan fydda i'n dy newid.

Ac ydy, mae o'n siglo
Bob tro wyt ti'n pesychu,
Ond gwylia, mi allai ddod i ffwrdd
Os gwnei di ddal i'w dynnu ...

Pan wyt ti yn ei stretshio,
Ydy, mae o'n eitha' hir.
Ond paid â gwasgu'i flaen o.
Mae hynny'n boenus, wir ...

Mae o'n edrych yn fach rŵan,
Ond sna'm byd yn bod ar hynny.
Os bwyti di dy lysiau'i gyd,
Wel, mae o'n siŵr o dyfu.

Cnawd ydy o, nid plastig,
Felly gofal da ti wrth ei handlo.
Mi fyddai o yn hunlle
Pe baet ti'n ei niweidio.

Does dim byd llai dymunol
Ar y ddaear yma, cariad,
Na bod yn berchen wili
A hwnnw'n un ddideimlad.

Fyddai neb – neb – eisiau hynny,
Fyddai hynny ddim yn ddoniol.
Does dim posib cael un arall
Hyd yn oed am bris aruthrol.

Mi gei di sbort rhyfeddol
Pan fyddi di yn hŷn;
Wna i ddim dweud y rheswm eto,
Achos dwyt ti ddim ond un ...

Ond pan fyddi di'n oedolyn,
Yn dal a hardd dy bryd,
Bryd hynny, was, dy wili fydd
Dy ffrind gorau yn y byd.

Dysgu drwy chwarae

Rydyn ni i gyd eisiau i'n plant gael dechrau da mewn bywyd, ond dydy blynyddoedd y plentyn bach ddim yn amser ar gyfer addysg strwythuredig. Dydy meddyliau a sgiliau echddygol manwl plant bach ddim wedi datblygu'n ddigonol ar hyn o bryd i ddarllen, gwneud mathemateg neu ysgrifennu, a dydyn nhw ddim yn gallu canolbwyntio ar un dasg am ddim mwy na chwe munud ar gyfartaledd. Felly, oni bai dy fod ti'n weithiwr proffesiynol hyfforddedig, mae'n well gadael y gwersi bywyd hyn i'w hathrawon pan fyddan nhw'n mynd i'r ysgol maes o law. Y peth pwysicaf y medri di ei wneud ar hyn o bryd yw annog dy blentyn bach i ddatblygu cariad at ddysgu drwy chwarae a rhyngweithio un-i-un o safon gyda ti. Er na fydd yn ymddangos yn amlwg iddyn nhw, fe fydd bron pob gweithgaredd fyddwch chi'n eu gwneud gyda'ch gilydd yn gosod sylfaen ar gyfer y blynyddoedd o addysg o'u blaenau.

Sgiliau bywyd pwysig a'r gemau sy'n eu dysgu

Datrys problemau a chof – posau, chwarae cuddio, dwi'n gweld â'n llygad fach i

Cysylltu geiriau a datblygu iaith – amser stori, canu caneuon

Rhifau, lliwiau a siapiau – blociau adeiladu, chwarae "siop", unrhyw gemau bwrdd gyda dis

Dilyn cyfarwyddiadau – "Mae Seimon yn dweud", cwrs rhwystrau, helfa drysor (gyda map neu ddefnyddio awgrymiadau poeth/oer/cynhesach), gemau cardiau

Sgiliau echddygol manwl – arlunio, lliwio, celf a chrefft, troi tudalennau llyfr

Dychymyg – Toes chwarae, crefftau, adeiladu ffau, picnic tedi bêr, cegin fwd

Gwyddoniaeth sylfaenol – coginio, plannu hadau, chwarae dŵr, adeiladu tyrau

Datblygiad corfforol – dringo, dawnsio, chwarae dal, rhedeg, reidio beic cydbwysedd neu sgwter

Cyfrifoldeb – tacluso, dyfrio'r ardd, chwarae "doctoriaid", bwydo anifeiliaid anwes

TADNODYN

Paid â theimlo'r angen i fod yn ffynhonnell gyson o adloniant i dy blentyn. Mae'n iawn iddo deimlo'n ddiflas ... a dweud y gwir, mae'n gwneud lles iddo. Fe fydd cael adegau yn ei ddiwrnod lle nad yw'n cael ei ysgogi, a chael amser i adael i'w feddyliau grwydro, yn ysbrydoli creadigrwydd, yn lleihau straen, yn annog annibyniaeth, yn helpu cymhelliant ac yn helpu plant bach i feddwl yn fwy beirniadol.

Felly, yn hytrach na meddwl am bethau hwyliog i'w gwneud byth a hefyd, gad i dy blentyn eistedd gyda'i ddiflastod o bryd i'w gilydd (hyd yn oed os yw'n cwyno am hynny i ddechrau). Efallai y byddi di'n synnu beth fydd canlyniad treulio amser ar ei ben ei hun.

Dadl danbaid amser sgrin

Mae yna sawl barn wahanol ynghylch faint o amser sgrin y dylai plant bach ei gael. Fel arfer, pobl sydd heb blant eto yw'r gwrthwynebwyr mwyaf, gan fynnu'n falch na fydd eu plant nhw, pan fydd ganddyn nhw blant, yn eistedd o flaen y teledu nac yn cael cyfrifiadur llechen neu ffôn i'w cadw'n dawel. Mae'n hawdd edmygu uchelgais o'r fath. Ond pan fydd magu plant yn digwydd go iawn, fe fydd y rhan fwyaf o rieni'n ei chael hi'n anodd cynnal y safonau hyn.

Mwya'n byd o brofiad magu plant sydd gen ti, mwya'n byd y gwnei di sylweddoli nad yw amser sgrin yn ddim byd i deimlo'n euog yn ei gylch. Wrth roi dy blentyn o flaen y teledu, mae'n bosib mai dyna fydd dy unig gyfle'r diwrnod hwnnw i gael cawod neu i wneud y golch. Efallai mai rhoi cyfrifiadur llechen i dy blentyn bach yw'r unig ffordd i wneud ychydig o waith neu wneud galwad ffôn bwysig heb i rywun darfu arnat yn holi am rywbeth i'w fwyta. Ac efallai mai rhoi dy ffôn di i blentyn yw'r unig ffordd o'i stopio rhag sgrechian yn y car neu ar awyren. Bryd hynny, ac mewn sawl achos arall amrywiol a gwahanol, dydy pwyso ar amser sgrin ddim yn golygu dy fod ti'n fethiant fel rhiant.

Ambell beth i'w ystyried

- Argymhellir bod plant dan bump oed yn treulio llai nag awr y dydd yn defnyddio sgriniau. Efallai na fydd hyn yn realistig i bawb, ond mae'n werth ei ddefnyddio fel meincnod.
- Mae angen gosod terfynau clir ar ba sioeau i'w gwylio ac am ba hyd, gan flaenoriaethu cynnwys addysgol priodol i'w hoedran (na fydd yn eu cyffroi'n ormodol) cymaint ag sy'n bosib.
- Wrth ffrydio, mae angen diffodd y swyddogaeth sy'n chwarae'r bennod nesaf yn awtomatig, fel bod yn rhaid iddyn nhw ofyn i oedolyn cyn gwylio un arall.
- Dylet osod clo rhieni ar eich dyfeisiau i'w hatal rhag gweld cynnwys maen nhw'n rhy ifanc i'w weld ar ddamwain.
- Mae cloeon sgrin yn bwysig hefyd, i'w hatal rhag cloi'r ddyfais neu dorri ar dy draws bob dwy funud pan maen nhw'n sweipio'r sgrin ac yn colli beth bynnag roedden nhw'n ei wylio.

- Mae dewis modd awyren ar eich dyfeisiau, neu ddweud eu bod wedi torri neu wedi rhedeg allan o fatri i gyd yn ffyrdd effeithiol iawn o osgoi dadleuon ynglŷn ag amser sgrin.

Cyngor am fagu plant ar y cyd i rieni sydd wedi gwahanu (Stori Al)

Rydyn ni'n deulu cyfun. Pan gwrddes i â'r wraig gyntaf, roedd ganddi hi a finnau blentyn o berthynas flaenorol, cyn i ni gael un gyda'n gilydd (ein mab ieuengaf, Teddy). Dros y blynyddoedd, mae ein profiadau o fagu plant ar y cyd wedi bod yn bur wahanol. I fi'n bersonol, mae wedi bod yn her a hanner, a dweud y lleiaf. Ond dwi'n gwybod hefyd ei fod yn brofiad gwerth chweil i dadau ac, yn bwysicaf oll, i'r plant, o'i wneud yn gywir.

Wrth fy ngwaith, yn rhedeg cymuned fyd-eang a rhwydwaith cymorth penodol ar gyfer tadau, dwi wedi dod ar draws miloedd o dadau sy'n ceisio ymdopi â magu plant ar y cyd. Yn sgil hynny, dwi wedi dysgu llawer am y pwnc. I ddechrau, mae nifer o ddulliau i'w hystyried:

Y dull cydweithredol – lle mae rhieni'n gweithio'n agos gyda'i gilydd i wneud penderfyniadau ar y cyd am fagwraeth eu plant. Maen nhw'n cyfathrebu'n rheolaidd, yn rhannu cyfrifoldebau ac yn blaenoriaethu magu plant ar y cyd fel gwaith tîm, gyda'r nod o greu cysondeb o ran rheolau a threfniadau rhwng cartrefi.

Y dull cyfochrog – sef cynnal arddulliau a threfniadau magu plant ar wahân ac annibynnol ar y ddwy aelwyd. Mae rhieni yn cyfathrebu'n bennaf am faterion hanfodol sy'n gysylltiedig â'u plant ond fel arall yn cynnal lefel o annibyniaeth wrth wneud penderfyniadau. Fe all y dull hwn fod yn effeithiol pan fydd cyfathrebu rhwng rhieni yn heriol, fel yn fy mhrofiad i.

Y dull un nyth – yma, mae'r plant yn aros yn y cartref teuluol tra bod y rhieni'n byw yno am yn ail. Y rhieni sy'n symud i mewn ac allan, a thrwy hynny'n caniatáu i'r plant gael amgylchedd byw sefydlog. Fe all y dull hwn roi ymdeimlad o barhad i'r plant, ond mae angen cydlynu sylweddol o ran y rhieni.

Does dim ffordd gywir neu anghywir o fagu plant ar y cyd – mae pob sefyllfa yn unigryw ac mae angen i bob teulu ddod o hyd i ddull sy'n gweithio iddyn nhw. Unwaith mae hynny wedi digwydd, ar sail popeth rydw i wedi'i ddysgu dros y blynyddoedd, dyma'r prif argymhellion i'ch helpu i ymdopi'n llwyddiannus â magu plant ar y cyd:

Gwneud penderfyniadau er lles pennaf eich plant bob amser: Ddylai dy deimladau personol di tuag at dy gyd-riant ddim dylanwadu ar y penderfyniadau rydych chi'n eu gwneud ynglŷn â'ch plant. Ymgynghorwch â'ch gilydd ar bynciau pwysig fel addysg a gofal iechyd eich plentyn, a cheisiwch wneud penderfyniadau ar y cyd.

Blaenoriaethu cyfathrebu: Bydd yn agored ac yn barchus tuag at dy gyd-riant. Mae'n bwysig rhoi gwybod i'ch gilydd am les, gweithgareddau, ysgol ac unrhyw gamau pwysig ym mywyd eich plentyn. Mae'n syniad cytuno ar ddull cyfathrebu sy'n gweddu i chi'ch dau, boed drwy negeseuon testun, e-byst, galwadau ffôn neu ap magu plant ar y cyd.

Hyblygrwydd a pharodrwydd i gyfaddawdu: Mae amgylchiadau bywyd yn newid, felly bydd yn barod i addasu amserlenni, arferion a chyfrifoldebau. Mae'n bwysig canolbwyntio ar ddod o hyd i dir canol sy'n llesol i'ch plant.

Cysondeb o ran rheolau a threfn: Cydweithia â dy gyd-riant i sefydlu amserlen gyson ar gyfer cyswllt, ysgol, gweithgareddau a gwyliau, yn ogystal â rheolau a disgwyliadau tebyg ar y ddwy aelwyd. Fe fydd hyn yn helpu'r plant i deimlo'n ddiogel a gwybod beth i'w ddisgwyl.

Cadw agwedd bositif: Bydd yn bositif bob amser a phaid â chynnwys dy blant mewn unrhyw wrthdaro rhwng oedolion neu drafodaethau negyddol am y rhiant arall.

Bod yn ddibynadwy ac yn brydlon: Mae'n bwysig cyrraedd yn brydlon pan fyddi di'n casglu neu ollwng dy blentyn, ac ar gyfer gweithgareddau amser-benodol. Mae dibynadwyedd yn helpu i feithrin ffydd, ac yn brawf o dy ymrwymiad i'r plant.

Chwilio am gymorth proffesiynol, yn ôl yr angen: Os yw gwrthdaro wrth fagu plant ar y cyd yn mynd yn rhy heriol, mae angen ystyried gofyn am gymorth cyfryngwr, therapydd neu gwnselydd i helpu i wella cyfathrebu a datrys problemau.

Mae hunan-ofal yn bwysig: Fe fydd gofalu am dy hun yn dy alluogi i fod yn rhiant gwell. Mae angen dod o hyd i gydbwysedd rhwng dy gyfrifoldebau a gweithgareddau hunan-ofal sy'n dy helpu i gadw'n iach, yn feddyliol ac yn emosiynol.

Yn fy mhrofiad i, mae llwyddo i fagu plant ar y cyd yn golygu rhoi anghenion eich plant yn gyntaf, uwchlaw pob dim arall. Os gwnei di hynny, fe ddylai gweithio gyda'ch gilydd i greu amgylchedd cadarnhaol a chefnogol ar gyfer twf a datblygiad eich plentyn ddod yn naturiol.

Mae Al yn dad i ddau, yn llys-dad i un ac yn 'dad-yng-nghyfarth' i Patch y ci. Mae'n awdur, yn siaradwr cyhoeddus ac yn cyflwyno podlediad. Ef hefyd yw sefydlydd Dadsnet (www.thedadsnet.com), ac mae'n gefnogwr brwd o dadau ledled y byd.

“MAE’N AMHOSIBL I BLENTYN GAEL GORMOD O BOBL SY’N EI GARU AC EISIAU IDDO LWYDDO.”

Dienw

PENNOD 10

GOFALU AMDANAT TI DY HUN

Dwi'n gwybod o brofiad cymaint o demtasiwn yw hi i geisio gwneud pob dim yn berffaith ar ôl dod yn dad. Er ei bod hi'n bosib gwneud hyn am byliau byr, dwi hefyd wedi dysgu o brofiad personol poenus nad yw hynny'n gynaliadwy yn y tymor hir.

Wrth i dy restr o bethau i'w gwneud dyfu a thyfu, fe fydd yn rhaid i ti wneud ambell aberth er mwyn cadw trefn ar bob dim. Aros i fyny yn hwyr i orffen gwaith, canslo cynlluniau gyda ffrindiau, anghofio am y gampfa a rhoi'r gorau i rai pethau rwyt ti'n eu mwynhau. Mae'n llethr lithrig. A chyn i ti droi, fe wnei di sylwi dy fod ti'n flinedig, yn anniddig, yn feddyliol hesb ac mewn perygl difrifol o ddioddef lludded.

Er mor gymeradwy yw gweithio'n galed er mwyn dy deulu, ddylai bod yn dad ac yn bartner da ddim fod ar draul dy iechyd corfforol a meddyliol. Os wyt ti'n gyson wedi blino, dan straen a phrin yn dal dy ben uwchben y dŵr, fydd gen ti mo'r egni i fod y math o dad wyt ti eisiau bod. Fe fyddi di'n ffraeo neu'n mynd yn sâl ar ddim, a hynny'n effeithio arnat ti am ddyddiau lawer. Ac yn waeth fyth, fe fyddi di'n colli allan ar holl agweddau gorau ar y blynyddoedd cynnar gyda dy blant, a thithau'n rhy brysur i werthfawrogi pa mor arbennig yw'r amser hwn mewn gwirionedd.

Er bod y rhan fwyaf o benodau'r llyfr hwn wedi ymwneud â'r ffordd orau o ofalu am dy blentyn a dy bartner, mae'r tudalennau nesaf i gyd amdanat ti. Mae gan dadau rôl hynod bwysig i'w chwarae wrth fagu ein plant, ac mae'n hanfodol ein bod ni'n gofalu am ein hunain (a'n gilydd hefyd). Dwi'n pwyso arnat i ystyried y bennod hon a'r argymhellion ynddi fel darllen hanfodol; mae'n cynnig yr adnoddau angenrheidiol i osgoi lludded, canfod cydbwysedd iach rhwng bywyd a gwaith, meithrin perthynas gryfach gyda dy bartner, a gwybod ble i droi os oes byth angen help arnat.

Lludded rhiant

Cyflwr o flinder corfforol ac emosiynol yw lludded, ac mae fel arfer yn cael ei achosi gan gyfnodau hir o straen a gwaith sy'n dreth gorfforol neu feddyliol parhaus. Yn sgil diffyg cwsg, cymaint o gyfrifoldebau newydd, ynghyd â'r holl bwysau ychwanegol rydyn ni'n ei roi arnom ni ein hunain, mae'n hawdd iawn iddo effeithio ar rieni newydd. Heb fynd i'r afael â'r cyflwr, fe all gael effaith ddifrifol ar dy iechyd a'th les, gan arwain at iselder, unigrwydd, perthnasoedd yn chwalu, salwch cyson a thrafferth i greu cwlwm â dy blentyn. Fel rhywun sydd wedi dioddef o ludded, coelia di fi ... mae'n rhywbeth y byddi di eisiau ei osgoi os oes modd yn y byd. Unwaith y bydd o wedi cael ei grafangau ynot ti, fe all dianc o'i afael fod yn frwydr hir a chaled.

Ond os medri di adnabod yr arwyddion cynnar, fe fyddi di'n fwy ymwybodol o'r broblem ac mewn sefyllfa well i wneud y newidiadau angenrheidiol i daro'n ôl.

Arwyddion cynnar

- Teimlo diffyg cysylltiad â bywyd bob dydd, a fawr ddim cymhelliant
- Tymer byr, teimlo'n biwis yn amlach na pheidio
- Teimlo'n ddatgysylltiedig neu'n osgoi pobl yn fwriadol
- Ddim yn cysgu'n dda
- Yn sownd mewn rhigol o fwyta ac yfed bwydydd a diodydd sydd ddim yn iach
- Ddim yn gofalu am dy iechyd meddwl neu gorfforol mwyach
- System imiwnedd wael, mynd yn sâl yn amlach nag arfer
- Teimlo'n fwyfwy negyddol, sinigaidd ac wedi dy lethu
- Cael llai o fwynhad o wneud y pethau roeddet ti'n arfer eu mwynhau
- Oedi a chymryd mwy o amser i wneud pethau
- Teimlo'n ddiymadferth, yn gaeth neu wedi dy drechu
- Symptomau corfforol fel cur pen, crychguriadau, diffyg anadl a phoenau yn y frest (**dos at y meddyg os wyt ti'n profi unrhyw un o'r rhain**)

Taro'n ôl

Fe fydd pob rhiant newydd yn profi rhyw agwedd ar ludded yn ystod blynyddoedd cynnar magu plant. Mae'n bwysig pwysleisio nad yw hyn yn fethiant i fagu plant nac yn unrhyw beth i fod â chywilydd ohono ... ond er dy les dy hun, mae angen mynd i'r afael â'r broblem yn uniongyrchol.

Os wyt ti'n cael trafferth, paid â dal ati i rygnu ymlaen a gobeithio y bydd pethau'n dod yn haws ar eu pennau eu hunain. Fe allai hynny ddigwydd yn y pen draw, ond does gen ti ddim ffordd o wybod pryd na faint o ddrwg y byddi di'n ei wneud i ti dy hun yn y cyfamser. Yn lle hynny, llunia gynllun gweithredu, gan ganolbwyntio ar newidiadau bach, cadarnhaol y medri di eu gwneud i dy drefn ddyddiol fel dy fod ti'n teimlo fwy fel ti dy hun eto.

Blaenoriaethu cwsg – does yna ddim ffordd well o gael dy gefn atat na chysgu. Yn y dyddiau cynnar ar ôl cael babi, yn amlwg, dydy hynny ddim yn fater o ddewis. Ond wrth i'r plentyn dyfu'n hŷn a phan nad ydych chi'n cael eich deffro bob dwyawr yn ystod y nos, dylai'r ddau ohonoch chi geisio blaenoriaethu cwsg cymaint â phosib. Er cymaint y demtasiwn i aros yn effro'n hwyr i wneud pethau neu i wneud dim byd mwy nag ymlacio ar y soffa, mae'n syniad gwell mynd i'r gwely, waeth pa mor gynnar yw hi. Mae cael noson dda o orffwys (o leiaf wyth awr, yn ddelfrydol) yn gwneud y byd o les, ac yn ei gwneud hi'n haws i ti wynebu unrhyw her yn y bore.

Symud – os yw ymarfer corff wedi cael ei roi o'r neilltu wrth i ti ddechrau arfer gyda bywyd fel tad, mae'n werth ceisio pennu hanner awr bob dydd i wneud rhywbeth egnïol. Pan fyddwn ni'n gwneud ymarfer corff, mae'r corff yn rhyddhau endorffinau, gan sbarduno teimladau cadarnhaol a lleddfu straen ar yr un pryd, a dyma'n sicr y ffordd orau un o dynnu dy hun allan o wasgfa. Os nad wyt ti wedi gwneud ymarfer corff ers tro byd, paid â mynd dros ben llestri'n rhy fuan. Does dim angen iddi fod yn sesiwn ddwys yn y gampfa neu'n ymarfer corff llawn. Fe elli di ddechrau'n fach, drwy fynd am dro neu loncian am bellter byr, neu wneud ymarferion o dy eistedd. Ond mae'n bwysig ceisio gwneud rhywbeth bob dydd er mwyn dod yn ôl i'r arfer.

Porthi ar gyfer y dydd – mae'n hawdd mynd i'r patrwm o beidio â bwyta'n iach pan fydd bywyd yn brysur. Ond er mor gyfleus ar y pryd yw hepgor prydau bwyd neu fyw ar fwyd tecawê, y cyfan y bydd hyn yn ei wneud yw disbyddu dy lefelau egni yn y tymor hir. Os wyt ti'n mynd i flaenoriaethu unrhyw bryd, brecwast mawr amdani. Mae angen pryd iach ar dy gorff bob bore fydd yn ei ddigoni, yn sbarduno dy fetabolaeth ac yn dy gadw di i fynd tan amser cinio, gan leihau'r demtasiwn i bigo ar fyrbrydau. A chofia gynnal dy lefelau hylif hefyd – o leiaf chwech i wyth gwydraid o ddŵr y dydd.

Encil digidol – pan fyddi di'n ymlacio gyda'r nos, ceisia wrthsefyll yr ysfa i estyn am dy ffôn. Mae dyfeisiau symudol a'r cyfryngau cymdeithasol o'u hanfod o natur gaethiwus, gan dy gadw di'n sgrolio ac yn syllu ar sgrin am fwy nag y dylet ti, gan beryglu dy iechyd meddwl. Os yw hyn yn canu cloch, gosoda derfynau amser sgrin ar dy ddyfeisiau i dy atgoffa i roi dy ffôn o'r neilltu ac ymgysylltu o'r newydd â bywyd go iawn.

Paid â mygu problemau – os wyt ti'n teimlo dan straen, yn flinedig neu wedi dy lethu, paid â'i gadw i ti dy hun. Mynna air gyda dy bartner, trefna gyfarfod â ffrind neu sonia wrth gydweithiwr. Dydy ymwroli a brwydro dy ffordd drwyddi ddim yn mynd i wella pethau mewn unrhyw ffordd. Ys dywed yr hen air, hanner y baich yw ei rannu.

Gwna rywbeth agos at dy galon – pan fyddi di'n treulio dy fywyd cyfan yn gweithio, gan roi anghenion pawb arall cyn dy rai di, mae'n anodd dod o hyd i'r amser na'r egni i wneud llawer o ddim byd arall. Ond os oes gen ti hobi neu ddiddordeb personol sy'n agos at dy galon, sy'n dy helpu i ymlacio neu'n esgor ar deimlad o gyflawniad, paid â rhoi'r gorau iddi. Neilltua ychydig o amser – hyd yn oed awr yr wythnos – i gynnal y diddordeb hwn, ac i atgoffa dy hun mai dim ond un rhan o bwy wyt ti yw bod yn dad.

TADNODYN

Y peth pwysicaf i'w gofio yw hyn: faint bynnag o "amser personol" fyddi di'n ei gael bob dydd neu bob wythnos, fe fydd angen o leiaf yr un faint o amser ar dy bartner (neu fwy, os ydy hi'n fam sy'n aros gartref). Fe fydd methu sicrhau cydbwysedd yn hyn o beth yn achosi cenfigen, dadleuon a chwerwder, ac fe all pawb wneud heb bethau felly.

Gwneud amser i ti dy hun

Fel rhieni, mae'n aml yn gallu teimlo ein bod ni'n colli ein hunaniaeth. Ar yr aelwyd, dydyn ni ddim bellach yn cael ein galw wrth ein henw go iawn, wrth i "Dad" ei ddisodli. Dydy'r amser na'r egni yno bellach i fynd allan a gweld ein ffrindiau fel y bydden ni'n arfer ei wneud. Ac os oes yna fabi neu blentyn bach ar dy ystlys o hyd, mae'r cysyniad o breifatrwydd neu amser i ti dy hun yn bleser prin iawn.

Ond pan fydd rhywun yn gweithio mor galed dros ei deulu bob dydd, heb fawr o seibiant neu amser rhydd go iawn, fe all hynny gael effaith enfawr ar iechyd a lles y fam a'r tad fel ei gilydd. Mae pob rhiant, gan gynnwys ti, yn haeddu seibiant go iawn o bryd i'w gilydd. Ychydig o le i anadlu. Eiliad i ddianc o'r rhestr o bethau i'w gwneud ac o'r magu plant, a meddwl am rywbeth arall am unwaith.

Beth sy'n cyfri fel "amser i ti dy hun"	Beth sydd ddim yn cyfri fel "amser i ti dy hun"
• Mynd i redeg/mynd i'r gampfa • Cysgu am ychydig yn y prynhawn • Cyfarfod â ffrindiau • Cysgu'n hwyr • Mynd allan am ginio/swper • Gwneud hobi • Sesiwn dylino • Awr ddi-dor i ddarllen/gwrando ar gerddoriaeth	• Mynd i'r gwaith • Cael cawod • Gwneud tasgau o gwmpas y tŷ • Mynd i siopa bwyd • Paratoi prydau bwyd • Eistedd i lawr i fwyta cinio • Dal i fyny ar waith gweinyddol bywyd • Mynd i gael pw

Yn y pen draw, os medri di wneud ychydig o amser i ti dy hun bob dydd (rhywbeth i ti'n unig, sydd ddim yn cynnwys dy bartner na dy blentyn), fe fydd yn dy wneud di'n rhiant a phartner gwell, tawelach a hapusach pan fyddi di'n ailafael yn dy ddyletswyddau teuluol.

Dod o hyd i gydbwysedd gwaith/bywyd (Stori Robert)

Cyn i fi ddod yn dad, mi oedd gen i syniadau penodol am fagu teulu ... ac yn aml iawn, gwaith oedd yn dod gyntaf.

Pan gafodd fy mhlentyn ieuengaf ei eni, mi oeddwn i mewn swydd gorfforaethol, yn gweithio'n galed i ennill dyrchafiad a sicrhau ambell lwyddiant gwerth chweil. Er mwyn sefydlu'r bywyd roeddwn i wedi breuddwydio amdano erioed ar gyfer fy nheulu. Dim ond i fi weithio'n galed a gwneud penderfyniadau doeth, mi fyddai'r bywyd delfrydol yno ar blât. Ond doedd o ddim. Fy nghamsyniad i oedd methu ystyried sut byddai'r pwysau yr oeddwn i'n ei roi ar fy hun i greu'r "bywyd delfrydol" yn effeithio arna i a'r teulu.

Yn fuan ar ôl dod yn dad, mi oeddwn i'n cael trafferth delio efo sefyllfa yn y gwaith ar yr un pryd â thrio bod y tad a'r gŵr gorau allwn i. Mi oeddwn i'n eistedd mewn cyfarfod, a doeddwn i ddim yn gallu canolbwyntio. Ar ôl mynd adre, mi oedd rhan uchaf fy nghorff i'n teimlo'n boenus wrth symud. Doeddwn i ddim yn gallu cysgu, cymaint oedd y boen wedi gafael yn fy mrest.

Drannoeth, dyma fynd yn syth i adran frys yr ysbyty. Erbyn i fi gyrraedd, mi oeddwn i wedi argyhoeddi fy hun 'mod i'n cael trawiad ar y galon. Ond ar ôl ychydig o brofion, mi ges i wybod y gwir reswm – pwl o banig oedd o wedi'i achosi gan straen. Mi oeddwn i wedi methu. Mi oeddwn i'n dioddef efo straen a lludded. Wrth ymdrechu i ofalu am anghenion fy nheulu, mi oeddwn i wedi anghofio un peth ... fy iechyd meddwl.

Fel rhiant, mae cadw trefn ar dy iechyd meddwl yn hanfodol ar gyfer dy les dy hun a lles dy deulu. Mae yna gymaint o lawenydd ynghlwm wrth fod yn dad, ond mae'n gallu bod yn heriol ac yn llethol ar adegau hefyd. Ar ôl y pwl o banig, mi oedd yn rhaid i fi ddysgu a deall fy sbardunau a gwahanol ffyrdd o reoli straen.

Wrth drio dod o hyd i gydbwysedd rhwng bywyd a gwaith, yr un peth wnes i fethu ei ystyried oedd pwysigrwydd gwneud amser ar gyfer gofalu amdanaf fi fy hun. Mae'n swnio'n gymaint o ystrydeb, ond dwi'n difaru na wnes i ei gymryd o ddifri o'r cychwyn cyntaf.

Mae gwneud hynny o'r diwedd wedi fy ngwneud i'n dad gwell, ac yn dad hapusach. Mae hefyd wedi bod yn sbardun i fi wneud yn well yn y gwaith.

Drwy gydol fy neng mlynedd o fod yn dad, dwi wedi dysgu rhai gwersi pwysig am ganfod a chynnal cydbwysedd rhwng gyrfa a magu plant:

- Gosod ffiniau clir rhwng gwaith ac amser teuluol. Pan wyt ti yn y gwaith, canolbwyntia ar waith. Pan wyt ti gartref, mae angen bod yn hollol bresennol, gan leihau i'r eithaf unrhyw darfu sy'n gysylltiedig â'r gwaith. Rhai o'r ffiniau cyntaf i fi eu gosod oedd cael swper efo fy nheulu, bod yno ar gyfer amser gwely'r plant a gwneud amser i wylio teledu efo'r wraig. Mae'r ffiniau hynny'n gallu bod yn hyblyg o bryd i'w gilydd, ond unwaith rwyt ti'n eu rhoi nhw ar waith, mae'n haws osgoi gwaith yn sleifio i mewn i amser teuluol.
- Blaenoriaethu treulio amser o ansawdd da efo'r teulu. Cofia, does dim rhaid gwario er mwyn creu atgofion bob tro. Dydy prynu anrhegion i'r plant ddim yn gwneud iawn am ddiffyg amser o ansawdd da.
- Mae angen i ti sgwrsio'n agored efo dy gyflogwr am dy ymrwymiadau teuluol ac edrych ar weithio hyblyg os yn bosib. Dyma'r peth mwyaf fyddwn i wedi hoffi cael gwybod amdano. Mi oeddwn i dan yr argraff nad oedd teulu a gwaith yn cael gwrthdaro. Ond mewn byd sy'n fwy parod i gofleidio hyblygrwydd, waeth i ti ofyn ddim.
- Dysga ddweud na pan fydd gen ti lond plât yn barod, a phaid ag ymrwymo i wneud gormod. Mi wnaeth hynny gymryd amser hir i fi, a does 'na ddim byd yn bod ar hynny.

Er 'mod i wedi dysgu'r gwersi hyn yn ystod fy nhaith magu plant, dwi'n dal yn gwneud camsyniadau weithiau. Mi wnes i adael i ymrwymiadau yn y gwaith, gartref ac mewn agweddau eraill ar fy mywyd fynd yn drech na fi, ac mi wnes i osgoi mynd i'r afael â nhw am gyfnod llawer rhy hir.

Tria beidio â gwneud yr un camsyniad. Gofynna am help. Gwna bethau sy'n dy wneud di'n hapus y tu hwnt i fagu plant. Rho dy hun yng nghanol criw o dadau eraill a bydd yn agored efo dy rwydwaith cymorth. Mae'r pethau yma i gyd yn llawn mor bwysig â sut wyt ti'n magu plant. A dweud y gwir, maen nhw'n allweddol i ti fod y rhiant gorau y medri di fod.

Mae Robert yn berchennog busnes effaith gymdeithasol ac yn dad i ddau frenin. Fe elli di ddod o hyd iddo ar Instagram @robertjdouglas_ a gwylio ei bodlediad gweledol – Pivotal – ar Spotify.

Eich perthynas – adegau anodd a sut i'w goroesi

Does dim ots pa mor agos wyt ti a dy bartner, fe all pwysau bywyd teuluol brofi unrhyw berthynas. Mae magu plant yn waith caled. Ac fe fydd dadleuon, mân gythrudd a sgyrsiau tanllyd yn digwydd o ganlyniad i hynny. Sut ydych chi'n ymateb iddyn nhw ac yn ailgysylltu wedyn sy'n bwysig ... nid yn unig er mwyn eich perthynas eich hun, ond er mwyn eich plentyn a'i berthnasoedd yn y dyfodol hefyd.

Yn y pen draw, fe fydd sut wyt ti a dy bartner yn siarad â'ch gilydd yn dylanwadu mwy ar eich plentyn na pha mor lân ydych chi'n cadw'r tŷ. Fe fyddan nhw'n dysgu mwy gan y ffordd rydych chi'n datrys dadleuon ac yn ymddiheuro i'ch gilydd na faint o arian rydych chi'n ei ennill. Ac fe fyddan nhw'n llunio'u barn am sut dylai cariad, parch a gwaith tîm edrych ar sail sut wyt ti a dy bartner yn rhyngweithio. O ganlyniad, mae gwneud hynny'n iawn yn hanfodol.

Achosion cyffredin dadlau rhwng rhieni a sut i'w datrys

Teimlo diffyg gwerthfawrogiad

Mae magu plant yn gallu bod yn waith eithaf di-ddiolch, yn enwedig i rieni sy'n aros gartref ac sydd ddim yn cael eu talu, sydd ddim yn destun gwerthusiad blynyddol a phrin yn cael cydnabyddiaeth am y gwaith caled maen nhw'n ei wneud bob dydd. Fel tadau, rydyn ni'n aml yn cael y fargen orau yn hyn o beth, gan ein bod ni'n derbyn llongyfarchiadau gan bobl o'r tu allan am wneud fawr ddim mwy na bod yno. Ar y llaw arall, mae disgwyliadau cymdeithas am famau yn llawer uwch ar y cyfan, gan ychwanegu at y pwysau maen nhw eisoes yn ei deimlo.

- Gwna amser bob dydd i gydnabod beth mae dy bartner yn ei wneud a dwed diolch.
- Paid â disgwyl canmoliaeth am wneud tasgau hanfodol beunyddiol oni bai dy fod ti'n diolch i dy bartner bob tro mae hi'n gwneud tasgau tebyg.

- Os yw bartner yn gofalu am eich plentyn yn llawn amser, rho wybod iddi faint rwyt ti'n gwerthfawrogi'r hyn mae hi'n ei wneud. Er nad yw hynny'n dod ag unrhyw incwm ariannol yn uniongyrchol, mae'r arian sy'n cael ei arbed ar gostau gofal plant a chynhaliaeth yr aelwyd ynddo'i hun yn haeddu cael ei gydnabod.

Diffyg cwsg

Mae pawb yn mynd yn biwis pan fyddan nhw wedi blino. Prin iawn yw'r adegau mewn bywyd pan fyddi di mor brin o gwsg â'r blynyddoedd cyntaf o fod yn rhiant. Fe fydd rhwystredigaethau bach yn troi'n annifyrrwch mawr. Fe fydd ymateb i sylw didaro yn mynd dros ben llestri'n llwyr. Ac os oes un ohonoch chi'n cael mwy o gwsg na'r llall neu, yn waeth fyth, yn gwneud rhywbeth i darfu ar gylch cwsg y llall (er enghraifft, chwyrnu, bod yn aflonydd neu siarad yn ei gwsg), yna gall y drwgdeimlad gyniwair ac arwain at gynnen.

- Fe fydd angen i ti ddod i'r arfer â dweud, "Sori am beth ddywedais i pan oeddwn i wedi blino."
- Paid â chymryd pethau sy'n cael eu dweud yn ystod sgyrsiau blinedig yn rhy bersonol. Os na fyddech chi'ch dau wedi blino i'r fath raddau, mae'n debyg na fydden nhw wedi cael eu dweud.
- Cytuna ar system i rannu'r baich o ddeffro yn ystod y nos ac yn gynnar yn y bore yn gyfartal.
- Sefydla system lle'r wyt ti a dy bartner, am yn ail, yn cael cysgu'n hwyr ar y penwythnosau, heb unrhyw gyfyngiad ar ba mor hir y mae'r person dan sylw yn cael aros yn y gwely ar ei ddiwrnod penodedig. Yn aml, dyma'r unig ffordd o ddal i fyny ar y cwsg a gollwyd yn ystod yr wythnos.
- Os yw dy chwyrnu di'n cadw dy bartner ar ddihun, paid ag anwybyddu'r broblem. Cymer gamau rhagweithiol i fynd i'r afael â hynny (fel newid dy osgo cysgu, colli pwysau, rhoi'r gorau i ysmygu neu roi'r gorau i yfed alcohol gyda'r nos). Os nad yw hynny'n gweithio, mae'n werth ystyried triniaeth feddygol mewn clinig cwsg.
- Paid â phwdu os yw dy bartner weithiau'n gofyn i ti gysgu ar y soffa er mwyn iddi hi gael noson dda o gwsg – dim ond i hynny beidio

â digwydd yn rheolaidd, oherwydd fe all hynny ynddo'i hun achosi problemau.

- Os yw dy larwm bore di'n achosi problem, pryna oriawr glyfar gyda larwm dirgrynol, er mwyn osgoi deffro'r tŷ cyfan yn y bore.

Un rhiant ddim yn tynnu ei bwysau

Pan fydd plentyn yn dod yn rhan o dy fywyd di, fe fydd y llwyth gwaith dyddiol yn cynyddu fwyfwy. Gyda chymaint mwy o dasgau i'w cwblhau bob dydd, llawer ohonyn nhw'n bethau bach, anweledig fel cynllunio prydau, tacluso teganau neu dawelu plentyn bach, mae'n hawdd i un rhiant deimlo ei fod yn gwneud mwy na'i siâr.

- Dechreua sgwrs gyda dy bartner am eich perthynas, eich rolau magu plant a sut mae gwaith o gwmpas y tŷ yn cael ei rannu, gan gytuno pa dasgau i fod yn gyfrifol amdanyn nhw a pha rai i'w rhannu am yn ail.
- Mae'n rhaid i ti ddysgu beth yw trefn ddyddiol dy blentyn fel cefn dy law (gan gynnwys sut a phryd i roi'r hyn sydd ei angen arno) fel nad oes rhaid i ti ofyn i dy bartner bob tro.
- O ran magu plant, cofia mai mamau sy'n cario'r baich meddyliol trymaf gan amlaf, felly chwaraea ran yn nhrefniadau'r feithrinfa, grwpiau WhatsApp rhieni, cynllunio prydau bwyd a dysgu defnyddio poti fel nad ydy'r holl gyfrifoldeb ar ysgwyddau dy bartner.
- O ran tasgau domestig, paid ag aros i dy bartner holi neu wneud hanner job ohoni; fydd hynny ddim ond yn creu mwy o waith i dy bartner. Os wyt ti'n gweld rhywbeth sydd angen ei wneud, delia â'r mater yn y fan a'r lle, yn hytrach na chymryd yn ganiataol y bydd yn cael ei wneud gan 'rywun arall'.

Diffyg gwrando, cyfathrebu gwael ac anghofio gwneud pethau

Cyfathrebu gwael ydy'r prif achos tensiwn yn y rhan fwyaf o berthnasoedd. Methu rhannu dymuniadau, anghenion a rhwystredigaethau gyda phartner hyd nes bod y cyfan yn dod allan mewn un ffrwydrad enfawr. Talu gormod o sylw i dy restr o bethau i'w gwneud, dy ffôn neu dy feddyliau dy hun i wrando ar eich gilydd go iawn. Neu ryw hanner gwrando ac yna anghofio gwneud rhywbeth rwyt ti wedi addo'i wneud. Mae pob cwpl yn wynebu'r un problemau, ond maen nhw'n effeithio ar rieni yn waeth oherwydd yr holl bethau sydd ganddyn nhw ar eu meddyliau ar unrhyw un adeg.

- Os oes yna rywbeth yn dy boeni, trafoda'r mater gyda dy bartner (yn glên!). Dydy partneriaid ddim yn gallu darllen meddyliau, felly paid byth â thybio eu bod nhw'n mynd i sylweddoli bod rhywbeth o'i le.
- Paid â rhoi gwaith neu edrych ar dy ffôn o flaen cysylltu â dy bartner. Fe fydd hyn yn ychwanegu at unrhyw deimladau o esgeulustod ac unigrwydd maen nhw'n eu profi.
- Cofia gyflawni pob addewid, a rho wybod i dy bartner os na fedri di wneud hynny, rhag ofn i bethau pwysig fynd yn angof.
- Gwna bopeth fedri di i gofio dyddiadau allweddol ac unrhyw waith mae hi wedi gofyn i ti ei wneud. Dydy "Wnes i anghofio" byth yn esgus da, ac mae'n rhoi'r argraff dy fod ti'n meddwl nad oedd cais dy bartner yn bwysig. Gosoda nodiadau atgoffa ar dy ffôn, llunia restr o bethau i'w gwneud, gwna nodyn ar dy law ... beth bynnag mae angen i ti ei wneud i gofio.

Colli agosatrwydd corfforol a chysylltiad emosiynol

Fel rhieni, mae'n hawdd blaenoriaethu'r llafur dyddiol a rhoi eich perthynas o'r neilltu, gan ganolbwyntio eich holl ymdrechion ar ofal plant a thicio'r rhestr ddiddiwedd o dasgau yn hytrach na rhoi'r gefnogaeth sydd ei hangen ar dy bartner. Er mai cariad sydd wrth wraidd eich ymdrechion chi'ch dau, mae'r agosatrwydd corfforol a oedd yno unwaith yn aml yn gallu cael ei wthio i'r naill ochr, gan achosi gorbryder, ofn a theimladau o wrthodiad.

- Hyd yn oed os wyt ti'n rhy flinedig ac yn emosiynol hesb i fwynhau agosatrwydd corfforol, paid â diystyru grym cusan, coflaid neu gynnig i rwbio ei thraed i ailfeithrin cysylltiad.
- Wrth gynnig anwyldeb anrhywiol fel hyn, mae'n bwysig ei fod yn cael ei roi heb unrhyw ddisgwyliad y gallai arwain at rywbeth arall.

- Paid â gadael i'r rhestr o bethau i'w gwneud gael blaenoriaeth dros ddangos i dy bartner dy fod ti'n ei gwerthfawrogi ac yn ei charu hi. Dydy hi'n cymryd fawr ddim amser i oedi os wyt ti ar ganol gwneud rhywbeth ac ymddwyn yn annwyl tuag ati, felly gwna'n siŵr dy fod ti'n gwneud hyn bob dydd.
- Os yw amser o ansawdd yn brin yn ystod y dydd, gwna'n siŵr eich bod chi'n mynd i'r gwely gyda'ch gilydd ar yr un amser bob nos. Y cyfan mae mynd i'r gwely ar amserau gwahanol yn ei wneud yw porthi ymdeimlad o ddiffyg cysylltiad, ac ar yr un pryd mae'n golygu bod unrhyw obaith o agosatrwydd corfforol yn amhosib.

Pedair cyfrinach partneriaeth gadarn

1. Dysgu "iaith cariad" eich gilydd

Eich iaith cariad yw sut rydych chi'n dangos cariad ac yn hoffi ei dderbyn mewn perthynas ramantus. Mae iaith cariad pawb yn unigryw ac yn aml fe fydd sut rydych chi'n hoffi rhoi a derbyn cariad yn wahanol. Yn gyffredinol, mae'n disgyn i bum categori – cyffwrdd corfforol, geiriau cadarnhaol, gweithredoedd o wasanaeth, amser o ansawdd a derbyn anrhegion – gyda'r rhan fwyaf o bobl yn ffafrio un math uwchlaw pob un arall. Yr hyn sydd angen i ti a dy bartner ddarganfod yw beth yw eich ieithoedd cariad unigol fel y gallwch chi roi'r hyn y mae'r llall ei angen.

TADNODYN

Er mwyn dy helpu i ddelweddu hyn, dyma enghraifft o fywyd go iawn. Dwi'n dangos fy nghariad yn bennaf drwy "weithredoedd o wasanaeth" (gweithio'n galed, helpu fy mhartner, cynnig cymorth ymarferol), ond dwi'n teimlo fy mod i'n cael fy ngharu drwy "eiriau cadarnhaol" (caredigrwydd, anogaeth a chanmoliaeth). Er bod fy ngwraig hefyd yn dangos cariad drwy "weithredoedd o wasanaeth", ei hoff iaith cariad o ran derbyn yw "cyffwrdd corfforol" (cofleidio, cyswllt agos, agosatrwydd corfforol). O wybod hyn, dwi'n gwneud ymdrech i roi mwy o sylw corfforol iddi bob dydd, a hithau'n ceisio bod yn fwy llafar ei gwerthfawrogiad. Dydyn ni ddim yn llwyddo i gael y cydbwysedd yn iawn bob tro, ond rydyn ni'n dau'n gwybod cystal y mae'n gweithio pan fyddwn ni'n llwyddo.

2. Ymddiheuro di-lol

Paid ag aros yn rhy hir cyn ymddiheuro ar ôl dadl, a phaid byth â mynd i'r gwely heb geisio ei datrys. Y cyfan y bydd oedi cyn ymddiheuro yn ei wneud ydy ymestyn y gynnen, a phentyrru llanast emosiynol rhyngot ti a dy bartner.

Hyd yn oed os nad wyt ti'n teimlo dy fod ti wedi gwneud unrhyw beth o'i le, paid â gadael i falchder pengaled dy atal rhag cydnabod y gallet ti fod wedi gwneud rhywbeth yn wahanol neu'n well. Felly, cyn i bethau waethygu, ymddiheura, gofynna am gael dechrau o'r dechrau a rho gynnig arall arni. Mae bob amser yn well mynd i'r afael ag unrhyw graciau yn eich perthynas cyn iddyn nhw achosi difrod go iawn i'r sylfeini.

3. Pwysigrwydd osgoi'r maglau perthynas niweidiol hyn

- Gwneud sylwadau goddefol-ymosodol, personol neu amharchus
- Mygu meddyliau negyddol ac osgoi sgyrsiau anodd
- Encilio'n feddyliol pryd bynnag y bydd dy bartner yn dweud rhywbeth sy'n sbarduno
- Bygwth ysgariad neu dorperthynas yn ystod dadl
- Gwrthod siarad â dy bartner
- Gwarafun dangos cariad oherwydd bod dy bartner wedi dy ypsetio di

4. Gwneud amser i'ch gilydd, gyda'ch gilydd

Mae swmp o waith ymchwil sy'n dangos bod boddhad gyda pherthynas ar ei isaf ym mlynyddoedd cynnar magu plant. Fel rhieni modern, mae disgwyl i ni roi mwy o sylw i'n plant nag erioed o'r blaen, gan olygu bod yna fawr ddim amser ac egni ar gyfer llawer o ddim byd arall.

Ond does dim byd yn bod ar flaenoriaethu eich perthynas dros eich plant o bryd i'w gilydd. I ddangos i'ch plentyn sut beth yw perthynas gefnogol, iach. I ddysgu ffiniau, parch ac amynedd. Nad yw'r plentyn yn dod yn gyntaf bob amser. Ac i dy atgoffa di a dy bartner pam y gwnaethoch chi ddisgyn mewn cariad â'ch gilydd yn y lle cyntaf.

Y noson ddêt ddi-blant berffaith

- Os wyt ti'n trefnu achlysur mawr a ffansi neu noson dawel a chlyd, mwynhau cwmni eich gilydd yw'r peth pwysig.
- Mae angen gadael euogrwydd rhieni wrth y drws. Mae pwy bynnag ydych chi wedi'i ddewis i warchod – taid, nain neu

weithiwr proffesiynol cyflogedig – wedi gwneud hyn o'r blaen, ac fe fydd yn ffonio os oes problem.

- Gwna'r lleoliad yn barth dim ffôn. Diffodda unrhyw hysbysiadau, gosoda dy ffôn i ddirgrynu a'i roi yn dy boced. Mae'r unig berson rwyt ti angen clywed ganddo yn eistedd o dy flaen di.
- Ceisiwch beidio â threulio'r noson gyfan yn siarad am y plant. Maen nhw eisoes yn llyncu 99% o'ch ffocws meddyliol ac mae yna gymaint mwy i chi sgwrsio yn ei gylch.
- Mae'n bwysig trin y noson fel achlysur arbennig a'i mwynhau i'r eithaf. Archebwch ddiod arall, mynnwch bwdin a pheidiwch â rhuthro adref yn gynt nag sydd angen.
- Peidiwch â llamu'n ôl i'r rôl ddomestig unwaith rydych chi'n croesi'r rhiniog. Mae'n iawn gadael unrhyw waith tŷ tan yfory.

Gofyn am help (a ble i gael gafael arno)

Rydyn ni ddynion yn llawer llai tebygol na menywod o drafod ein hiechyd meddwl neu o ofyn am help neu gefnogaeth yn ôl yr angen. Mae'r rhan fwyaf ohonon ni wedi cael ein rhaglennu ers yn fechgyn ifanc i ymddwyn mewn ffordd benodol. Dydy bechgyn ddim yn crio. Paid â bod yn fabi mam. *Man up!* Ond dydy gwrywdod niweidiol o'r fath ddim yn helpu neb.

Yn ystadegol, mae tadau newydd yn llawer mwy tebygol o brofi iselder a gorbryder na'r boblogaeth yn gyffredinol. Ac yn anffodus, hunanladdiad yw prif achos marwolaeth dynion dan 45 oed. Mae'n rhaid i rywbeth newid.

Os wyt ti'n cael trafferth ymdopi, paid â dioddef yn dawel. Meddylia am rywun dibynadwy – dy bartner, ffrind, perthynas, cydweithiwr, meddyg neu weithiwr meddygol proffesiynol arall – a siarada â nhw am dy brofiadau. Fe all rhoi llais i dy drafferthion wneud y byd o wahaniaeth, ac yn aml dyna'r cam cyntaf tuag at sicrhau'r gefnogaeth angenrheidiol.

Mae yna hefyd nifer fawr o elusennau, mudiadau nid-er-elw a sefydliadau dan arweiniad tadau sy'n canolbwyntio ar iechyd meddwl dynion, bod yn dad, unigrwydd, cam-drin domestig, dibyniaeth a phob math o bethau eraill, a all gynnig help (am ddim) os wyt ti eisiau cyngor mwy arbenigol, brys neu ddienw.

Dadsnet
www.thedadsnet.com
Cymuned ar-lein a rhwydwaith cymorth heb ei hail, sy'n cynnig cyngor, cefnogaeth a gwybodaeth i dadau.

Andy's Man Club
www.andysmanclub.co.uk
Elusen atal hunanladdiad ymhlith dynion, sy'n cynnig grwpiau cymorth cymheiriaid am ddim ledled y Deyrnas Unedig ac ar-lein.

MIND
www.mind.org.uk
Cyngor a chefnogaeth am ddim dros y ffôn ac ar-lein i unrhyw un sy'n profi heriau iechyd meddwl.

Family Lives
www.familylives.org.uk
Elusen sy'n darparu ymyrraeth gynnar a chymorth argyfwng i deuluoedd, gyda sgwrsio byw, llinell ffôn am ddim, e-bost a chefnogaeth bersonol.

Postpartum Support International
www.postpartum.net/get-help/help-for-dads/
Cyngor arbenigol, llinell gymorth am ddim i gyfeirio pobl at adnoddau lleol a grwpiau cymorth arbenigol ar gyfer tadau yn unig.

C.A.L.M. (Campaign Against Living Miserably)
www.thecalmzone.net
Elusen sy'n canolbwyntio ar iechyd meddwl dynion, atal hunanladdiad a mynd i'r afael ag unigrwydd, gydag adnoddau ar-lein, llinell gymorth am ddim a gwe-sgwrs i'r sawl sydd angen help.

Gofalu am ein gilydd

Wrth geisio delio â phwysau bod yn dad yn yr oes sydd ohoni, does yna neb sy'n deall beth wyt ti'n ei brofi'n well na thadau eraill. Rydyn ni i gyd yn ymladd yr un brwydrau, waeth a ydyn ni'n siarad amdanyn nhw ai peidio, felly mae'n bwysig ein bod ni i gyd yn gofalu am ein gilydd.

Os wyt ti'n gweld tad yn mynd drwy'r felin, ddim yn fo'i hun neu wedi encilio'n llwyr, gwna ymdrech i gysylltu. Gofynna sut mae o. Os yw o awydd cyfarfod. Neu ddim ond eisiau siarad.

Os wyt ti yn yr un sefyllfa byth, gobeithio y bydd yna dad arall yn gwneud yr un peth i ti.

#DadsSupportingDads

WYT TI YNO AR EI GYFER?

I'r darpar dad sy'n methu plygu
Wrth i feichiogrwydd arall fethu,
Sy'n cario'r cyfan heb ei rannu.
Bydd yno i leddfu'i bryder,
Bydd yno ar ei gyfer.

I'r tad sy'n gweithio oriau hynod
I'w deulu fforddio bwyd a diod,
Pan fydd y pwysau'n mynd yn ormod.
Bydd yno i ysgafnu'r trymder,
Bydd yno ar ei gyfer.

I'r tad llawn amser ar y ffiniau,
Yr unig ddyn ymhlith y mamau,
Yr un di-lais mewn môr o leisiau.
Bydd yno i leihau'r pellter,
Bydd yno ar ei gyfer.

Bydd dim ond ambell air caredig
Yn chwalu tywyllwch
    diwrnod chwithig,
A gwneud y byd yn lle llai unig.
Bydd yno iddo'n hael â'th amser,
Bydd yno ar ei gyfer.

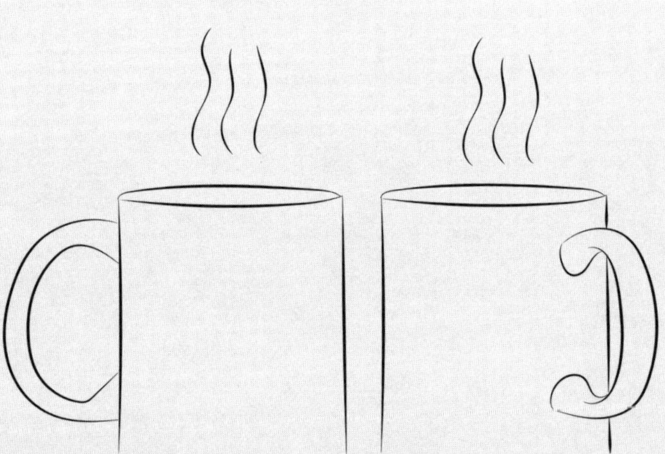

A DYMA TI'N DAD!

Llongyfarchiadau am gyrraedd mor bell. Er dy fod ti wedi cyrraedd diwedd y llyfr, cofia mai dim ond megis dechrau wyt ti. Mae bod yn dad yn waith oes. Mae hi'n ffordd droellog tua'r gorwel, ac fe ddaw yna heriau newydd i dy brofi di o gwmpas pob tro. Ond diolch i'r sgiliau rwyt ti wedi'u dysgu a'r hyder rwyt ti wedi'i feithrin i fagu dy blentyn hyd yn hyn, does yna ddim byd na fedri di ei wneud.

Cyn i fi fynd, dwi am atodi rhestr fach fer o bethau i ti eu cofio wrth i ti fwrw ymlaen ar dy daith fel tad:

- Mae magu plant yn anodd. Ac er gwaethaf beth mae pobl yn ei ddweud, dydy hi ddim yn mynd yn ddim haws. Jest ti sy'n gwneud yn well.
- Pan wyt ti'n dad, nid perffeithrwydd yw'r nod. Fe fyddi di'n gwneud camsyniadau. Mae hynny'n wir am bawb. Sut wyt ti'n dysgu oddi wrth y camsyniadau a symud ymlaen sy'n bwysig.
- Er bod rhieni eraill yn rhoi'r argraff eu bod nhw wedi'u deall hi, y tu ôl i ddrysau caeedig, mae pawb yn wynebu'r un heriau'n union. Mae pawb yn bwrw drwyddi gorau fedran nhw, ac rwyt ti'n gwneud gwaith gwych.
- Amser yw'r rhodd fwyaf gwerthfawr y gall rhiant ei rhoi i'w blant, a dyna maen nhw'n dyheu amdano yn fwy na dim byd arall.
- Pan fydd dy blentyn eisiau dweud rhywbeth wrthyt ti, gwranda o ddifri. Os nad wyt ti'n gwneud amser i wrando ar y pethau bach pan fydd o'n fach, fydd dy blentyn di ddim yn dweud y pethau mawr wrthyt ti pan fydd o'n fawr.
- Mae dy berthynas â dy bartner yn llawn mor bwysig â dy berthynas â dy blentyn. Rydych chi'n dîm, ac mae magu plant yn llawer iawn haws os ydych chi'n gweithio gyda'ch gilydd ac yn gwerthfawrogi eich gilydd.
- Os ydych chi'n bwriadu cael mwy o blant, cofiwch fod pob babi yn unigryw. Does dim sicrwydd y bydd yr un pethau'n gweithio i fabi arall. Byddwch yn hyblyg, rhowch gynnig ar bethau newydd a daliwch ati i ddysgu.

- Yn olaf, ys dywed yr hen air, mae'r dyddiau'n hir, ond mae'r blynyddoedd yn fyr. Maen nhw'n gwibio heibio ar amrantiad. Felly cofleidia'r anhrefn a thyrd o hyd i lawenydd yn y pethau bychan. Fe fyddi di'n gweld colli'r blynyddoedd babi pan fyddan nhw drosodd.

Iddi! Fe elli di wneud hyn!

Mynegai

Wyt ti wedi mwynhau'r llyfr hwn?

Os felly, beth am ysgrifennu adolygiad ar dy hoff wefan?

Os wyt ti eisiau darganfod mwy am ein llyfrau, chwilia ar Facebook yn **Summersdale Publishers**, ar Twitter/X yn **@Summersdale** ac ar Instagram a TikTok yn **@summersdalebooks** a chysylltu â ni.
Fe fydden ni'n falch o glywed gen ti!

Diolch yn fawr iawn am brynu'r llyfr Summersdale hwn.

www.summersdale.com

Cydnabyddiaeth lluniau

t.107 © Aleksandra Kirichenko/Shutterstock.com;
t.125 © Fox Biz/Shutterstock.com;
t.126 © Strejman/Shutterstock.com;
t.147 © Pepermpron/Shutterstock.com;
t.172 © dillad babi, fest a sanau © Star_O/Shutterstock.com,
sach gysgu © Dreamerr24/Shutterstock.com;
darluniau tud.209, 236, 282 gan Marianne Thompson;
t.220 © Yoko Design/Shutterstock.com;
t.226 © Double Brain/Shutterstock.com;
t.252 © Hendry084/Shutterstock.com

Pob darlun arall gan Naomi Dawson (no-meillustrations@hotmail.com)

CYFRES DARLLEN YN WELL

Brosnan, Lee & Brenda Hogan, *Cyflwyniad i Ymdopi ag Iselder*, Y Lolfa, (2019)

Cooper, Dr Jenn, *Sut i Helpu Rhywun ag Iselder Ôl-enedigol*, Graffeg (2025)

Cree, Michelle, *Ymdrin ag Iselder Ôl-enedigol a Meddwl Tosturiol*, Atebol (2020)

Foster, Clare, *Sut i Helpu Rhywun ar ôl Colli Babi*, Graffeg (2025)

Gunn, Bex & Laura Buckingham, *Y Gang Merched Waetha Erioed: Canllaw Goroesi ar gyfer Llywio eich Ffordd drwy Gamesgoriad a Cholli Babi*, Graffeg (2026)

Jolin, Lucy, *Ymdopi â Thrawma Geni ac Iselder Ôl-enedigol*, Atebol (2025)

Morris, Sue, *Cyflwyniad i Ymdopi â Galar*, Y Lolfa (2019)

Quinn, Alexis, *Awtistig a Beichiog*, Y Lolfa (2026)

Rentzenbrink, Cathy, *Llawlyfr ar gyfer Dolur Calon*, Graffeg (2020)

Rose, Amy & Dr Emma Cotterill, *Goroesi fel Mam Sengl*, Graffeg (2025)

Siegl, Olivia, *Boncyrs: Straeon Doniol a Gonest Mam Go Iawn a Hwyl, Helynt a Heriau Iechyd Meddwl Bod yn Fam*, Rily (2025)

Williams, Mark & Danny Penman, *Meddylgarwch – Canllaw Ymarferol i Ganfod Heddwch Mewn Byd Gorffwyll*, Y Lolfa (2020)

Williams, Rhiannon Heledd (gol.), *Darn Bach o'r Haul*, Gwasg y Bwthyn (2023)

DARLLEN PELLACH

Owen, Sion Tomos, *Pethau Sy'n Digwydd*, Cyhoeddiadau Barddas (2024)

Holwch am bris argraffu!
www.ylolfa.com